U0924846

评建办学成效方法的实践研究

——“以评促建”论集

PINGJIAN BANXUE CHENGXIAO FANGFA DE SHIJIAN YANJIU

—— “ YIPING CUJIAN ” LUNJI

姚文忠 刘一 李其玉 ◎ 主编

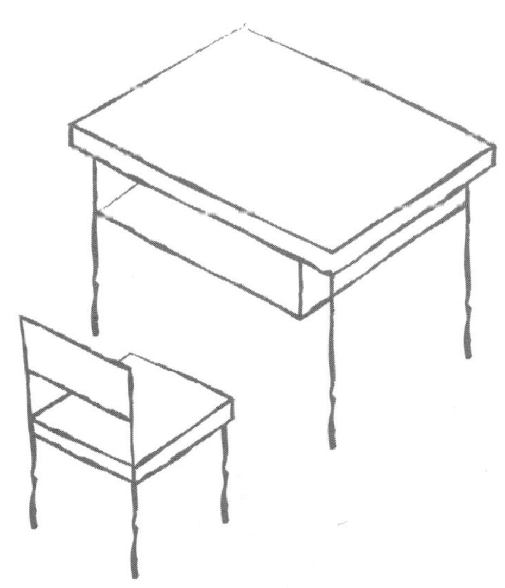

四川大學出版社
SICHUAN UNIVERSITY PRESS

项目策划：曾　鑫
责任编辑：曾　鑫
责任校对：孙滨蓉
封面设计：青于蓝
责任印制：王　炜

图书在版编目（CIP）数据

评建办学成效方法的实践研究 ："以评促建"论集 / 姚文忠，刘一，李其玉主编. — 成都 ：四川大学出版社，2021.6

ISBN 978-7-5690-4702-8

Ⅰ. ①评… Ⅱ. ①姚… ②刘… ③李… Ⅲ. ①办学方针—研究 Ⅳ. ①G510

中国版本图书馆 CIP 数据核字（2021）第 085904 号

书名　评建办学成效方法的实践研究——"以评促建"论集

主　　编	姚文忠　刘　一　李其玉
出　　版	四川大学出版社
地　　址	成都市一环路南一段 24 号（610065）
发　　行	四川大学出版社
书　　号	ISBN 978-7-5690-4702-8
印前制作	四川胜翔数码印务设计有限公司
印　　刷	成都市新都华兴印务有限公司
成品尺寸	185mm×240mm
印　　张	15.25
字　　数	249 千字
版　　次	2021 年 6 月第 1 版
印　　次	2021 年 6 月第 1 次印刷
定　　价	59.00 元

◆ 读者邮购本书，请与本社发行科联系。
电话：(028)85408408/(028)85401670/
(028)86408023　邮政编码：610065
◆ 本社图书如有印装质量问题，请寄回出版社调换。
◆ 网址：http://press.scu.edu.cn

四川大学出版社
微信公众号

第三方评价这只“螃蟹”怎么吃（代序）

教育部不久前发布《关于深入推进教育管办评分离　促进政府职能转变的若干意见》，对深入推进教育管办评分离提出了具体要求。之后，四川省教育体制改革领导小组印发《关于推进教育管办评分离　促进政府职能转变的指导意见》，大力推进第三方评价。

第三方评价，看起来很美，实际上还面临很多待解的难题。

2014 年以来，四川省陶行知研究会受邀对成都市金牛区和大邑县数十所学校进行评价，启动“以评促建，创建卓越学校”试点。中国教育报记者以体验报道的方式参与了其中的部分评价活动。

案例一：金牛区对 11 所学校试行“以评促建”

2014 年 3 月，成都市金牛区人民北路中学、兴盛小学等 11 所学校启动“以评促建，创建卓越学校”试点，拟通过一年半的“以评促建”工作，推动“卓越学校”创建。

谁来评？金牛区教育局局长文贤代说，四川省陶行知研究会拥有强大的专家团队，并有指导区域教育研究和改革的成功经验。金牛区聘请四川省陶研会常务副会长姚文忠领衔的高水平专家团队还有教育局、教培中心相关人员和 11 所实验学校组成了学校评价研究的共同体。

怎么评？接受委托后，专家组启动了“金牛区教育接地气的中小学办学评价方案”研制工作，形成《金牛区中小学办学效益评价方案》及评价量表。专家组借助这一评价工具深入学校听取校长报告，与师生现场对话，查看资料，随堂听课，形成评价结论。

专家组将评与建结合起来，深入各实验学校进行“点对点”、全方位的悉心指导，帮助相应学校修改研究计划、提炼这些学校工作特色和经验、发现学校潜在问题、指导学校发展实践战略。

案例二：大邑县“以评促建”覆盖所有小学

2015 年 5 月 12 日，记者跟随四川省陶研会专家组来到大邑县龙凤小学，参与“以评促建，创建卓越学校”活动。首先，校长陈科作了“养成好习惯，建设好人生”办学情况汇报。专家组成员就不明白和感兴趣的方面进行提问，陈科做了补充发言。随后，专家组成员召集部分师生和家长召开座谈会，推门听课，查看学校活动资料，对学校校园文化建设进行了实地考察。

在持续半天的评价活动结束之前，专家组向龙凤小学作了简要反馈，建议龙凤小学进一步丰富“农村情趣娃”的内涵，广泛开展阅读活动，将教师和家长的习惯教育纳入学校核心工作中。

当天，陶研会专家组还到东街小学开展“以评促建，创建卓越学校”办学质量评估，听取东街小学校长云彬的“营造书香校园，建设精神家园”自评报告及李英姿副校长的“书香，让教育如此美丽”专题发言。随后，专家组与学校行政人员进行了现场对话，在校园里随机抽看了教师的备课和作业批改情况，与家长代表、社区代表、教师、学生座谈。最后，专家组与学校进行意见交流，充分肯定了东街小学“十年书香”所取得的成绩，并对学校后续发展提出意见。

云彬说，这次“以评促建，创建卓越学校”工作是东街小学的一个里程碑，它让学校学会反思、学会吸纳，在书香校园之路上走得更好、更远。

大邑县教育局副局长杨元彰说，开展“以评促建，创建卓越学校”办学质量评估活动，旨在认真对学校作一次客观评价，帮助学校厘清办学思路，制定切实可行的学校发展规划，不断提升办学质量。杨元彰说：“三年后，我们再看‘以评促建’对学校起到了什么作用。”

评价者说：发现优势和弱势，找到方式和方法

姚文忠说，“以评促建”的基本思路，不是为评而评、为结果而评，而是为了促进和发展，为了把学校办好；评价者与被评价者不是对立的关系，而是合作和共建的关系。通过评价，让优秀的学校走向卓越，让一般的学校变得规范。

大邑县教育局副局长包蕾说，与以往的学校评价不同，“以评促建”的着力点在“建”，可以帮助学校发现优势和弱势，找到促进学校发展的方式和方法。

在四川省陶研会组织的“以评促建”活动中，人民北路小学校长刘艳既是评价者，也是被评价者。刘艳说，对“学校教育评估”我们一直比较模糊与困惑，甚至有些“望评生畏”，因为缺乏客观、科学、公平的评价体系。

“以评促建，创建卓越学校”课题组的阶段性成果是“‘以评促建’评价量表（传统部分）”。拿到这一评价工具时，刘艳的感觉是：“我们的‘评’，找到了一个专业的指导与支撑。”

刘艳说，评估方案提出了 2 级观察点，4 个观察角度，明确了学校教育评价内容，系统性、指导性强，在总体构架上覆盖学校教育的全过程，为我们提供了如何科学观察、评价其他学校教育管理的角度，让我们“评”得更深入。

在 11 所学校开展“以评促建，创建卓越学校”试点工作的基础上，金牛区打算在全区学校中推行这套评价办法。文贤代说，评价就是树标杆、立规矩、找方向。教育质量评价是教育领域综合改革的热点，是复杂的系统工程、世界性的难题。

被评价者说：“以评促建”给学校找到了发展途径

大邑县的“以评促建”活动采取校长汇报、座谈了解、现场调研、查阅资料、交换意见的方式进行。大邑县北街小学校长郑俊红说，“以评促建”活动一改以前其他专项检查评估学校要准备专项档案的方式，没有给学校增加负担，没有冲击学校其他工作，既实用又高效。

大邑县斜源小学校长伍德伟在全程参与了专家组对大邑县科源小学的评价工作后，还有选择地参加了分处乡村、城郊、城区 5 所学校的评价活动。他说，“以评促建”活动，既是一次总结学校办学历程、剖析学校发展存在的问题及其原因的机会，也是一次借力专家组智慧提升发展学校的机遇。

刘艳在了解到斜源小学正在进行“健康·快乐”阳光校园文化建设时，毫不吝啬地表示要把人民北路小学已经完成的快乐校园文化建设研究成果提供给斜源小学分享和借鉴，人民北路小学的资源也会向斜源小学全面开放。“这无疑是我校后续又好又快发展的有效资源和途径之一。”伍德伟说。

大邑县安仁镇唐场小学校长吴元钊说，大部分评估专家都是成都市的知名校长，他们有丰富的学校管理经验，在学校一线工作，能切合实际为学校办学把脉，指出的问题客观准确，提出的建议可操作性强。

“针对如何突显我校办学特色的问题，专家指导我们要研究学校历史、现状，通过一个点找到突破口，不求百花齐放，只求专一，以点突破，层层推进。让我们豁然开朗，不再迷茫。”吴元钊说，“评估给学校找到了发展路径，下一步我们就要静心思考，进一步厘清发展思路，谋划学校发展的未来。”

大邑县晋原镇城西小学校长刘宏智说，从“评建”启动到总结，我们始终处于积极的情绪状态下。专家团队不是来“挑眼”的，而是真诚地指出我们下一步可以调整与改进的问题，还为我们提供了大量宝贵的经验和做法，这些经验和做法甚至可以直接拿过来用。刘宏智说：“在我的记忆中，少有检查评估活动是在如此愉悦的氛围中结束的。”

金牛区泉水路小学校长费田春则表示，“‘以评促建’评价量表（常规部分）”删繁就简，抓住了办学关键，切合一线实际，表述清晰平实，做到了“接地气”；摒弃见物不见人的资料搜集方式，采用田野观察法来搜集资料，做到了“见真人”；给出的评价结论淡化数据，更加重视质性评价的文字描述，让教育工作者看到的不是冷冰冰的数字，而是可以理解的、切实存在的优势和不足，是有感情的评价，做到了“有温度”。

李益众

（作者是中国教育报记者、《四川教育学》副主编。本文曾发表于《中国教育报》《教育导报》）

目　录

策划篇

实践验证篇

支撑篇

策划篇

“以评促建，创建卓越学校”课题推进简述

四川省陶行知研究会
成都市陶行知研究会
成都市金牛区教育科学研究院

四川省陶行知研究会的挂靠单位——成都师范学院（原四川教育学院）自建校就把学校和地方教育行政管理作为主业，多数理论课教师逐渐从纯理论研究及教学回到现场实践。1981 年教育系组织县教育局局长编写《县教育局工作手册》《学校管理资料》《心理学》等书籍，均系先发性研著。《心理学》又名《学校心理学》，是专供中小学使用的，在全国发行。继而，在教育厅师范处组织下，学院邀集全省同行一起编著全省教师培训用书《教育学》《心理学》。在此之后，学院参加了教育部师范司的培训丛书研著，承担编著《学校管理卷》的工作，此书由东北师范大学出版社出版；接着，学院出版了《学校诊断》《学校诊断理论和实践》。《教育行政管理》和《学校管理》是学院主要开设的课程。顾明远教授曾为教育学院消失等现状发表过不同意见。事实上，由具备学校教育工作实践经历，又有教育学、教育管理学、学校心理学理论素养的人所组成的教育学院或者教师进修机构，培训局长、校长对其功能一直很肯定。这一经验不应忘却。因为，他们的理论特别适宜这项任务。在教学中，各位同仁还到一线调研和送教。在全国有名的绵阳经验，就有成都师范学院各位老师的身影和工作业绩。此间，大家似乎在等待着一种重要时刻，然后终于等到了。

2013 年 10 月 28 日，经过较长时间的前期联络与筹备，金牛区作为中国教育学会“教育评价与质量管理”实验区启动与挂牌仪式在成都师范学院召开，中国教育学会秘书长杨念鲁、实验区主任诸平等专家出席了大会，金牛区分管教育的副区长、金牛区教育局局长及其领导班子、全区各中小学校

长、幼儿园园长出席了大会。启动和挂牌仪式之后，局领导根据金牛区实际情况，与四川省陶行知研究会专家协商，决定聘请四川教育学院以姚文忠教授为主导的陶研会专家为金牛区教育顾问，以陶行知的试验主义和创造教育为基础，研制“金牛教育接地气的中小学办学效益评价方案”。经过学校自主申报、课题组审核后，先期确定人民北路中学等四所初中、白果林小学等7所小学，共计11所学校为实验学校，并于2014年3月17日在成都市金牛区教育科学研究院（以下简称教科院）启动试点工作。一年多的时间里，课题组在9名陶研会专家的直接指导下，开展各级各类研讨33次，到校指导21次，实验取得了让人欣喜的阶段性成果。

各校参加研究工作的具体时间不一致，超前随后者都有。个别学校报名参加课题组，他们认同课题方案，使用了一些课题语词，但参加活动很少，其总结材料收入本文集作为参照。

1. 各校梳理了自己的办学经验材料

在2014年7月10日前，各校在专家的指导下，对学校多年的办学进行了系统梳理，并形成了规范材料，从办学人自身角度对学校当下发展状况进行了详尽的盘点。

2. 专家点评各校经验材料

参与实验的九位专家对自己指导学校的材料进行认真阅读后，与学校校长单独沟通，提出材料的修改建议，并根据最终提交的材料，从“评”和“建”两个方面给出每份材料的点评。

3. 媒体点评各校经验材料

川内权威教育媒体人《教育导报》胥茜、李益众和《时代教育》李清对11所学校的经验材料从媒体人的视角进行了点评，分析了材料所体现的教育普遍性价值和可报道的效应热点。

4. 接地气的《金牛区中小学办学效益评价方案》和评估量表出炉

专家组负责人在研读11所学校材料的基础上形成了具有金牛教育实践基础的《金牛区中小学办学效益评价方案》和评价量表。评价量表中有完善的用于评估的一级、二级和解释级指标。课题组撰写的评价方案和评价量表已经完全可以用于金牛区中小学办学评估。

5. 各实验学校完成了自评估

经专家多次培训，各实验学校深度理解了评估方案，尤其在专家的指导下对评价量表中的一、二、三级指标进行了详尽解读，于 2014 年 10 月 31 日前完成了自评估。实践证明，各校对评估量表的使用没有局限在评估本身，而是将量表作为各校的办学标准和工作的指南。

6. 对三所样本学校进行了试评估

2014 年 11 月 10 日至 11 月 13 日，专家组对三所样本学校进行了试评估。三所学校的选择具有代表性，一所中学，一所新建小学，一所资深小学。试评估证明了评价方案的可操作性、科学性和先进性，评估方案能把握这类学校的教育规律和教育本质，不仅可以发现学校的亮点和闪光点，而且可以给学校后续发展指明方向，给出策略和建议。简洁而极具时效的评估深受评估者和受评学校的喜爱。

7. 优化确定了接地气的学校办学效益评估的形式和操作办法

在三所学校试评估的基础上，课题组专家确定了全程评价和重点评价两种评价方式，对校长在接受评估中的口头报告和制作的 PPT 给出建议，对方案的下一步推广和在更大范围内应用奠定了基础。

8. 推广及检验

2015 年 4 月至 5 月，课题组利用“以评促建”评价方案对大邑县所有小学及九年一贯制学校进行了评估。无论是参评校长，还是被评学校，无一例外地认同并喜欢方案。他们指出：真的有一种评价，能让我们以常态面对；真的有一种评价，能让我们明晰学校的发展现状；真的有一种评价，能让我们不怯不惧；真的有一种评价，能让我们既获得成就又倍添豪情与使命。

9. 反思总结

2020 年 9 月，课题组召开总结会，此时离 2014 年开题已经 6 年余，离 2015 年底初步结题也 4 年有余。应用检验、逻辑检验、舆论检验、同行检验和时间检验，均表明“以评促建”的立题初衷、理论基础、方案设计、实验过程及其方法的掌控，重视使用者的建议意见，基本上形成了接地气、可操作、有温度的实验研究格局，对金牛区办学工作具有确切意义，获得基本成功。各参研学校撰写的最后反思性总结报告，如实反映了这项工作及其成果。现在将这些总结报告结集成书，为以后的进一步研究和运用提供参考。

“以评促建，创建卓越学校”方案及其工作的特点：一是教育行政工作学术化，学术工作因为教育行政部门的提倡和支持，不仅在学术上进行了创造，而且在教育行政方面做出了贡献。简而言之，即教育行政学术化，学术研究行政化。二是开辟了教育学术研究的新途径，即贯彻实事求是的原则，理论联系实际。学术研究要紧紧依靠一线学校，始终在学校工作中进行，真正做到接地气。三是要把确定办学目标、设计办学理路方法、培训参与者、加强宣传结合起来，使评与被评双方密切配合，在思想认识上进行交流沟通并取得共识，做到立意、设计、培训和实施四结合，从而保证实验研究有序有效进行。四是总结阶段充分听取各方意见，使有关方有实际参与感，使形成的措施建议被接纳、能够通行无阻，提升行政效能。

反思总结“以评促建，创建卓越学校”实验研究，其价值有四：

——掌握评建关系，合作完成任务。评与被评作风严谨，思想一致，交流充分，意见通达，关系融洽。

——把握实践需求，反映实际过程。在实际评建过程中，学校教育工作者能够清晰感受到自己的劳动被重视，被尊重。

——评建重视动员，满足发展预期。评建量表以评为前提，逼近办学目标，思想情感动员效果显著。

——量表用语合宜，生活形象亲切。评建量表的用语来自学校生活实际，提升层次合宜，很受接纳和欢迎。

就办学评价而言，“以评促建”具备范式创新研究的特征。其哲学基础是思想方向性、实践适用性、人文主体性、合作协同性、反馈回应性，与时俱进并深刻体现教育规律和特征，因此获得了广泛的认同和成效。延迟检验也证明了实践研究达到了预期目标。

金牛区“以评促建”课题组　姚文忠执笔

2020 年 11 月

“以评促建”方案的方法特征

四川省陶行知研究会（以下简称川陶）实施的“以评促建，创建卓越学校”方案，自起意策划到实验研究，再到反思总结，至 2021 年历时 7 年。其主要工作方式是多次多点到一线学校调研核实，邀集专家学者分析评论，三位记者跟踪参谋，整个过程，参与人员工作态度认真、作风严谨，过程环节周密，是一项值得肯定的教育科研活动。

自愿作为实验点接受评估的这些学校，他们送给课题组三个短语：“接地气”“可操作”“有温度”。指导学校的业务部门，认为方案具备识标、建标、评标等特点，即所谓“三标”的功能，对于管理评价学校工作很有帮助。教育行政部门接纳了这种方案，认为具有培训学校干部的作用。中国教育学会分管评价的会长、秘书长指出这种方案对于推动区域优化办学工作具有显著意义。

从确立该方案的研究到形成可以实施的一项行政决策，其前提条件是如何研判方案的预期功用以及效果评测；最终决定方案的可行性，则与研究采用的方法有密切关系。在方案制订与运行中，实学原则贯穿全过程，而关键词法更可能是一种创新。

所谓实学原则，即取自生活。在日常生活和词汇里，“实”这个词语出现和使用的频率十分高，实做是人生的基本态度。毛泽东用“实事求是”概括了中国共产党的工作方法和调研方法，把“实”科学化、规律化，实事求是是马克思主义中国化的精髓和灵魂。党坚持实事求是一以贯之，成为鲜明的立党作风。实事求是也是具体工作和认识研究的基本方法。陶行知办安徽公学，进校门一眼所见的屏风就只一个大字——篆体“实”。字的下端是其解释阐述。

从“以评促建”工作过程中，我们可以见到其贯彻实学原则的全部痕迹。就工作程序而言，第一步是宣传“以评促建”的意义价值，引发学校热议，办学者从被动观望到主动联系成为试点校。第二步，请各试点学校总结近三至五年的办学成果和经验，用以梳理各校办学实际的关键词。第三步提取经验，形成属于金牛区办学行为的共同心路历程和特点特色。课题组确信这些经验是金牛区办学业绩的基础，“三标”必须成为下一步办学的思想行为前提，并且加以弘扬。“以评促建”方案就是这样设计的。第四步，引入一些理论概念和其他经验，使方案更加完善和先导。这就是“从实际出发”“以实践为检验标准”“与时俱进”。课题组认为一种理论紧贴着实践演进发展，且能够通过实践的严格检验，就能够使思想永葆常青。事实表明，这样的评价方案，使被评者感觉亲切、熟悉、好用，而这些相对新鲜且更为有意义的办法，对于办学必有进一步的帮助。

当“实学原则”成为“以评促建”工作的依归与遵守，则方法的选择与运用就成为更具体的落实与落脚。学校的经验怎样提炼？能不能有比较可靠的、技术性强、结果的认同感更高的方法呢？对比以往的办法，关键词法不啻为一种新的尝试，足以引起学校的好奇并让其参与进来。以前的办法就是拿经验文本来读，细读，反复读，然后形成概括形象，把显露和隐含在文本里的经验表述出来。工作所靠的就是领悟、阅读和表述的功夫，其中当然有提炼者与原创者之间的交流对话。“以评促建”工作借鉴学术性文章要求标明关键词的做法，把学校的经验文章进一步读细，以便提炼更多的属于作者思想意图的词语，即更多的关键词。当发现若干主题相同相近的学校文章呈现出了更多的用词时，课题组便会对这些词语的含义仔细分辨，之后加以归并。对归并后的词语，参照原文的意涵给予合理又充分的解释。通过系列研读与罗列，形成关键词表以及相应的解释，由此课题组获得了处理样本学校全部汇报、调研、会议记录材料的工具，也即所谓的观察量表。

最先得到的关键词共计 427 个，归并后为 112 个。112 个关键词又被划分为 11 个大类。每一类别及其相应的关键词概念都反映了相应的含义及解释，还反映了工作方针、工作过程、工作措施和水平质量等。一所学校的全部工作和文案都能够在量表上简明清晰、比较确切地表达出来。被评价者，不一定能够评价量表的优劣，尽管如此，他们对结果仍然比较满意。

“以评促建”课题组除了完成区教育局交代的任务，其所研制的方法也是一项成果。对于这个成果的推广应用，课题组并不报以期望。因为，没有经费组织鉴定，没有经费筹措请奖。仅就用户满意和社会互证效果而言，已使人欣慰。

刘　一　姚文忠

学校诊断及办学评价

实际状况

从当前教育评价的实际和被评者的感受来看，办学评价的意义（含第三方评价）包含着管理方对被管理方的奖罚需要；其所采用的方法是汇集文案或者网络数据，以案头作业方式进行研析，从而判定被评者的业绩。有些地方，评价使人体验到“杀威棒”效应。而学校诊断则应了办学者的需求，其目标是把学校建好，方法是调查研究，结果是一份关于学校发展提升的方案。被诊断方认为学校诊断有温度，合用。

办学评价公式是：现象＋分析＝判定。学校诊断流程是搜集数据、事实，调查晤谈，确证事实，进行教育性分析，提供改进建议和意见，跟踪改进后发生的变化，继续改进。公式是：学校诊断方案＝调查研究＋数据＋现场印证＋共同分析。

从实践的视角，以基层的需要看，人们对学校诊断和办学评价的看法的异同很有趣味。这两者都有主动和被动之分，学校诊断有自我诊断和他方诊断，办学评价有自我评价和他方（第三方）评价。由于他方评价与业绩功利有关，主观性强，被评方的积极性、主动性和配合度不容易被充分调动起来，结论的客观性也可能受到影响。自我评价受主观性、专业能力的影响亦不能达到满意的效果。不过，按照行政学的概念，达到比较满意的程度就好。这是评价之所以受到重视，并且纳入行政机制的原因。

评价一般止于肯定优劣、好歹。现在流行的评价是可以坐在办公室完成的，评价者不到场。发一套表册给受评方，填好后收回，在 App 上一过，结论就出来了，完全没有学校工作经验的人士也可以担任评价者。他们的结论如："该校学生的学习成绩不错，数学较弱，语文中上，只是其他学科把成绩抬上去了，需要注意改进。音体美没有成绩，必须补上。德智体美发展情况可能存在弱项……"被评方认为，"抬上"一词还是有点眼光的用法，但是，这个结论我们自己也知道。这种评价现象，属于典型，不是代表。

学校诊断的特点在于，不仅仅观察办学的优点、缺点，还必须查明学校的资源和任务，开出处方，提出改进意见。这部分工作可以利用适合评价的材料做参考。一般而言，学校诊断能够帮助办学者使学校发展、提升，受欢迎度更高。

经 验

近年，有地方用"以评促建，创建卓越学校"为题，开展了诊断与评价结合的实践研究，对办学者和教师起到了指导和帮扶作用。许多大型专业报刊都做了报道。

主要做法有几点值得了解：

——研制诊断工具。根据学校现有的资料和现场情况，再用社会和本地教育行政部门的要求作指标，制定自评和他评的问卷用以诊断。好处是能够体现办学指导与实际的关系，贯彻发展办学评价。

——自评与他评结合。学校先自评，再他评。这样的评价体现课改以自评为主的精神，调动被评方的积极性，利于双方沟通，加深相互理解。

——现场调研。诊断双方面对面座谈调研，使过程公开、透明，所开展的答辩工作起着沟通、释疑作用，不会产生评价者作伪的印象。

——分析研判。分析现状在管理学、教育学、心理学等方面的原因，进一步查明学校的实际运作状况。

——提供建设方案。通过诊断报告，讨论诊断结论。这要向全校师生员工做陈述和解释，以便为制订方案奠定民意基础。

——实施和验证。实施方案，进行验证。实施方案的过程一般历时一至三年。

——定稿方案。提供最终的诊断意见和方案，要呈现实践—反思—改进过程，指向进一步发展。

学校诊断工作不能只在办公室进行，必须到现场。学校师生员工与诊断者要面对面，其工作是否有亲和力和客观性一目了然，继后化成学校师生员工的思想和行为。

显而易见，学校诊断者是需要阅历、眼光和正确思维能力的，必须具备丰富而实用的办学和教育经验，缺乏相当的社会和教育理论储备就不能胜任这项工作。某种程度上，学校诊断比办学评价需要更高的实际和学术准备。自我诊断主要强调客观性、责任心和进取心以保证采信力。

当前，“南郭先生”在某些学校诊断和办学评价中比较活跃。其特征有二。一是好话说尽。管他真实与否只拣好的说，如果被评者想要过关，一定皆大欢喜。如果评价工作的业务水平只有天知道，那么被忽悠的是社会、政府、学校、家长，特别是学生，以及所有期待着的关系方。二是就解决办法而言，第三方机构会介绍许多学校（网络上可查）让你去参观。说是学习先进经验，实有拉动“旅游”之嫌；如果要求打开更广阔的眼界，则到国外考察。反正国外的都好，说好的就能够报销差费，介绍专家作报告，发表大块文章，在本校举办层次高、规模大的研讨会。学校经过一番包装拉抬，就“办好”了。这类评价和诊断是可以留下感觉的。因为，一些学校有付出，要对策，不拒绝有关诱惑。以学校资料垫底，写出几点经验不难。没有到过现场的读者，遇上生花妙笔，还真以为学校“有些值得学习的经验”。看来，不是所有学校诊断都能满足公正者的心意。

然而，如果学校诊断真正在现场进行，真正敦请学校教职工参加，要作假就很难，所以调查研究是学校诊断的关键行为。

何谓学校诊断？

就全国而言，北京教育学院的作者出版过《学校管理诊断》，四川教育学院的作者出版过《学校诊断》，成都师范学院出版了《学校诊断理论和实践》。国外在教育领域，有关“诊断”一词的出版物不少，也出版过关于办学的专论。

学校诊断与督导、督学、视学在技术方面基本上能够互惠。它们在理论方面也没有对立和严重差异。

学校诊断的概念和操作，不能仅仅靠经验丰富的专家们，我们还需要扩大队伍。上述论著意在探索可供学习的理论线索，以便探出专项认识规律。

欲办好一所学校，或者是合格学校，或者是优质学校，甚或是卓越学校、特色学校，办学者除应具备任职规定的条件外，不断长考深思是不可或缺的。他们需要理解的学识经验专门又宽泛：

学校任务是其一。教育理论规定了学校的一般任务、理论任务，但是，在实际生活中，这些一般说辞是很不够用的。陶行知派他的学生到新地方办学，要求因地制宜、富于创造，依归就在这里。比如，推行素质教育而不忽视适当的升学意图，在多数地方才能行得通。而升学只认清华、北大就十分荒诞，因为在心仪职业教育的家长群体中，孩子上靠得住的职业学校是他们的向往。有些家长会专门选择职业学校，不要认为上职业学校是不得已而为之的苦事。所以，在一个地方办学，必须深入理解地方需求，办适合的学校。

学校的文化和长短是其二。谈文化一定是高文化。但是，学校工作者有其特殊生活方式和放置精神的处所，倒不一定就“高大上”。欲了解学校的高低优劣却不看重文化，一定会南辕北辙。在教学经验扎实的教师云集的学校和教师缺乏教研经验、不习惯读教辅书籍的学校，彼此的教育和治学情况是非常不相同的，改进学校的措施必然相异。对于生存几年乃至十年的学校，不能发现其生存的合理性是盲目诊断。这些学校之所以被列入帮扶目录必然有其弱项，不能忽视。家长们可能对极其一般的学校听之任之，不求奢望，这反映出社区文化的另一种特点。对于促进这些学校的再出发、再提升，靠等来的数据决然拿不出解决之道。就其中哪些因素起了不良作用？哪些因素可以用于提振士气，推动发展？潜在资源安在？是什么？没有经验的人看不出来，其理解也不会到位。

其他具体操作可以参考上面三本书的观点。

还有一些可供学校用作提振、提升的资源，要在教育外或者学校外去发现挖掘。熟悉和理解这些资源和条件，有利于编制诊断方案。所谓模式化的学校诊断方法派不上用场，而引入域外条件，激活校园热力学过程，就会使学校面貌改观。换一句话说，引进校外或者教育之外的条件因素，能够收到意外效果。

逻辑学上有所谓“模态”的概念，与模式有重大区别。模态包含必然性和可能性的思考。模态思维指出，只有在丰富变化的条件里去思考和运用模式，才可能脱离束缚。这种能力是学校诊断者必须要具备的从业条件。

举一个例子。某中型初中学校 A 死气沉沉，教育教学质量堪忧，教育局希望它改变，家长也忍无可忍了，咋办？诊断者认定，直接攻不上去就绕着走。学区总有好一些的学校，诊断者与教育局议决，采取指东打西的方法进行启发和激励，一举两得，一方面提升较优学校，另一方面助推差一些的学校。具体做法是，先在教育局的校长会上，明明白白地评说较优学校 B 的成绩和做法，算是吹个风，让其他学校组织校长和教师去交流。对这个学校的有益做法和结果进行点评剖析，由家长现身说法认可 B 校的办学质量。再由社区和教育局共同表彰奖励 B 校。学校诊断者必须肯定这种现象，即学校之间的落差自在人心，适当肯定就能够产生行政绩效。在 B 校组织的活动，只邀请 A 校中不满现状的教师出席，再布置给他们回校传递现场会议精神的行政任务。表彰 B 校活动时请域外学校 C 派人出席，同时签订手拉手帮扶计划。进入计划的教师不限于 B 校，A 校当然在列。愿意报名的经选择后都可以参与。教育局对主动申请到 C 校住校学习的教师给予充分支持。对回校传达到位的，给予有形鼓励，再由进修学校或教培中心付给培训报告劳务费。如此一来，A 校有所触动，以后的事就循序而生，有张有弛，渐现改变，至于明显发展……

对于内储生机的学校，诊断和改进的方法则另有一派情形和前景。学校诊断应该对已经和将要发生的诊断经验继续关注、总结，使之成为教育界的财富。

看来，把评价与诊断结合起来，是提高办学质量和效益的可行办法。单纯的教育评价一时间认同度有限。

这就是学校诊断存在的基本理由。

刘　一　姚文忠

（2017 年 5 月）

实践验证篇

办学理念引领下的“全面·差异”特色建设的实践探索

——成都市第十八中学校“以评促建，创建卓越学校”课题实践总结

导言 用“以评促建”的观点和理论眼光，分析成都市十八中学校的办学格局和经验，是一桩比较有趣的工作。它使我们重新反思并且再一次研究已经获得的成功经验，为进一步提升和发展学校，把十八中办成为学生用心用情用劲、获得充分发展的一段人生大好时光的学校打下了良好基础，使学生更有可能成为合格甚至优秀的有社会主义觉悟、有文化的建设者和接班人。

十八中创建于 1946 年，历经补习学校、私立初级中学、公办初级中学、完全中学四个发展阶段。1997 年被评为四川省重点中学，2013 年被确认为省二级示范性普通高中。2018 年学校成功创建四川省一级示范性普通高中，同年荣获“四川省教育工作先进集体”称号。

至 2017 年，学校占地面积为 75.7 亩，有教学班 60 个，学生 2768 人，教职工 258 人。其中，省、市特级教师 3 人，高级教师 88 人，一级教师 126 人。区级及以上骨干教师 58 人，获得区级及以上荣誉称号者 253 人次，获得硕士学位或研究生结业证书者 78 人。

学校秉承“面向全体，全面育人；尊重差异，多元成才”的办学理念，围绕“为培养具有中国情怀、科学素养、国际视野的优秀人才奠基”的育人目标和“品位高雅、特色鲜明、社会认可的市内领先、省内一流、全国知名的示范性学校”的办学目标，营造了“爱满天下，乐育英才”的校园文化氛围，形成了以全面育人、差异发展为特征的学校办学特色，赢得了学生、家长的信赖和社会的认可，在全国有较大影响。学校先后荣获“全国教育科研

先进单位”、“全国体育传统项目先进学校”、“全国青少年校园足球特色学校”、“首批全国校园足球‘满天星’训练营主营学校”、教育部“中法百校交流计划”项目学校、“四川省文明单位”等国家级、省级荣誉，多次承担省、市政府指派的对外交流任务、现场会展示工作，充分发挥了省一级示范校实验先行、质量优秀、帮扶薄弱、特色鲜明的示范引领作用。

2013 年 9 月，学校成为金牛区“以评促建，创建卓越学校”课题组成员学校，从办学理念引领学校发展角度，开展课题研究。在实践—反思—实践的研究过程中，清晰了办学思路，明确了办学策略，推动了学校持续有序地快速发展。

一、办学理念：全面与差异碰撞，促进办学理念生根

（一）办学理念的继承发展

1946 年，从日本早稻田大学留学归国的刘文典先生深感现代科学对国家建设的重要性，抱着科教报国的愿望，遵循“因材施教、循序渐进”的办学理念，创立了文典数学补习学校。1947 年，经当时的四川省教育厅备案、成都市政府批准，文典数学补习学校更名为文典私立中学。

中华人民共和国成立后，文典私立中学于 1952 年转为公办，由东胜街迁于现址，被命名为成都市第一初级中学校。1956 年，学校升格为完全中学，更名为成都市第十八中学校。转制以后，学校根据党的“我们的教育方针，应该使受教育者在德育、智育、体育几方面都得到发展，成为有社会主义觉悟的有文化的劳动者”和“教育必须为无产阶级政治服务，必须与生产劳动相结合”的指示精神，继承因材施教、循序渐进的办学理念，进行了培育“有社会主义觉悟的有文化的劳动者”的办学实践。改革开放后，根据党在新时期的教育方针，在总结办学经验的基础上，学校提出了“全面提高学生素质，培养品学皆优的学生”的办学理念和“团结勤奋、求实创新”的校训，把“三高两全”（三高，即高素质的教师队伍，高质量的课堂教学，高

水平的体育运动；两全，即全面贯彻党的教育方针和全方位育人）作为办学目标追求，用合作和谐、顽强拼搏的体育精神培育全校师生爱岗敬业、志存高远的学校精神文化。在党和政府的支持下，学校办学条件得到极大改善，办学质量有了极大提高，赢得了社会的广泛赞誉。1997 年 12 月，学校被命名为四川省重点中学。2002 年，为了支持学校创建国家级示范性高中，金牛区委、区人民政府将原成都市抚琴中学校并入十八中，并投入大量资金对学校进行改造，调整了学校布局，实现教学区、办公区、运动区、生活区功能科学分区，增添了教育教学的设备设施，极大地改善了办学条件。

2001 年 6 月，教育部印发了《基础教育课程改革纲要（试行）》。这标志着 21 世纪基础教育课程改革的正式启动。2004 年 9 月，高中新课程改革在实验区拉开序幕。学校意识到这是高中发展的新机遇，积极探索高中新课程改革理念的行为化机制。新课程中以人为本、以学生的发展为本，开放型的新课程观，民主化的师生观，知识与技能、过程与方法以及情感、态度与价值观的整合观，终身学习观，评价促发展的发展观，批判与创新观等理念，对学校管理者的触动特别大。更快更好地落实新课程理念，成为学校班子探索的重点。2010 年，《国家中长期教育改革和发展规划纲要（2010—2020 年）》（以下简称《规划纲要》）发布，确立了“优先发展、育人为本、改革创新、促进公平、提高质量”的工作方针，明确提出“把育人为本作为教育工作的根本要求”，“把促进人的全面发展、适应社会需要作为衡量教育质量的根本标准”。经过深入学习，结合近十年的办学实践经验，学校进一步明晰了新课程和新高考改革背景下的办学方向。学校对原有办学理念“全面提高学生素质，培养品学皆优的学生”进行重新解读，表述为“面向全体，全面育人；尊重差异，多元成才”。这一全新表述丰富了办学理念的内涵，成为统领学校新的发展阶段的办学实践之魂。

（二）办学理念的内涵解读

面向全体：实现教育公平的基础　“教育公平是社会公平的基础。”1949 年，中华人民共和国成立时，《中国人民政治协商会议共同纲领》便确定了“民族的、科学的、大众的”新民主主义的教育方针，体现了中华人民共和国重视社会公平、教育公平的基本价值。《规划纲要》也指出：坚持以人为本、全面实施素质教育是“贯彻党的教育方针的时代要求”“重点是面向全体学生、促进学生全面发展”。面向全体，是学校全面贯彻党的教育方针，落实“以人为本”“以学生的发展为本”理念的坚定而明确的宣示。关注每一个学生的健康成长，让每一个进入十八中的学子享有平等而有质量的教育，找到属于自己的发展路径，成为学校办学的价值追求。在行动上，学校坚持以学生为主体，以教师为主导，充分发挥每位学生的主动性、能动性，把“以学生的发展为本”作为学校一切工作的出发点和落脚点。

全面育人：实施素质教育的必然选择　全面育人是全面贯彻党的教育方针，“促进学生全面而有个性的发展”理念的简明表达，也是对学校原有办学理念“全面提高学生素质，培养品学兼优的学生”的继承和发展。“全面育人”的办学理念，指导我们把德育、智育、体育、美育、劳动教育有机融合到教育活动中，自觉落实“文化知识学习与思想品德修养的统一、理论学习与社会实践的统一、全面发展与个性发展的统一”要求。

尊重差异：落实全面育人的前提　尊重差异，首先是承认差异，树立多元评价观和发展评价观；其次是把差异当成教育资源来开发，促进学生的差异发展，追求各美其美、各展所长的教育境界；最后是在充分尊重学生个体差异的基础上选择合适的教育方式，促进学生差异化发展。简言之，尊重差异，就是让每个学生获得人生出彩的机会，是落实面向全体、全面育人的前提和基础，也是落实学校“以学生的发展为本”理念的理论宣示与行为宣示。

多元成才：实现全面育人的基本途径　我国既有“因材施教”的教育传统，也有“七十二行，行行出状元”的人才观念。多元成才，既是我们的教育观，也是我们的人才观，更是我们推进全面育人、差异发展特色建设的基本途径。

（三）办学理念的目标表述

1. 育人目标：为培养具有中国情怀、科学素养、国际视野的优秀人才奠基

中国情怀　培养国家意识和爱国情怀。通过社会主义核心价值观为引领的学生思想品德教育，培养学生自觉捍卫国家主权、尊严和利益的意识；通过学习中华民族的优秀文化，把握文化精髓，培养学生传播弘扬中华优秀传统文化和社会主义先进文化的意识，增强文化自信；通过中国共产党的历史和光荣传统教育，培养学生热爱党、拥护党的意识，最终树立起为实现中华民族伟大复兴的中国梦而不懈奋斗的坚定信念。

科学素养　培养学生求真求新精神。其重点有三：一是培养热爱科学、追求真理的精神；二是培养自主学习与自主管理能力，掌握自主、合作、探究的学习方式，为终身学习打下基础；三是培养创新精神与创新意识。

国际视野　培养国际意识。通过了解人类文明进程和世界发展动态以及参与跨文化交流等，培养学生尊重世界文化的多样性和差异性，关注人类面临的全球性挑战，正确理解人类命运共同体的内涵与价值等思想。

2. 办学目标：品位高雅、特色鲜明、社会认可的市内领先、省内一流、全国知名的示范性学校

品位高雅　学校以学生的发展为本，教师的成就为本，追求有品位的教育。在办学理念的指导下，学校以团结勤奋，求实创新的校训为行为准则，通过师生行为文化、学校精神文化与校园环境文化构建起以“爱满天下，乐育英才”为内涵的校园文化，成就高雅的学校文化。

特色鲜明　学校通过全面育人、差异发展的人才培养机制的探索，形成创新的、特色的人才培养模式，彰显出学校“差异发展”教育特色。

社会认可　通过传播学校的办学成果，输出学校的办学经验，扩大学校的社会知名度和美誉度，让学校成为学生、家长、社会人士认可信赖的学校。

3. 一训三风

校训：团结勤奋，求实创新

团结勤奋、求实创新是十八中师生共同遵守的基本行为准则与道德规范。践行社会主义核心价值观，落实“立德树人”这一教育根本要务，需要一个团结勤奋、求真务实的集体，更需要一个敢于创新、善于创新的集体。团结勤奋、求实创新的校训，时刻提醒十八中人，教育事业是百年大计，既需要我们同心协力、脚踏实地，也需要我们仰望星空、与时俱进，在继承与发展中保持坚定的前进步伐，高质量地完成“立德树人”的根本要务。

校风：向上向善，知行合一

校风是一个学校各种风气的总和，是学校在办学过程中长期积淀而成的具有行为和道德意义的风气。十八中校风内核：师生具有家国情怀、进取精神、善良品质。外在表现为：文明友爱、乐观进取、表里如一。

教风：精细精深，以爱育爱

教风是一个教育群体的德与才的统一性表现，是教师队伍在道德、才学、作风、素养、治教等方面的集中反映。十八中教风内核：精深的专业素养、精细的工作作风、爱生乐业、诲人不倦的职业道德修养。外在表现为：传道有高度、授业有精度、解惑有深度、举止有风度、对人有温度、为人有信度。

学风：善学乐学，自主自觉。

学风即学校的风气，是学校全体师生知、情、意、行在学习方面上的综合表现。十八中学风内核：掌握科学学习方法，善于运用科学的学习方法自主学习；有目标意识和规划意识，能自觉按照规划学习，乐于学习。外在表现为：课内学习有主动性，课外学习有自觉性、自主学习有计划性。

二、办学实践：全面与差异融合，推动学校特色发展

为使办学理念更好地服务于学校办学实践，全方位推动学校全面育人、差异发展办学特色建设，学校从管理机制、教师发展机制、德育机制、教学

机制、特色建设等五个方面进行了探索实践。

（一）构建全面育人、差异发展的学校管理机制

1. 明晰学校管理理念及价值追求

十八中以精细化和人文化作为管理指导思想，构建学校全面育人、差异发展的学校管理机制。

精细化就是管理责任具体化、明确化，做到人人有事做，事事有人管，事事皆育人，形成全面管理、全员管理、服务于全面育人的管理系统。

人文化就是尊重人、理解人，为了人的发展，服务人的发展，做到尊重差异、发展差异，形成促进差异发展的管理系统。

精细化与人文化的结合，是目的和方法的统一。精细之中体现人文，人文之中贯穿精细，二者是一个有机整体。其价值追求是让教师“在岗位上有幸福感、事业上有成就感、社会上有荣誉感”，让学生能“各展所长、善于学习、勤于学习、身心健康”，最终以个体的发展推动学校的发展，以学校的发展促进个体的成长。

2. 优化学校内部管理的组织机构

根据《教育部关于加强依法治校工作的若干意见》（教政法〔2003〕3号）和教育部《全面推进依法治校实施纲要》精神，学校制定了依法治校实施方案，依法修订和完善了学校办学章程，建立了依法决策、民主参与、自我管理的工作机制，并对原有管理的组织结构进行优化，形成了学校层面管理系统（校长办公会—分管校长—中层部门—年级组—教研组系统）、学校层面的保障监督系统（学校党总支—教代会、工会—教代会主席团—工会委员会系统）、基层（年级层面）管理系统（分管校长—年级五人工作组—班主任系统）。三个体系构成了依法决策、保障监督、自我管理的组织结构，为全面育人、差异发展特色建设提供了组织保障。

3. 完善学校内部管理的规章制度

建立并完善学校制度。根据法律和国家相关政策，学校从行政管理、教学管理、德育工作、教职工评价、学生管理等方面建立健全了学校管理制

度，形成了《成都十八中规章制度集》，为全面育人、差异发展特色建设提供了制度保障。

学校每年召开一次暑期工作会，总结《学校发展五年规划》的年度推进情况，研讨年度工作计划，出台新制度，修订完善原有制度，凝聚学校发展共识，保证制度与时俱进。

重视制度的可执行化。学校把制度规定与执行细则结合起来，增强制度的可执行性。比如《行政干部值周制度》，从人员组成、职责要求、工作内容、交接时间、巡查记录等都做了详细的规定；对两届毕业年级管理，学校制定了《成都十八中初中毕业年级管理条例》《成都十八中高中毕业年级管理条例》，对毕业年级的管理机构、工作职责、制度措施作了明确而详细的规定，成为毕业年级管理的工作标准。对基础性绩效和奖励性绩效发放，学校制定了《成都十八中教职工基础性绩效工资发放办法》《成都十八中教职工奖励性绩效工资分配办法》，并根据这两个办法制定了若干实施细则，体现了多劳多得、优劳优酬、公平公正公开的基本原则。

4. 优化学校内部管理的运行机制

学校在内部建立起决策权、执行权与监督权相互制约、相互协调的运行机制，保证管理与决策执行的规范、廉洁、高效。

针对十八中一校两区的特点，学校提出“以线为主，条块结合”的行政管理形式。“线”即决策线、监督线、执行线，分别指校级班子集体决策机制、党总支领导下的教代会、工会保障监督机制、中层部门和年级五人工作组的执行机制。“以线为主”着眼学校工作整体，确保学校工作围绕推进“全面育人、差异发展”特色建设开展。“条块结合”即校区分工合作管理与大部门协作管理形式。两校区在教学、德育、教科、行办、总务五条线方面以校区为单位分工合作，责权明确。在专项工作的推进中，教科（教学、科研）、德育、保障（行办、总务）三个大部门以部门联席办公方式推进工作。“条块结合”尊重校区差异，便于校区根据职责任务采用适宜的方式开展工作。“以线为主，条块结合”的行政管理形式既强调了学校统一领导的要求，也兼顾了校区自主管理需求，是原则性与灵活性、全面性与差异性的有机统一。

在年级管理中，十八中采用了以年级5人工作组为核心的管理形式。年级5人工作组由分管年级的中层干部、年级组长（正、副）、党小组长、工会小组长组成。他们分工合作，在年级校级干部的指导下全面负责年级具体事务的管理。年级五人工作组制度体现了学校意愿，尊重了年级差异，密切了管理层与执行层的联系，是学校民主管理的重要形式之一，是尊重人、理解人、为了人的发展的人文化精神在管理中的具体体现。

（二）构建全面育人、差异发展的教师专业化发展机制

“党和国家事业发展需要一支宏大的师德高尚、业务精湛、结构合理、充满活力的高素质专业化教师队伍。”习近平总书记的讲话让学校进一步明确了教师队伍建设的目标任务。学校紧扣师德与师能，建立了教师专业化发展机制。

1. 以岗定培，差异化推进教师专业发展

根据教职工的岗位职责不同，学校将教职工的岗位划分为三个类别，即行政管理岗位、学科教师岗位、教学辅助岗位。在培训方式上，有全员通识培训模式和分类差异培训模式。全员通识培训针对全校教职工，以职业道德、教育政策法规、教育理论、现代技术等培训为主；分类差异培训则根据行政管理队伍、学科教师队伍、教学辅助队伍承担的职责开展差异性培训。在分类差异培训中，我们针对培训对象的岗位需求而采取了差异化的培训策略。

（1）“实践—反思”培训策略。这一策略主要针对行政管理人员。思路是发现人才、培养人才、发展人才。具体做法：一是岗位历练，在做中学习。对学校教师，特别是年轻教师，学校通常有意识地给任务、压担子，让他们在不同岗位历练，提升综合能力。对其中的佼佼者，再给更大平台、更复杂的岗位锻炼。学校选拔的中层干部，大多经历了优秀学科教师—优秀班主任—优秀年级管理者的历练。二是岗位反思，在学习中做。学校每学期举行行政干部研讨会，让行政干部反思学期工作，分享成功体验，并将行政干部的优秀案例或先进思想汇集起来，编成校本教材，让行政干部在借鉴中提

高管理能力。此外，学校还定期或不定期选派行政干部参加各种研讨会或专项培训，开阔其眼界，提高其管理素养。

（2）“一专一多能”培养策略。这一策略主要针对学科教师群体。其思路是夯实专业底子，开发多种潜能。具体做法：一是学科教学培训，夯实优化课堂基础。学科教师的阵地在课堂，优化课堂是学科教师永远的追求。我们采用分层分类、研训一体、互助相长的办法推进学科教师专业能力建设。二是管理能力培训，促进教师差异发展。学校以班主任培训为载体，借鉴学校行政干部培训模式，推动学科教师班级管理、科研管理、协调交往能力的发展。培养策略目的是让教师既能教书育人，又能管理育人、服务育人，为学校不同岗位发现人才、储备人才。

（3）“技能—态度”培训策略。这一策略主要针对教学辅助人员。其思路是服务态度端正与履职能力提升并重。作为服务育人的主体，其技术水平和服务态度直接影响服务育人效果。学校建立了教辅人员竞聘上岗机制，把履职能力和履职态度作为竞聘上岗的重要条件。上岗后，相应管理部门承担所聘用人员技术水平培训与职业道德教育。技术能力提升培训采用岗位培训与专项规范培训结合方式，服务态度培训则主要通过每周的例会进行。在加强培训的同时，加强对其工作过程、履职能力和履职态度的考核，以评价来促进其服务水平的提升。

2. 梯级推进，为不同发展阶段教师搭建发展平台

教师的专业发展是一个动态的发展过程，包括师德修养提升、教育理念更新、教学行为优化等。科学规划和层次化培训是确保师资质量的先决条件。我们根据教师队伍的入职年限、专业成长速度、专业发展态度等因素所导致的教师专业化程度的差异性，以“三个工程”，即青年教师系统培养工程、骨干教师综合提升工程、名优教师示范引领工程为抓手，梯级推动教师队伍建设。

（1）青年教师系统培养工程。这一培养工程的对象主要是入职时间在3年内的青年教师，目标是成为合格教师。做法上，一是目标激励，引导他们坚定“一年入门、二年入格、三年合格”目标信念，自觉锤炼自己。二是强调教育教学常规入格，在过程中及时督促，严格要求，培养精细精深的工作

作风和以爱育爱的教育意识。三是采取师徒结对、同伴互助、自主研修、名师引领、实践反思以及市区的新入职教师培训和规范性培训等多种培训形式保障培训效果。

（2）骨干教师综合提升工程。这一培养工程的对象主要是区级骨干教师，目标是提升技能、优化绩效，为成为名优教师奠定基础。做法上，一是立足课堂，提升他们在优质课、示范课、课题研究、精品课程、信息化建设中的水平，发挥他们在学校教育教学中的中坚作用。二是根据省市区的主题培训、专项培训、技能培训等，做好提升培训。三是推荐他们参加市、区名师工作室，成为工作室的成员，在名师引领下加快他们专业成长的步伐。

（3）名优教师示范引领工程。这一培养工程的对象主要是市级及以上层级名优教师，目标是高端引领、榜样示范、当好导师。做法上，一是提供高端培训机会，比如国培计划、跟岗培训、专项（题）培训、出国培训等，让他们开阔视野，更新观念，保持教育能力的领先水平。二是给任务、压担子，发挥引领和示范作用，指导青年教师发展。比如让他们领衔成立名师工作室，用师徒结对、薄弱帮扶等形式，与青年教师结成学习和成长的共同体等方式，充分发挥名师在学科教学、课程改革中的辐射示范作用，让他们成为教师立德修身、能力提升、示范引领、特色展示的标杆。

3. 任务驱动，发展专业优势补齐专业短板

在分层、分类培训的基础上，学校针对个体（群体）差异，采用任务驱动方式引导教师发展优势、补齐短板。主要做法如下：

一是技能培训：岗位实践与理论培训并重。在补齐短板方面，我们把教学技能和理念更新结合起来进行培训。如新课程改革的理论与实践培训，我们采用教师赛课与专家点评的方式培训，用理论指导实践，在实践中深化认识。多媒体与课堂流程设计、现代教育信息技术与学科教学的深度融合探索、选修课程开发等也是如此。在发展优势方面，我们采用送出去，在高端引领下成长。如唐娜老师赴日本进行了为期两年的日语教学培训，李莉、龚静、李红玲、张璐、孙建伟、何辉、陈娜等老师分别赴美国、英国、新西兰、阿根廷、法国等地培训。

二是主题探讨：自主研修与分享交流并重。这种方式旨在促进老师的优

势互补，主要形式是集体备课。备课组教师按单元（专题）选定专题—自主研究—形成认识—分享交流—总结提升流程组织培训。这种方式让不同层级的教师在思维碰撞、成果分享中都能有所收获，得到提升。

三是课题研究：实践策略与理论提升并重。这种方式旨在提升教师的教学研究的综合能力。在科研课题选择上，我们提倡问题即课题，主张教师把自身教育实践中的问题作为课题，通过课题研究获得理性认识，优化实践策略。在学校层面，则把学校未来发展问题当成课题，通过一些前瞻性的探索，促进学校的可持续发展之路。前者如市级课题“新课改背景下初高中教育教学有效衔接研究”，区级课题“高中语文研究性学习文本写作指导研究”“计算机 VB 编程与高中数学算法整合实践研究”等教师实践问题研究，解决了教师在教学实践中的困惑。后者如省级课题“中学物理教师培训资源的开发与利用研究”，国家级课题“科教合作共建设中学教师专业发展支持系统”“以评促建，创建卓越学校实践研究”等，对学校未来发展方向研究，为学校未来师资人才培养和育人模式探索奠定了理论基础。

目前，学校全面育人、差异发展的教师专业化发展机制已基本成熟，一支师德高尚、业务精湛、结构合理、充满活力的高素质专业化教师队伍基本建成并在不断成长，为学校教育质量的持续提高奠定了坚实的基础。

（三）构建全面育人、差异发展的德育机制

为了全面贯彻《教育部关于培育和践行社会主义核心价值观进一步加强中小学德育工作的意见》《中小学德育指南》精神，落实“立德树人”教育根本任务，学校提出了“育人为本，尊重差异，知行合一”的德育理念，明确了“培育学生优良品德、养成良好习惯、形成高雅审美情趣和积极健康人生态度”的德育工作重点，构建全面育人、差异发展的学校德育机制，分年级、有侧重地开展德育工作。

1. 整体构建德育目标和活动序列，实施全面全员德育

高一年级围绕“崇德重礼”德育目标，立足集体主义、文明修身、劳动礼仪、感恩助人教育，开展军事队列训练、好习惯伴我行、班级劳动值周、

法制教育讲座等活动。高二年级围绕“向善向美”德育目标，立足爱国主义、法律知识、责任意识、成人自立教育，开展“文典”道德讲堂、“应知应会”比赛、“防艾禁毒”参观等活动。高三年级围绕“志远笃行”德育目标，立足理想信念、心理健康、公民意识、生涯规划教育，举行成人宣誓仪式、心理团体辅导、青年志愿实践、志愿填报指导等活动（表 1）。

表 1　十八中德育目标和主要活动分解表

年段	德育目标	阶段教育目标	阶段主要活动	整体主要活动
高一 年级	崇德 重礼	集体主义教育 文明修身教育 劳动礼仪教育 感恩助人教育	军事队列训练 好习惯伴我行 班级劳动值周 法制教育讲座	社会实践 节日纪念 升旗仪式 板报评比 体育健身 艺术展示 疏散演练 课间体育 体育锻炼 垃圾分类 评优评先 素质评价
高二 年级	向善 尚美	爱国主义教育 法律知识教育 责任意识教育 成人自立教育	文典道德讲堂 应知应会比赛 防艾禁毒参观 成人宣誓仪式	
高三 年级	志远 笃行	理想信念教育 心理健康教育 公民意识教育 生涯规划教育	爱家爱校爱国 心理团体辅导 青年志愿实践 志愿填报指导	

2. 坚持“四化”策略，提高德育目标的全员达成度

“立德树人”是教育的根本任务。学校坚持全面育人，倡导人人都是德育工作者，把“培育和践行社会主义核心价值观、引导学生形成积极健康的人生态度”渗透到学校各个方面，体现在文化建设、课堂教学、活动设计和榜样示范中。为此学校制定了学科渗透德育的工作要求，建立了学校、家庭、社会参与的完善的工作机制，形成了由德育处牵头，年级组、教研组、三代会参与配合的运行机制和“四化”工作策略。

“四化”之一，组织网络化。学校形成一条由校长—分管校长—德育主任—校区分管主任—德育干事—年级组长—班主任构成的德育主干线，一条由校级家长委员会—年级家长委员会—班级家长委员会构成的德育辅助线，由共青团—少先队、学生会构成的学生自主管理线。三线交织，合力推进学

校德育工作向前发展。

“四化”之二，教师专业化。通过专题培训、技能大赛、师徒结对、外派学习、骨干孵化、激励导向等一系列方式，建设全员育人队伍。

“四化”之三，管理制度化。从教师、学生等角度建立健全了德育制度。例如，教师类有《班主任考核方案》《优秀班主任、德育工作者评选方案》等，学生类有《学生管理工作规定》《综合素质评价实施方案》等，综合类有《午间静校管理制度》《自行车管理制度》等，促进了德育工作的制度化、规范化的建设，为德育提供了制度保障。

“四化”之四，活动常态化。常态活动有：典礼仪式类，包括升旗仪式、表彰典礼、成人仪式、五四运动纪念、国庆纪念、“12・9”运动纪念活动等；艺术教育类，包括校园歌手大赛、校园课本剧展演、师生书画展、诗歌朗诵会、综合文艺展演、迎新年英语晚会等；体育类，包括趣味运动会、田径运动会、校园足球节、班级篮球赛等；社会实践类，包括国防教育、应急演练、救护培训、乡土文化体验、社区活动等；交流体验类，包括校际文化交流、国际课程体验交流等。

3. 针对个体差异，实施有温度的个性化德育

所谓个性化育人，就是指在正确的教育思想和育人观念下，从学生的个性出发，尊重学生的需要和兴趣，尊重学生的人格和自尊，培养学生的良好心理品质和个性特长，培养个性充分发展的、人格健全独立的优秀学生，满足学生差异化发展需要，促进学生的多元发展，从而实现学校的育人目标。

个性和谐发展是全面发展的核心，全面发展是个性发展的基础。十八中的个性化育人，旨在帮助学生发展优良的个性品质，抑制和克服不良的个性和特点，使个性得到和谐发展。

（1）承认学生个性差异。学生既有年龄特征、心理特征、知识结构等相仿的共性，又有兴趣爱好、智力差异等不同的个性。十八中德育工作既重视每个人应有的整体素质，又对每个人不同的思想素质有个别的要求。工作方法上，从他们的个性差异入手，重视每一个人的优势潜能，做到因人而异。

（2）全面了解因材施教。事先建立新生档案。通过档案阅读，班主任全面了解学生的家庭生活环境、个性、爱好、特长、学习能力等；通过家庭走

访，了解个别学生情况，做到心中有底；精心设计《学生成长手册》，建立学生档案，进行精准教育。同时，注重学生发展策略指导，根据多元智能和最近发展区理论，以生涯规划、学法指导、心理引导等个别化教育，发现学生兴趣、发展学生特长，搭建发展平台，促进差异发展。通过开展评选三好学生、优秀学生干部、五星少年等活动，正向引导，尊重差异，为学生的多元成才呐喊助威。

（3）三个阶段分层推进。时间上，根据学生年龄阶段的不同，十八中个性化育人分三个阶段有侧重地推进。第一是行为规范初步养成阶段。侧重对新生进行形式多样的行为规范教育，制定出十八中学生“八禁止，四红线”。第二是班级文化建设阶段。侧重培养和发展学生不同的能力优势，在学校和班级的活动中提升学生的思想和行为水准。第三是反复实践阶段。侧重形成自主管理、自我教育的能力。内容上，十八中整体规划有目标成序列。高一年级开展集体主义教育、文明礼仪教育、劳动观教育和感恩教育，高二年级开展爱国主义教育、法纪教育、责任教育和成人教育，高三年级开展理想前途教育和心理健康教育等。形式上，丰富多彩，如大型的运动会、艺术节、总结表彰会等，小型的讨论会、座谈会，书面的征文比赛、黑板报、文学刊物，口头的演讲比赛、诗歌朗诵等。这些活动增强了学生的自主意识，锻炼和提升了学生的能力，彰显了学生的个性色彩。

在全面育人的过程中实施的基于学生个性化发展的育人实践探索，是对新课程“促进学生全面而有个性的发展”理念的积极实践，促进了学校德育工作的创新和发展，对学校全面育人、差异发展特色建设起了积极的促进作用。

（四）构建全面育人、差异发展的教学机制

新课程改革的重点是：改变课程过于注重知识传授的倾向，改变课程结构过于强调学科本位、科目过多和缺乏整合的现状，改变课程内容“繁、难、偏、旧”和过于注重书本知识的现状，改变课程实施过于强调接受学习、死记硬背、机械训练的现状，改变课程评价过分强调甄别与选拔的功能和改变课程管理过于集中的状况。针对这些重点，结合学校实际，十八中确

立了以目标为引领、以课程为载体、以课堂为阵地、以评价促发展，以多元成才为导向的教学改革思路，从课程、课堂、评价三个方面入手进行了新的教学机制探索，形成了学校全面育人、差异发展的教学机制。

1. 以课程为载体：统筹必修选修课程，满足学生差异发展需求

课程是学校全面育人，差异发展的载体。学校提出了用课程发现差异、用差异开发课程、用课程发展差异的课程建设理念和“基于学生多元发展”的校本课程体系建设总体构想，制定了《成都十八中普通高中校本课程建设指导意见》，明确了国家课程校本化、学科课程拓展化、特色项目精品化、校园活动课程化的校本课程开发思路。在这个思路的引领下，形成了成都十八中全面育人、差异发展课程体系，如图 1 所示。

理念：用课程发现差异，用差异开发课程，用课程发展差异。

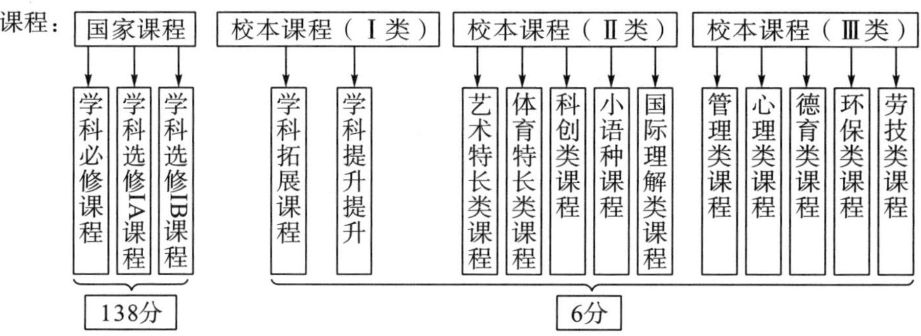

学分认定：

目　　标：夯实基础　发展优势　发展特长　陶冶情操

　　　　　发现差异　补齐短板　多元成才　提升素养

实施方式：行政班制　跨班选修　跨班选修　跨班选修

　　　　　跨班选修

开课年段：高一至高三　高一至高三高二至高三　高一

图 1　十八中“全面育人、差异发展”课程体系图

在课程开设上，我们统筹开设必修课程和选修课程，准确定位不同课程的育人目标。国家课程，基于全面育人的目标，全面夯实学生基础，发现学业水平差异；选修和校本选修课程，基于学生差异发展的目标。其中，选修ⅠB和校本课程Ⅰ类，发展优势，补齐短板；校本课程Ⅱ类，发展特长，促进多元成才；校本课程Ⅲ类，陶冶学生情操，提升综合素养。具体做法如下。

（1）统筹必修选修课程，全面夯实学生基础。

学生差异发展的基础是全面发展，只有夯实了学生思想认识基础和文化知识基础，才能促进差异发展。我们按照省、市《普通高中课程设置指导意见（试行）》，我们开齐开足必修课程，合理开设选修ⅠB，全面夯实学生学业基础。针对学生在某些科目或某些科目的某些板块上的学习短板，我们开设专题性的校本学科提升课程，补齐学生学科学习的短板。针对学生在某些学科上表现出的优势，我们开设学科拓展课程，夯实基础，使优势更优。必修课程和校本课程Ⅰ类为学生顺利毕业和差异发展奠定了基础。

（2）针对差异开发课程，突显学生个体特长。

用课程发现差异，用差异开发课程，用课程发展差异，是我们校本课程开设开发的理念。在校本选修课的开设上，我们以学生发展需要为依据，以促进发展为目标，绝不会为了开设而开设。针对学生的学业水平差异，我们在开设选修IB课程的同时，开设学科拓展类、学科提升类校本选修课程，发展学科优势，补齐学科短板。学科拓展类如“圆锥曲线”“物理电学实验”“走进文学大师和他们的作品”等，用于发展学生的学科特长；学科提升类如“高考英语写作”“工业流程类问题释疑”“地球的运动”等，用于学生学科薄弱板块的提升。对学生展现出来的艺术、体育、科创、语言等方面的兴趣爱好，我们开设有艺术特长类、体育特长类、科创（科学探究）类、小语种类等校本课程，满足学生特长发展需要。艺术特长类有“播音艺术”“主持舞台”“编导初步”“绘画基础”“广告设计”“苗族服饰文化”“形体修身”等，体育特长类有“校园足球”“篮球”“趣味田径”“太极拳”，科创类有“机器人”“3D打印”“航空模型”等，小语种类有“法语”等。

此外，我们还开发了德育类选修课程如“中学生法律知识”“劳动与技术”“垃圾分类教育课程”等，心理教育课程“探索我的内心世界”等，国际理解教育类选修课程如“拥抱法兰西”“国际交流礼仪”“汉语学习步步高”等。其中“汉语学习步步高”编写了中法、中英版教材，成为国际校本课程交流互访的骨干课程。

这些课程，架起了学生通过文化高考、艺体飞、出国留学等方式实现自身价值的桥梁，为学校全面育人、差异发展特色建设奠定了坚实的课程基础。

2. **以课堂为阵地：着眼教学方式改进，不断提高课堂效率**

全面育人、差异发展的主阵地在课堂。我们从组织形式、教学策略、学法改进、教学媒介使用等方面推进课堂改革，促进教与学的方式改进，不断提高课堂效率，夯实全面发展基础，促进了学生差异发展。

（1）组织形式优化。

教学组织形式优化的目的是通过分层教学，为各层次学生学习提供有质量的教育。这一行为的理论依据是我国优秀的传统教育理论——因材施教。通过国家课程学习，我们发现了学生的差异；根据差异开发课程，我们提供了教学载体；教学组织形式的优化，则是为差异发展搭建有质量的实施平台。我们尝试了三种方式：一是“A、B班”形式，按学业水平差异分班，把水平差异较小学生组织成班，老师以学定教，为学生提供合适的教学内容与教学方式；二是“平均组班+走班制”形式，平时大家在同一个班，选修课时间根据自己的学科学习差异，或选择拓展，或选择提升，或选择特长强化训练；三是介于前两者之间，分层组班与跨班选修并存。最终，我们选择了第三种形式。

（2）教学策略优化。

①集体备课，优化教学设计。集体备课是教学策略优化的第一个环节。教师通过文本解读、目标拟定、重难点划分、教学流程设计、作业设计等内容的探讨，形成集体备课教案。这个教案教学目标科学、教学流程合理，重点有突出，难点能突破。备课组在规定时间、定点按分工和任务组织集体研讨，修改完善，形成教学蓝本，教师个人以蓝本为依据，结合自己所教班级学情，完成二次备课，形成教案。

②课堂大赛，优化教学实施。课堂充满生成性。如何在预设与生成之间求得最佳效果，取决于一个教师驾驭课堂的能力。学校坚持每学期举行常态公开课或专题赛课，一是促进教研组、教师个人研究课堂教学；二是给老师们提供研究样本，让老师们在观摩研究中提升自我课堂教学能力。

③网上阅卷，优化反馈方式。课堂效果如何，需要科学的检测与科学的分析来评价。学校引入网络阅卷系统，通过统一的、定时的学业检测，及时反馈课堂教学情况。利用大数据，分析诊断并报告学生学习、学科教学情况，帮助师生及时准确地了解教学中的优点和不足，然后固化或补救。

（3）学习方式优化。

作为课堂的主体，学习的效果主要取决于学生学习的态度和方法。学校一方面从心态调整、作息制度、习惯养成、目标设置、时间管理等方面指导学生，帮助学生形成良好的行为习惯。另一方面，学科教师也根据学科特点，坚持对学生进行学法指导，建立学习常规，使学生养成良好的学习习惯。如我们倡导的四环节学习法，从落实预习、上课、复习、作业四个环节入手，培养学生自主学习习惯；根据学习内容，定期开展专题合作学习、研究性学习活动，变单一的接受性学习为根据学习需要采取自主、合作、探究的方式进行学习，培养学生合作、探究的学习习惯。

此外，学校各班每次集中学业检测之后，都会举办经验交流分享会。各班还利用班会课时间，不定期地邀请高年级在校学生或已经进入大学的学长进行学法分享。这些举措，也成为学校课堂优化、提高效率的重要组成部分。

（4）教学媒介优化。

在上级主管部门的支持下，学校教室全部换装多媒体触摸一体机，实现了校园无线网络全覆盖。这套集电脑、投影、电子白板等功能于一体的设备，再加上与网络的连接，丰富了教学手段，对课堂效率的提升有较大的辅助作用。

在现代信息技术的支持下，学校启动了“信息技术与学科教学深度融合”探索，开展了现代信息技术背景下的课堂实践探究。我们引进北京四中网校“四叶草”平台等资源，组建了网络环境下的教学方式优化实验班，就预习环节和课堂环节进行研究，把原来课前预习、上课、复习、作业学习四环节压缩成两环节，即课外环节和课堂环节。课外环节师生共同完成，分别为教师备课，发布任务；学生自主学习，反馈结果；教师根据反馈结果进行二次备课；课堂环节也是师生共同完成，教师在上课时展示学生自主学习中的共性问题，组织学生合作释疑，然后检测评估。课前和课堂环节的循环往复、螺旋上升，体现出这一教学形式的创新性。从目前实验效果来看，情况良好。在进一步完善之后，我们将在校内逐步推广。

3. 以评价促发展：加强过程督导，促进课堂效率提升

评价是一个发展的过程，一个共建的过程，一个充满人文关怀的过程，一个民主、平等和科学的过程，也是学校教学常规管理的重要手段之一。评价的目的是促进学生更科学、更有效的学习，以及时的反馈促进教师不断优化教学过程，引导教师追求更科学、更高效的课堂教学方式，服务于全面育人、差异发展的办学特色建设。

（1）过程优化评价，用大数据分析为改进提供依据。

我们的做法是用阶段性统一检测、分层评价，为不同层次学生提供改进学习方式的依据，为教师教学行为改进提供依据。每学期，学校组织 3～4 次学业情况检测，采用网上阅卷，通过数据分析，呈现每一个学生每一个知识点的掌握情况，形成分析报告。该报告可以比较准确地反映一个班级乃至每个学生的学习情况、教师教学情况，为师生改进教与学提供较为准确的依据。此外，我们还通过推门听课、教案检查、学生问卷调查、学生座谈等方式，了解教师平时教学情况，加强教学过程的督促检查，把平时的检查情况作为学科教学改进的辅助依据。

（2）终极定性评价，综合评价促进学科教学改革。

学校建立了《教师教学工作考核细则》《高考教学质量奖评比推选方案》《高中教学质量奖励方案》《专业技术人员职务评审与推优方案》等兼顾了个人与集体的学科质量评价制度。从学科备课组的角度，体现了“面向全体”理念的贯彻水平，考核了学科教学质量；从个人角度，体现了“全面育人与尊重差异”理念的落实情况，指向了“多元成才”这一教育目标，考核了教师教学水平与集体融合程度。这一评价以学期为单位，根据评价方案从德、能、勤、绩四个方面进行考核。考核结果作为年度评优选先的依据之一。

（五）推进全面育人、差异发展的特色建设

全面育人是促进差异发展的基础，差异发展是实现全面育人的前提，二者相互补充，相互促进，呈现螺旋上升的发展态势。学校坚持全面育人基础上的促进学生差异发展的育人理念，实施了基于全面育人的目标，促进学生差异发展、多元成才的育人模式探索，开发了满足学生差异发展的校本课程，培育了促进学生差异发展的特色项目，形成了以“高出、优出”为特征、以校园足球项目和教育国际化项目为载体的差异发展特色。

1. 以“高出、优出”为特征的差异发展特色

在学校办学理念的指导下，学校把课程作为推进全面育人、凸显“差异发展”特色的载体，开展了以课堂为阵地，以评价促发展，以多元成才为导向的“差异发展”特色建设工作。实践中，提出了用课程发现差异，用差异开发课程，用课程发展差异的校本课程建设理念，实施了学校课程体系校本化建设工程，构建了学校全面育人、差异发展课程体系，开发了着眼全面育人、差异发展的学科拓展类、学科提升类、艺体特长类等校本课程，形成了以低进高出、高进优出为特征的“差异发展”特色。我们的做法有以下几个方面。

（1）整体科学规划，分步推进实施。

从学生进入十八中起，我们就对学生三年的学习有一个整体规划，制定每一个学年的学习目标，有条不紊地推动全面育人、差异发展的育人工作。

高一目标：注重学生的思想品德、学习品质、兴趣爱好、特长开发等，夯实学生发展的思想基础、文化基础。

高二目标：在继续夯实学生思想基础、文化基础的同时，开设学科拓展类校本课程，培育优势学科；开设学科提升类校本课程，补齐学生学科短板；开设特长发展校本选修课程，引导学有特长的学生发展特长。

高三目标：通过学生成长目标的规划与引导，用科学的目标引领学生做最好的自己，达成差异发展目标。

（2）统筹课程开设，全面差异并重。

学生入学后，我们统筹开设必修课程和选修课程。利用必修课程，奠定学生的文化基础和能力基础，培养学生的综合能力。这是全面育人的主阵地。同时，我们也开辟第二战线，利用校本选修课程发现学生兴趣与差异，为差异发展做好对象与路径准备。全面育人与差异发展相互补充、相互促进，协调发展。在校本选修课程开设上，我们分年级又有所侧重。

高一年级，在高一上期，选修课程着眼学科拓展和兴趣培养，发现学生差异。在高一下期，我们开设艺术特长类课程、体育类特长课程等，发现学生特长。

高二年级，我们重点开设学科拓展类校本课程和学科提升类校本课程，既发展学科优势，也尽力补齐学科短板，扎实推进全面育人工作，夯实学生差异发展的基础。对艺术体育等特长学生，归入学生社团，依托社团活动进一步培养兴趣，增强能力。

高三年级，根据学生四个学期学业发展情况、个人兴趣特长情况，进行有针对性的学业发展规划和未来职业规划，扬长避短，差异发展，成就最好的自己。

（3）三年连续追踪，分类分层推进。

入口分析：进入高中是学生成长的新起点、学校管理的新起点，也是三年后出口考评的起点。学校长期坚持分析新生的家庭情况，初中毕业学校、入学方式、入学成绩、潜力特质、个性差异等情况，然后制定工作规划和教育策略，匹配相应的教师，进行分类分层教育。

过程追踪：学校在教育管理过程中主要抓住高一、高二四个期末和“三诊一高”共八个关键成长点，分段分析不断纠偏调整，改进策略和方法，分类分层推进教育教学工作。

出口总结：学校在以入量出的评价中，突出学生、教师发展性评价，并进行归因分析，得出经验教训，并在下一个新生年级和毕业年级工作会上交流，实现各年级共同提高。

经过十年的探索完善，以“低进高出、高进优出”为特征的“差异发展”特色基本形成。这一模式，不仅带来了学校文化高考十年连续增长的优秀成绩，而且开创了艺术、体育、飞行员招生和出国留学等特长发展的良好局面，充分展现了学校全面育人、差异发展的特色成果，彰显了学校“差异发展”特色。更重要的是，它让在中考中默默无闻甚至灰心丧气的同学在高中三年找回了自信，赢在了大学阶段的起跑线上。

2. 以校园足球项目为载体的差异发展特色

（1）“五个足球”理念，搭起差异发展育人平台。

德育足球：以球润德，塑造师生的内在精神。学校挖掘足球运动中的德育元素，找准校园足球教育与学校德育之间的结合点，以足球运动的团结拼搏、合作和谐的团队精神促进校风、班风、学风的净化，促进学生优良品质的形成，促进学校办学水平的提升。

健康足球：以球健体，促进学生健康成长。我们要求是“人人都参与，个个会踢球”。具体措施是开设足球课程，引导学生读足球、品足球、享足球，有效扩大活动参与面和技能掌握面。实施足球模块教学，每周开设一节足球课，将足球技能考核纳入体育艺术“2＋1”项目。

青训足球：以球促训，构建足球发展体系。学校在普及足球运动的同时，注重足球基础优秀学生的特长培养。十八中男子足球队、女子足球队分别于 1994 年、1996 年成立，常年保持初、高中男女足球共四支队伍，形成不同年段的梯队，培养了大批优秀足球运动人才。

升学足球：以球促智，拓宽学生成才的路径。学校除了向高一级专业队输送人才外，还有不少足球特长生考入江西师范大学、四川大学、电子科技大学、重庆科技大学、华南理工大学等高校。

国际足球：以球为媒，促进国际交流，拓展师生国际视野。学校与时俱进，拓宽渠道，借助外力，积极与国际足球俱乐部在师资培训、引进技术、专家指导等方面开展合作，促进校园足球国际交流。

（2）“369”工作模式，筑牢差异发展育人根基。

校园足球“369”工作模式，解决了“教、训”矛盾，让校园足球高质量、可持续发展成为可能。“3”是指体教结合公办三级训练班。“6”是指六年一贯制训练成才机制。“9”是指九大保障措施：以训定教、班教联络、家校协作、编写大纲、搭建平台、情感沟通、广泛宣传、拓宽出口、互动交流。

（3）健身与竞技并举，建起足球人才成长阶梯。

校园足球作为学校体育的一个重要组成部分，它承担着增强学生体质、培养学生运动精神、养成学生运动习惯的任务。我们把足球作为高中学生体育课的教学模块之一，同时在初中体育课中明确规定足球作为必修内容，在七八年级每周安排一节体育课作为足球课。定期开展班级足球联赛，既能培养学生对足球运动的兴趣，也可以作为学校足球队选拔队员的方式。

对联赛中表现优秀者，选拔进入学校足球队进行训练，按足球运动人才后备队员培养。通过多场比赛与选拔之后，表现特别优秀者留队作为正式队员。宽阔坚实的足球人才基础，在促进学校体育工作顺利开展的同时，也为校足球队建设提供了充足人才资源，使学校足球运动在 20 多年的发展中不断壮大，在全国产生了极大的影响。

校园足球项目为载体的“差异发展”特色育人模式，搭起了个体特长向差异发展、个性发展乃至高水平、高质量发展的桥梁，满足了学生由爱好到事业、由特长向综合发展的愿望。前者如入选国家队的队员，足球运动就成为他的事业；后者如升入高校的足球特长生，足球特长就是他们综合发展的通行证。

校园足球项目为载体的“差异发展”特色建设的实践探索，也带动了学校田径项目、艺术项目的发展，更推动了学校体育、艺术教学的改革和创新，提高了学生的体质健康水平和审美能力，增强了师生“立德树人、健康第一”的认识。其成功经验，开启了我们用特色项目建设推动“差异发展”特色建设的新征程，走出了用特色项目建设推动学校“差异发展”特色建设的新路。

3. 教育国际化项目为载体的差异发展特色

（1）规划先行，明确学校教育国际化工作思路。

《国家中长期教育改革和发展规划纲要（2010—2020 年）》（以下简称《纲要》）明确提出“坚持以开放促改革、促发展；开展多层次、宽领域的教育交流与合作，提高我国教育国际化水平；借鉴国际上先进的教育理念和教育经验，促进我国教育改革发展，探索多种方式利用国外优质教育资源”，其目标是“适应国家经济社会对外开放的要求，培养大批具有国际视野、通晓国际规则、能够参与国际事务和国际竞争的国际化人才”。这就告诉我们，教育国际化的关键词是合作、借鉴、发展、人才，意在通过多层次、宽领域的合作，借鉴先进的教育理念和经验，发展我们的教育事业，培养我们的国际化人才。根据《纲要》精神，我们确立了教育资源互补，服务学生发展的工作理念，明确了拓展国际视野，彰显办学理念的工作目标，制定了校本课程交流、体验增进理解的工作规划，形成了“全面推进、突出重点、深度融合、提升品位、促进多赢”的总体思路。

（2）课程开发，建好学校教育国际化实施载体。

十八中开发出了融历史、文学、地理、自然、饮食、民俗等一体的“汉语学习步步高”（中英、中法版）“国际交流礼仪”“拥抱法兰西”“太极拳”“剪纸艺术”“四川民歌”等系列品牌校本课程。借助成都的人文与自然景观，比如武侯祠、都江堰等，开设了丰富的文化体验活动课程。借助学生家庭这一平台，开设了民俗文化体验课程。这些课程向来访的外国学生全方位展示了成都的自然历史、风土人情、民风民俗等各个方面。在教学中，我们采用中外师生同堂上课的方式。中外学生成为同桌，在学习上互帮互助，加深了解。比如，接待友好学校法国梅斯市科尔蒙塔尼高中的学生时，十八中法语班的学生和来访的法国学生同堂上课，担任助教。这一做法消除了法国学生上课时的陌生感、拘束感，对他们深入体验中国课堂和中国文化课程起到了很好的促进作用。

（3）多点布局，畅通学校教育国际化育人渠道。

一是畅通对外交流学习渠道，拓展师生国际视野。自 2007 年以来，学校先后与亚、欧、美、大洋洲的 6 个国家中的八所学校建立校级友好合作关系，与美国、法国、新西兰、加拿大等国家的 5 所学校结为姊妹学校。学校先后派出师生参加中英校际连线活动、新西兰教育节、法语文化节等活动。自 2012 年与法国梅斯科尔・蒙塔尼高中举办成都十八中首届国际校本课程教育研讨活动以来，该活动已成功举办 6 届，双方师生互访交流数百人。二是依托学校法语实验班，开展小语种教学实验，畅通学生差异发展渠道，为有出国留学意向或想在小语种方面发展的学生提供帮助。

此外，十八中还采用多种途径在校内进行国际理解教育，营造教育国际化氛围。例如，要求参加出国访学的师生通过班会、升旗仪式、校园网、校刊等多种途径，交流他们的感悟，让更多的师生分享他们的收获；在学科教学、校本选修课、班会课、社团活动中渗透国际礼仪教育，让更多师生熟悉国际交往规则；在办公室、教室、楼道、花园等场所张贴双语标识，为师生参与教育国际化营造良好氛围。通过校园网、校刊、展板、升旗仪式、班会等多种宣传方式，与师生及家长分享国际理解教育成果。

经过近些年的探索，教育国际化项目为载体的“差异发展”特色日趋成熟。学校先后与法国、美国、新西兰和加拿大等国家的学校建立了比较稳定的合作关系，多次圆满完成层次丰富、内容广泛的国际交流活动。也正因为如此，学校成为成都市首批“教育国际化示范窗口学校建设单位”，教育部“中法百校交流计划”项目参与单位。近几年，学校承担了省人民政府下达的对日互访交流活动 10 次，承担了市政府对阿根廷的互访任务 2 次，接待德国、英国、新西兰等国代表团来访 8 次，举办中法友好学校间国际校本课程交流活动 6 次，总计接待国际友人来访和派出国外参观学习的师生达到 400 多人次。十八中的教育国际化模式得到了法国科尔蒙塔尼高中以及日本、新西兰等国友好学校的高度认同，这一模式也成为对方学校接待十八中师生交流团的主要形式。

三、办学成效：全面与差异共生，成就学校办学品位

（一）学校管理有亮点

在“精细化与人文化相结合”管理思想的指导下，学校管理团队达成了“无常不稳，无精不立”的管理共识，确立了“安全、校风、质量”管理常规，梳理了 10 个行政管理习惯，建立了 6 个学校管理工作模式，创新了“年级五人工作组”式的基层管理办法，制定了如《值周制度细则》《学期工作四阶段划分细则》等制度执行细则（学校将每个学期划分为启动规范期、调整反思期、巩固提高期、冲刺收获期四个阶段并以此来安排工作），形成

了学校管理制度化、制度执行细则化特点。

学校编写的《成都十八中行政管理概要》《前进的脚步》《无常不稳　无精不立》等行政管理校本教材，成为行政干部能力提升的助推器：统一了思想，规范了行为，提高了效率，培养了干部。

（二）队伍建设有实效

几年来，一批中青年教师脱颖而出，形成了特级教师、名优骨干教师、优秀青年教师组成的骨干教师梯队。他们是学校教育教学的骨干，不少人也是省市区的骨干和业务专家。陈华、尹莉、何辉、夏雨曼等众多教师在国家、省市教学大赛中获奖，张黎、孙建伟等多人在省级教师培训活动做专题讲座。每年都有许多教师的论文在国家、省、市、区级获奖。学校高中教师中，区级及以上教育专家、拔尖人才、学科带头人、中青年骨干教师等优秀教师 60 人。其中有 2 人获得省政府教学成果奖，1 人为市特级教师，10 人为省骨干教师，21 人为市级骨干教师，27 人为区学科带头人、区骨干教师。70 人次获得各级优秀教师称号。一批行政干部迅速成长，成为学校管理骨干。

（三）校本课程有体系

十八中在开齐开足国家课程的同时，积极探索国家课程校本化、校本课程特色化的转化。在实践中，十八中提出了用课程发现差异、用差异开发课程、用课程发展差异的校本课程建设理念，构建了“全面育人、差异发展”的学校课程体系。十八中开发的三个类别的校本课程，推动了“高出、优出”为特征的“差异发展”特色建设。

目前，十八中开设选修ⅠB 课程 19 门，跨班级选课人数占全年级的 72.3%。开发开设比较稳定、效果较好的三类校本选修课程总计 31 门，为学生差异发展提供了课程保障。

（四）全面育人有成效

（1）体质水平高位稳定。学校以校园足球为突破口，加大体育学科的改革力度，开设了羽毛球、篮球、足球、田径等模块，贯彻了体育艺术2+1项目精神。扎实的体育教学，丰富多彩的体育活动，提升了学生体质健康水平，使学生体质健康水平合格率保持在95%以上。

（2）学考成绩高位稳定。在历届学业水平考试成绩中，十八中学生学业水平考试优秀率保持在80%以上，合格率保持在98.5%以上。

（3）高考质量连年提升。从2007年到2017年，十八中高考质量连续十年提升。本科率从2007年的37.87%上升至2017年的92.5%，一本率由2007年的5.9%上升至2017年的46.2%，综合排名近几年稳定在成都市同类学校的前8名。张炜、胡钰文、何子赫等一大批学生先后考入北京大学、清华大学、中国科技大学、人民大学、美国佐治亚理工学院、巴黎11大学、英国伦敦大学等一系列国内外名牌大学，形成了学校低进高出、高进优出的质量常态。

（4）差异发展成果丰硕。“画”进清华大学的黄琪、刘畅、干丁哲，“唱”进清华大学的李璇，“跑”进北京大学的叶尚书，“踢”进国家队的女足冠军吴玺等是其中的杰出代表。飞行员培养、出国留学等也颇有建树，近些年，体检过关的飞行员苗子全部达到文化成绩要求，出国留学学生顺利升入国外著名高校，这得力于学校一开始就全面夯实了学生的发展基础。粗略统计，近五年学校考入清华大学、北京大学等重点大学艺术系和重点艺术院校的学生达150人。学校男子、女子足球队，男、女田径队从2010年以来，共获省级冠军20个、市级冠军50个，获得省、市、区团体前三名共139次。近三年，学校为高校输送高水平运动员共27名。2017年，学校足球队囊括金牛区初中男女、高中男子三个冠军。学校女足代表四川省出征第十三届全国学生运动会获得第四名，在四川省校园足球推进会上获得表彰。

（五）校园足球有品位

悠久的体育传统，厚实的运动土壤，孕育了学校深厚的体育文化。1983年，学校被教育部授牌表彰为“全国体育项目传统学校先进集体”。田径、足球是学校体育的两个特色项目。而校园足球，更是学校一张亮丽的名片。

十八中校园足球的“五个足球”理念、369工作模式，形成了具有十八中特色的育人模式。团结勤奋、合作和谐的运动精神滋养了全校师生的顽强拼搏精神、合作包容意识，提升了学校的整体精神风貌，造就了一大批优秀人才，在省内外产生了较大影响。十八中是全国首批“全国青少年校园足球特色学校”，多次承担公派赴日本、阿根廷等国家的出访交流任务和日本、德国、阿根廷等国来访接待任务。2014 年 1 月至 2017 年 9 月期间，十八中女足先后有 7 人入选国家少年队，6 人入选四川省队。建队以来，十八中先后为中国青年女足输送了李雪琳等 5 名队员，为国家少年女足输送了刘虹等 14 名队员，为国家女足曲棍球队输送了张莹莹等 2 名队员，为四川女足输送了赖胜虹等 30 余名队员，培养女足一级运动员 80 名，向江西师范大学、四川大学、电子科技大学、重庆科技大学、华南理工大学等高校输送足球人才达 200 余人。

十八中多次应邀在国家、省市相关会议交流校园足球工作经验，在全国具有较大影响。2013 年 11 月，学校当选为“中国中学生体育协会足球分会副主席单位”，曾品中校长当选为副主席。2017 年 11 月，学校被选为“中国中学生体育协会第八届理事会理事单位”。女足主教练、德育处副主任孙建伟被聘为全国校园足球项目专家组成员。仅 2016—2017 学年度，十八中接待来访国际交流团 5 个，接待了来自山东、河南、云南、陕西、浙江、江苏等 10 多个省份的学习考察团，承担了省、市青少年校园足球工作现场推进会现场考察工作。2017 年，十八中成功入选全国校园足球“满天星”计划，成为四川省唯一一个“满天星”训练营主营地。

（六）国际交流有影响

作为成都市首批“教育国际化示范窗口学校建设单位”，十八中在教育国际化方面走在了全市的前列，连续三年承担四川省人民政府组织的中日青少年友好互访交流活动，十八中也多次在区、市的教育国际化论坛作经验交流。2014 年，经市教育局批准，学校成立了法语实验班。2017 年 12 月，十八中成功入选教育部“中法百校交流计划”，成为项目参与单位。

十八中在教育国际化方面的影响还表现在创新上：一是理念新颖，提出了教育资源互补、服务差异发展的教育国际化理念。二是目标明确，明确了拓展国际视野、彰显办学理念的教育国际化目标。三是对象清晰，面向全体学生，走大众化、平民化的教育国际化道路。四是措施可持续，创造性地提出了校本课程交流、文化体验增进理解的教育国际化路径，构建了课程交流加文化体验的教育国际化模式。这一模式改变了教育国际化实施中长期流行的观光游学式或留学盈利模式做法，革除了其弊端，把教育国际化推向了普通大众，回归了教育国际化的原点。这一创新实践成果得到了法国、日本等国友好学校的高度认可，成为十八中互访交流的基本模式。

（七）辐射帮扶有声誉

（1）经验输出获得成功。学校用特色项目推动学校发展的办学经验指导成都三十六中，帮助成都三十六中建成了全国示范性少年军校，提升了其办学品位；指导邛崃市临邛中学特色建设，帮助临邛中学成为全国校园足球特色学校。2017 年，该校男女足球队均获得邛崃市第三届中小学足球联赛冠军。

（2）对外交流彰显影响。仅 2016—2017 学年度，十八中接待了来自山东、河南、云南、陕西、浙江、江苏等 10 多个省份的学习考察团，承担了省、市青少年校园足球工作现场推进会现场考察工作。

承担省、市政府指派的对阿根廷、日本交流和接待英国、法国、新西兰等国家师生来访 20 多次，学校校园足球和教育国际化工作得到了来访外宾的高度赞赏。

（3）对口支援赢得赞扬。学校先后派出语文特级教师赵常伦赴小金中学、体育教师杨云军赴石渠中学、英语教师陈卫东赴成都三十三中、信息技术教师李毅赴成都金牛中学支教，坚持每年组织教师赴成都三十六中、简阳市三岔中学、邛崃市兴贤中学、简阳市石盘中学支教；多次接受省教科所委托，组织骨干教师赴甘孜、阿坝开展新课改培训；接收帮扶学校如荣县玉章中学、邛崃市兴贤中学、邛崃市牟礼中学、邛崃市水口学校等单位派出的干部挂职锻炼，不定期与兄弟学校、薄弱学校开展联动教研，资源共享。这些务实有效的举措得到兄弟学校的高度赞扬。

（八）品牌建设有口碑

从 2007 年至今，十八中的高考质量保持了连续十年增长的发展态势，在成都市同类学校中保持了领先的地位。学校先后荣获“全国教育科研先进单位”“全国体育传统项目先进学校”“全国青少年校园足球特色学校”等国家级荣誉称号 38 项，“四川省文明单位”“四川省重点高中”“四川省示范性普通高中”“四川省校风示范校”“四川省阳光体育示范学校”等省级荣誉称号 50 项，成都市首批“教育国际化示范窗口学校建设单位”等市级荣誉称号 80 余项。

党和政府的支持，十八中人的奉献，保持了十八中长期持续发展态势；神圣的责任使命，勤勉的敬业精神，孕育了“全面育人、差异发展”的累累硕果；“团结勤奋，求实创新”的校训，激励我们不断走向优秀和辉煌！品位高雅、特色鲜明、社会认可的市内领先、省内一流、全国知名的示范性学校的办学目标正在实现，“差异发展”教育特色正在形成。下一步，十八中将认真领会党的十九大精神，抓住“普及高中阶段教育”的契机，认真落实“努力让每个孩子都能享有公平而有质量的教育”的要求，再接再厉，在文化传承与改革创新的办学实践中继续推动学校持续发展、特色发展，为办人民满意的教育贡献自己的力量。

成都市第十八中学校　彭俊海

以体验式法治教育提升德育实效

——成都市锦西中学“体验式法治教育”品牌建设探索

导言 在新形势下，学校发展首先要落实立德树人、提升德育实效。本文以成都市锦西中学校初中体验式法治教育活动课程建设的实践探索为例，阐述锦西中学从课程统领活动、创设法治情境、提升法治体验、实施多元评价几方面全面改善德育活动的效果、效应、效益，从而提升学校德育实效，促进学校“体验式法治教育”品牌建设的过程和成果。

对教育发展来说，“立德树人”既是全面提升教育质量的根本任务，也是深化教育教学改革的战略主题。从学校发展来说，建设高品质学校首先要在理念价值达成一个共识，那就是让教育回归“以人为本”，提升德育实效，写好“立德树人”这篇大文章。

成都市锦西中学校（以下简称锦西中学）作为成都市金牛区一所普通公办初中学校，也是成都市首批新优质学校，在“为学生终身发展奠基”办学理念的引领下，学校以“锦西三年，涵养其性”“锦西三年，智慧其人”“锦西三年，强健其身”为抓手，形成理念的内部结构认识，把加强品德修养教育、强化学生良好行为习惯和法治意识养成作为重要办学目标。学校于2017年开始进行“体验式法治教育”学校品牌建设探索，通过以体验为路径，不断创新法治教育形式，在研究与实践的循环递进中，不断提升学校的德育实效，打造新优质学校的学校品牌。

成都市锦西中学校　熊欣　李洁玲

一、以现实为依据，反思德育现状

（一）前测：金牛区检察院未检科《未成年犯罪启示录》

据金牛区检察院未检科 2013—2015 年《未成年犯罪启示录》的调查统计显示，金牛区未成年犯罪具有以下几个特征：严重暴力犯罪低龄化趋势明显、基于主观认知和心理自制能力低实施犯罪比重大、“三无”未成年人犯罪比重大、犯罪未成年人文化程度低等。其中“‘三无’未成年人犯罪比重大”和“基于主观认知和心理自制能力低实施犯罪比重大”这两个特征引起了我们的重视。

锦西中学作为金牛区一所普通初中学校，学生生源构成主要为外来务工人员随迁子女。在当今社会价值多元化的剧烈变革冲击下，作为“移民”的第二代，一些未成年学生由于家庭结构缺失、家庭教育方式不当、父母不良行为等原因，不同程度地呈现出四种性格特点：懦弱自卑、小气自私、偏执彷徨、懒散迷茫。其中个别学生更是无固定住所、无监护人、无收入来源的“三无”未成年人，其成长环境比较消极负面。

同时，由于锦西中学是一所完全初级中学校，学生大都处于 12～15 岁年龄段，而该调查统计显示这个年龄段的涉罪未成年人占比最高，达到 54.9％。因此对锦西中学学生的成长，锦西中学不仅有一丝隐忧，而且还背负一份更大的责任。

青少年规则意识、法治观念淡薄，已成为社会发展的一大隐患。无规则意识，则无青少年之健康成长。青少年法治教育刻不容缓，这是锦西中学开展法治教育的缘起。

（二）中测：法治教育问卷调查

锦西中学从 2017 年开始进行学校法治教育建设探索，学校面向全体学生开展了众多法治教育活动。一年之后，法治教育效果如何呢？2018 年，锦西中学对全校近 500 名学生围绕法治素养、法治教育环境及法治教育活动实效等方面进行了网络问卷调查。通过问卷调查统计数据分析，发现存在以下方面以下问题。

（1）法治素养。学生虽然了解、知晓了一些法律知识，但是在自觉用法律方式来维护自己和他人的合法权益等方面的意识还远远不够。2.08％的学生表示，在与同学发生矛盾时，因不能正确面对，会采取过激措施甚至违法手段。

（2）法治教育环境。55.44％的学生表示自己了解法律的最主要途径是通过学校，但是学生在固定的法治教育环境、单一任务下进行的法治体验还不够深刻。例如，锦西中学邀请“五老”和“青少年普法教育宣讲团”开展宣讲活动，但在活动结束后，5.96％的学生表示对学校开展的法治教育活动感受并不深刻。

（3）法治教育活动。法治教育活动开展一年以来，22.8％的学生不了解锦西中学是一所法治教育基地校，19.69％的学生不了解锦西中学配备了法治调解员，17.88％的学生不清楚自己作为未成年人应该享有的权利，57.2％的学生对刑法规定的刑事责任年龄不清楚。

（三）对德育实效性的反思

顾明远教授提出，实效性原则是对德育工作追求切实效果的基本要求，也是德育工作原则之一，表现在三个方面：效果好（反映在学生思想品德上）、效应高（反映在德育质量效果上）和效益高（反映在对社会作用的后果上）。

体验式法治教育在全国中小学中也普遍存在，但实效性有很大差别。锦西中学认识到法治教育的重要性，也开展了一系列的法治教育活动，为何效果不甚理想？借由法治教育调查，我们对锦西中学德育实效性做了以下几点反思。

（1）说教多而参与少，导致德育效果不好。传统德育活动往往太多单一说教，德育管理重视严格管控，却忽略了中学生的特点和需求，定位欠准，目标欠清，重点不显，路径不明，学生参与感差、参与面窄、参与兴趣不高。

（2）内容多而设计少，导致德育效应不高。德育活动包括法治教育活动缺少价值取向、基本思路等顶层设计，缺乏系统性、层次性和关联性，最后的质量效果欠佳。

（3）体验多而应用少，导致德育效益不高。德育工作包括法治教育的传统思路坚持“以学生为中心”“以学校为中心”，却往往忽略了社会生活的迁移运用。

二、以课程为指导，提升德育实效

学校德育的实效性如何，关键在于是否将“围绕学生，关照学生，服务学生”作为教育的出发点和归宿。要提升学校德育实效，创建锦西中学“体验式法治教育”品牌，应从本校学生出发，以体验式法治教育活动课程为指导，切实提升德育实效。

（一）思路：从“为活动而活动”走向“课程统领活动”

要填补传统法治教育无依据性、无针对性、无系统性的缺陷，提升法治教育有效性，首先要以学生实际需求为本，把握初中生法治素养形成的关键期和培养法治意识的最佳时段，对初中体验式法治活动课程进行层级性开发和常态化实施。

锦西中学依据《青少年法治教育大纲》指出的义务教育阶段目标、初中学生身心发展特点和法治教育规律，对初中各年级法治教育目标进行了科学的分层。例如，七年级：重点培养初中生规则意识，初步学会运用法律规则处理好个人与家庭、学校、社会、国家的关系，培养良好行为规范。八年级：重点培养初中生权利义务意识，增强明辨是非的能力，强化法律责任意识，巩固守法观念。九年级：重点培养公民责任与担当意识，进一步深化宪法教育，树立法治信仰，努力践行法治理念。

在此基础上，锦西中学进一步完善“体验式法治教育”体系，即：“一种办学理念——为学生的终身发展奠基”“四个培养目标——辨是非、立信仰、束行为、提素养”“三条路径——法条阅读、案例思考、活动表达”“两项措施——体验课程、特色活动”。从理念、培养目标、路径和实施途径详细阐述锦西中学初中体验式法治教育的实践样态，在此基础上继续研讨完善初中体验式法治教育活动课程，落实体验式法治教育的常态化实施。

（二）内容：从“法条学习”走向“法治体系”

锦西中学依据《青少年法治教育大纲》，围绕青少年的身心特点和成长需求，结合青少年与家庭、学校、社会的关系，系统安排与学生密切相关的宪法、道路交通安全法、环境保护法、治安管理处罚法、民法、刑法等法律法规的核心内容，在不同学段的内容中统筹安排、层次递进，使体验式法治教育活动课程在内容上整体化、序列化、规范化，有明确的法治教育大纲、配套教材和学生日常行为规范。

（1）纵向上打通各学段，以宪法教育为核心，形成全面覆盖、有机衔接的学校法治教育体系。在用足、用好国家课程的前提下，在七八年级开设“法治诵读”“法治漫画”校本课程，打造精品法治教育课堂。

（2）横向上打通各学科，在各学科中挖掘法治教育的知识点和切入点，努力做到全学科渗透。架构法治教育活动课程体系，成立“诵读尊法”“漫画学法”“实录守法”“乐做用法”四大“尚法”活动社团，以法治知识为主线，跨学科融合语文、美术、信息技术等知识，让学生在学科融合的法治教育体验活动中不断完善丰富自我，提升法治素养。

（3）让法治教育贯穿学生一日生活。从上学、放学路上的道路交通规则遵守，到在校的课堂候课、听讲、讨论、课间休息等习惯养成，再到校园图书角自主管理的规则意识养成，从校内与同学、老师交往，到校外妥善处理家庭、社会关系等。充分利用多元生活情境，规范学生的日常行为，树立规则意识，提升法治素养。

（三）方式：从“灌输管控”走向“法治体验”

“体验”是体验式法治教育的重点，也是锦西中学法治教育的创新点。“初中体验式”，是以初中学生为教育对象进行的体验式教育。初中学生年龄普遍在 12～15 岁之间，其身心发展状况具有不同于小学生、高中生的特殊性：初中生在认知发展上有了一定发展但又都发展得不完善，处于一种似懂非懂的状态。他们正处在由儿童向少年过渡的时期，渴望摆脱儿童期的幼稚，有强烈表达自己成熟的愿望。他们的思维品质尤其是独立性和批判性有了很大的发展，但是这个阶段的抽象逻辑思维在很大程度上还属于经验型，对事物的认知很容易产生片面性和表面性的观点。

所以，对这一阶段学生进行体验式法治教育，在内容选择上要选择具有一定理论性、抽象性的内容；在教育目标上，要提出符合初中生最近发展区的目标，并进行科学的分层和详细的目标规定；在教育方式上，要根据初中生的年龄特点，科学实施体验式法治教育，注重学生的参与，改变原来外控式的教育，代之以协商、对话、引导。

锦西中学法治教育全面整合优化学校、家庭、社会各方面要素，积极开展“家校共建”“校检共建”等丰富多彩体验式法治教育活动。在“学中做”“做中学”的螺旋过程中，使法治教育的方式由管控走向参与，由居高临下走向平等对话，由单向灌输走向生活体验，有力提升法治教育的实效性。

（1）任务驱动体验。通过研究实践，锦西中学将“阅读”“思考”“表达”三大核心素养融入体验式法治教育活动课程中，即：先开展法条阅读，再联系生活进行思考，最后通过实践活动进行创作表达。概括为“法条阅读—案例思考—活动表达”。例如：为了让学生了解公民的选举权和被选举权，我们先带领学生阅读《宪法》中相关法条：“中华人民共和国年满十八周岁的公民，不分民族、种族、性别、职业、家庭出身、宗教信仰、教育程度、财产状况、居住期限，都有选举权和被选举权；但是依照法律被剥夺政治权利的人除外。”再结合新闻的案例引导学生思考，最后通过《权利与义务》四格漫画的创作和展示，让学生明确，我国公民享有选举权和被选举权，必须同时具备三个条件：具有中华人民共和国国籍、年满十八周岁、依法享有政治权利。以核心素养贯穿学习任务，用任务驱动体验，以体验提升素养。

（2）角色增强体验。我校根据社会生活场景，为学生设计多种法治角色，模拟相应的情景，让学生在角色扮演中获得更真实的法治体验。例如，在学校与金牛区人民法院合作开展的“模拟法庭”活动中，学生围绕身边的真实案例——青少年抢劫寻衅犯罪事件，分别扮演审判长、人民陪审员、书记员、辩护律师、公诉人、法警、当事人（被告）、当事人（原告）、证人等，还原庭审场景。旁听席上的学生则是翘首以盼、凝神注目，热切地关注着“庭审”现场的每一个细节。无论哪一种角色，学生们都认真参与、全身心投入，似乎置身于真正的法庭，见证了两个青少年因为一时糊途而走上了犯罪道路，最终接受法律制裁，增强了体验效果，起到了很好的教育作用。

（3）活动促进体验。整合优化学校、家庭、社会各方面要素，积极开展丰富“家校共建”“校检共建”等法治教育活动，以活动促进体验。例如：整合家长资源，开展“家长恳谈会”，征集意见，家校协商，民主议事，举办“亲清家校，与法同行”家长法治征文活动，在家长中引起良好反响；利用社会资源，邀请金牛区检察院“亮晶晶麦田守望”团队来校见证我校八年级同学“14 周岁法治成人礼”仪式，并为孩子们送来法治礼物。我校“尚法·诵读”社团参加“12·4”国家宪法日主题宣传活动，诵读学生原创《锦西“尚法”三字经》，展示锦西学子风采。

（4）应用提升体验。培养学生法治调解员，以少数带动多数，让同龄人教育同龄人，用同龄人帮带同龄人，让更多的学生参与到法治教育活动中，在应用中提升体验的效果。学校联合金牛区人民检察院定期集中举办学生法治调解员培训活动，让学生法治调解员掌握法的含义、目的、基本原则等基础知识，学习调解学生纠纷的具体方法。这些学生法治调解员在学校德育处的组织下，深入各班，在校内协调同学关系、化解同学矛盾，在校外进行法治宣传，调解协调某些力所能及的家庭纠纷和邻里关系，做到了学以致用、学用合一。

（四）评价：从“单一主体”走向“多元主体”

相对于以往重教师评价轻学生评价、重结果评价轻过程评价的情况，我校对体验式法治教育课程的评价从学生接受法治教育情况、教师课程实施、课程本身的评价三个方面实施。评价的目的不是区分学生的学业成就，而是促进学生法治素养的切实提升。为此，我们注重体验式法治教育活动课程的过程性与表现性评价，在课程的实施过程中采取边实施边评价、边评价边完善的方式，不断完善、创新课程评价体系。具体操作采用“锦西法治之星”评选活动来推动实现。

（1）依据校本法治读本，选择了与学生生活、学习密切相关的法治主题，师生、家校、校检协商共编了《锦西中学法治教育评价手册》。

（2）《锦西中学法治教育评价手册》每册中分列三至四个法治主题的章目。每一章目有“争星目标”“争星指南”“多元评价”“考星记载”五个版块。“争星目标”让学生明确“法治之星”的目标和要求，“争星指南”告诉学生如何通过活动和实践达到争星目标，“多元评价”“考星记载”则是对学生参与本次争星活动的总体评价。

（3）每周组织考星活动，考星采用学生自评、学生互评、教师评价、家长评价等多种方式进行，强调简便易行、重在激励的特点。考评在班主任老师的指导下，各班成立考评小组，设考评员和记录员，考评时突出学生自主考评意识。各班学生获星情况及时记载入《锦西中学法治教育评价手册》，德育处和学校宣传办定期对各班的争星成果、法治作品进行评比展示、宣传表彰。

三、以法治为特色，打造学校品牌

（一）学校品牌的价值取向

（1）促进学生全面成长。教育品牌不同于商业、企业品牌，它不以营利为目的，核心在于教育价值观的追寻和实现，着眼于学生的全面、长远发展。所以，锦西中学以“体验式法治教育”为特色打造学校品牌，是期望通过体验式法治教育，让学生在浓厚的法治校园文化氛围中主动感悟体验，帮助他们树立法律信仰，使他们成为能明辨是非、自觉约束行为、有法治素养的青少年，为之后成为知法、懂法、守法并且能够自觉维护法律尊严的合格公民奠定基础。

（2）助力教师专业发展。学校品牌的打造离不开教育的质量，质量的提升需要专业的教师队伍来实现。在初中体验式法治教育活动课程的构建中，思政老师在教学中更加重视法治教育方式的改革创新，注重法治教学案例与社会生活的紧密结合，促进其专业成长；通过法治教育品牌的打造，探索出更加有效的法治教育新途径，促进学科融合，提升德育实效，实现“人人都是德育工作者”。

（3）助推学校品质提升。学校的特色和品牌之间是相互依存的，学校特色为学校品牌提供有力的支撑，学校品牌形成后，又进一步促进学校特色的深度发展。锦西中学在长期的法治教育研究和实践中，打造了和谐、法治、文明的校园环境，形成了有学校自身特色的法治教育体系，开发出了“尚法”法治教育校本课程，提升了学校整体面貌并形成了学校品牌。学校品牌形成后，作为金牛区唯一一所法治基地校，锦西中学充分发挥了向兄弟学校、周边社区的辐射作用，取得了更好的社会效益和影响，进一步深化了学校“为学生的终身发展奠基”办学理念，打造了让家长放心、让社会满意的“家门口的好学校”。

（二）学校品牌的定位

1. 符合新时代教育改革的要求

2019 年 6 月 23 日，中共中央、国务院印发《关于深化教育教学改革全面提高义务教育质量的意见》，这是党中央出台的第一个聚焦深化教育教学改革、全面提高义务教育质量的纲领性文件。它以“立德树人”为纲，强调突出德育实效，明确指出“完善德育工作体系，认真制定德育工作实施方案，深化课程育人、文化育人、活动育人、实践育人、管理育人、协同育人”和加强品德修养教育，强化学生良好行为习惯和法治意识养成。“提升德育实效”“强化学生法治意识”等核心内容直指当前学校发展的各种困境，也为学校教育改革指明了方向。

2. 符合区域教育发展的需要

在新时代背景下，成都市教育局和金牛区教育局先后提出“优教成都”“办全国一流教育强区”的目标。为实现教育发展目标，必然要求学校依法治校，全面贯彻党的教育方针，全面构建学校教育的文化体系、课程体系，全面落实“五育”并举，对每个学生实施全面而富有个性的素质教育，打造学校自己的教育品牌，为区域教育发展奠定学校基础。

3. 符合学校办学理念和规划

锦西中学在“为学生的终身发展奠基”办学理念的引领下，一直把加强品德修养教育、强化学生良好行为习惯和法治意识养成作为重要办学目标。学校作为成都市首批新优质学校，一直在探索从“新优质”向“高品质”的转型。

近年来，学校一直努力推进教育科研转型，积极构建以“三课”联动为核心、基于融合的校本化教育科研新常态。锦西中学在各级教育部门的指导下，进行了一系列的法治课题实践与研究，为法治品牌创建积累了大量的研究经验，奠定了坚实的理论基础。2018 年 1 月，锦西中学“初中体验式法治教育活动课程实施与研究”课题被批准为成都市教育科研一般课题。2018 年 4 月，该课题被批准为中国教育学会教育科研专项课题，并于 2020 年顺利结题。

锦西中学毗邻金牛区检察院和法院等司法部门，周边法治教育资源丰富，是金牛区唯一一所初中法治教育基地校。自 2017 年起，锦西中学与金牛区检察院未检科携手，开展了包括模拟法庭、法治调解员培训、守法成人礼、检察院参观等一系列法治教育活动，法治教育工作已常态化，并形成浓厚的法治教育氛围。

（三）学校品牌的建设

1. 以师生发展体现品牌内涵

品质教育，是未来学校的新样态。学校的品质是质量、内涵、文化、特色和声誉度的集合体，是一所学校教育发展综合实力的体现，学校的品质提升首先体现在“人”的品质的提升。

近年来，锦西中学根据学校生源情况，在学校品质提升上进行实践探索，以法治立校，以美育化人，以书香养人，坚持对学生进行文化引领、行为改善、素养提升。锦西中学体验式法治教育活动课程实施以来，学生在活动课程的滋养下，在浓厚的校园法治文化氛围的体验中，提升素养，发展个性：在“飞扬青春，与法同行”法治小品比赛中，学生踊跃参与，不仅在法治小品创意、编排及表演方面表现不凡，还在校园里传递出法治、责任、正义的正能量；在“法律在我心中”征文比赛中，学生结合生活实际、积极思考、创意表达，共计 127 篇征文获奖；在寓教于乐的“诵读尊法”“漫画学法”“实录守法”“乐做用法”活动中，学生全面参与，充分表达对法治的理解、对生活的思考。

学校品牌需要品牌人物。锦西中学德育处蔡莉萍主任和政治组张杰老师在成都市德育校本课程试点校联盟活动课程交流会和成都市法治教育德育校本课程推进会上关于法治校本课程建设的汇报发言，得到了专家的肯定和同行的赞誉。在成都市检察机关举办的“关爱祖国未来，擦亮未检品牌”检察开放日暨新闻发布会活动中，锦西中学法治品牌负责人熊欣校长做了感想发言，刊发在《成都检察》上。《教育导报》刊发了锦西中学熊欣校长撰写的考察日记《没有统一教材的芬兰式素质教育》，在教育界引起广泛关注。

2. 从公众口碑印证品牌特色

学校的发展不能仅凭自我判断，学校品牌是否具有意义和特色，需要得到学生、家长、同行、社会的肯定和认可。

（1）“体验式法治教育”是学生喜欢的活动课程。锦西中学的体验式法治教育活动课程设计，符合初中生的特点和需求，学生兴趣浓；法治教育活动形式丰富，注重学生参与体验，学生体验足；法治教育活动注重与社会生活的关联与迁移运用，学生收获丰。

（2）“体验式法治教育”是家长放心的家校活动。在体验式法治教育活动中，家校合作更紧密、家校共育更有效。体验式法治教育引导学生从课堂规则、道路规范等点滴小事做起，从身边细节做起。有家长称赞，体验式法治教育活动在孩子的心底播下了法律的种子，让孩子在生活中有了一把道德和法治的“尺子”。家长恳谈会等家校共建法治活动，也邀请家长代表来校协商、民主议事，实现了“亲清家校，与法同行”。

（3）“体验式法治教育”是同行肯定的专题研究。作为成都市第五区域联盟第九组的牵头学校，锦西中学通过搭建“线上＋线下”双线平台，加强与包括温江、邛崃、崇州、简阳等共同体学校联系，以金牛为圆心，打造法治教育“朋友圈”，开展法治教育论坛活动，分享法治教育经验，扩大法治教育区域影响力。

（4）“体验式法治教育”是社会满意的学校品牌。作为成都市零犯罪学校和成都市法治教育基地校，学校和法院、检察院、街道、社区合作，积极开展法治宣传和体验活动；借力国内各类优秀平台，开发线上法治活动专场；整合优质法治教育资源，构建以学生为中心，教师、家长、法律专业人士等人共同组成的法治教育共同体；学校创新培养的一批学生法治调解员对所在家庭、社区积极进行法治宣传和纠纷调解，产生了良好的社会影响。

3．用宣传推广引发品牌联想

在当今信息化高速发展的时代，做强、做亮法治教育品牌的同时，学校高度重视对内、对外宣传。对内建设法治教育文化长廊、法治教育陈列室、法治教育图书室等，利用宣传栏、展板、广播等校内宣传平台，广泛开展“关爱明天、普法先行”主题宣传活动，营造出浓厚的法治氛围和良好的法治校园文化。对外借助锦西中学、金牛教育微信公众号、官方网站等阵地，开辟法治专栏。锦西中学“尚法·诵读”社团参加了由四川省人力资源和社会保障厅、成都市人力资源和社会保障局、金牛区人民政府联合开展的“12·4”国家宪法日主题宣传活动，诵读学生自创《锦西“尚法”三字经》，弘扬法治精神，展示锦西学子风采；金牛区检察院“亮晶晶麦田守望”团队来校见证锦西中学八年级同学“14 周岁法治成人礼”仪式，被中国青年网、中新社四川分社、正义网等媒体争相报道，进一步扩大了学校品牌影响。

提升德育实效，将学校作为普及法律知识、传播法治精神、培育法治信仰的新载体，从而擦亮学校的“体验式法治教育”品牌名片。这不仅促使全校师生及学生家长知晓并高度认同法治教育思想，将“辨是非、立信仰、束行为、提素养”进一步转化为自己的自觉行为，也发挥了锦西中学作为金牛区唯一一所初中法治教育基地校的辐射带动作用，取得了良好的社会效益和品牌效应，为学校实现新优质学校建设、向高品质学校的变革转型的目标奠定了基础。

成都市锦西中学校　熊欣　李洁玲

教育科研助力立人教育

——成都市金牛实验中学校

导言 成都市金牛实验中学校（以下简称金牛实验中学）通过优化教育科研氛围、构筑“五个载体”、搭建四个平台将全校教师卷入教育科研工作中，让科研与教育教学融为一体，利用教育科研解决实际问题，取得了丰硕的成果，促进了教师专业成长，助推了立人教育实践，实现了学校卓越发展。

2012年，金牛实验中学在充分继承与梳理前几届校长办学理念的基础上，通过民主讨论、采用全校教师投票等方式，构建起以“养浩然之气、强立身之本”为核心的立人教育思想与行为体系。随着立人教育思想的提出以及其作为学校的核心文化后，学校围绕立人教育的文化主张建构了学校教育的实践结构体系。金牛实验中学的立人教育实践结构体系可简称为“1132X”实践体系。特别需要指出“X”是指“若干支持项目构成”，即科研强校、精业强师、创客教育、融合小初课程创新人才培养方式等。

2013年，为了更好践行立人教育思想，金牛实验中学力争创办卓越学校，卓越学校不仅对教育教学提出了更高的要求，也对教育科研提出了新的挑战。其中需要指出的是科研强校是关键的支持项目之一，它能全方位提升全校教师的专业素养和研究氛围，更好地解决教学中面临的问题，有效地促进“立德树人”“立文养人”“立身存人”，最终实现明德善学，立己达人。教学教育科研的基本特征是“以校为本”，即围绕学校所遇到的教育教学问题而开展研究活动，促进学生、教师、学校共同发展是教育科研主要而直接的目的，教育科研引领教师树立先进的教育理念，优化教师的复合知识结构，培养教师综合的教育智慧和专业能力，让教师成为研究者，这既是立人教育的“精业强师”，也是“以评促建”卓越学校构建的目标之一。立人教育下教育科研这一支持系统的不断完善，确实解决了很多困扰家长和学生的一些实际困难，也为老师的教育教学扫清了障碍，促使一大批老师积极研究微课题。这些课题来源于课堂、课下及班级管理，但聚焦是学生，随着研究的推进，不同类型的问题得以解决，学校的教育教学质量大幅度提升，学生课业负担不断减轻，学习积极性显著增强，向着立人教育“明德善学，立己达人”的培养目标前行。

一、优化教育科研氛围，立教师专业发展机制

近年来，学校践行“立人教育”思想，充分认识到教育科研是提升教师专业素养、促进学生全面发展的重要保证，充分认识到教科研工作对教育教学工作的促进作用，专门建立了科研工作领导小组，明确了管理职责，大力提升教师专业发展，狠抓科研工作质量，重视自身教师队伍建设。

（一）立教育科研工作机制

为了做好教育科研和教学改革的顶层设计，学校在综合分析学校现状的基础上，编制《金牛实验中学教育科研工作五年规划》，梳理学校科研工作的整体思路。为了优化教育科研工作的全体思路和明确责任，学校实行领导岗位负责制，把教研教改工作落到了实处。为了提高教学管理水平和教育教研水平，班子成员积极参加各类教学教育培训和教育教学考察，有效推动学校教学改革和教育科研迈上新台阶。同时学校也制定了《金牛实验中学教育科研奖励细则》，激发教师教育科研工作的热情，其中立人课程校本化就是全校教师科研工作的成果。

（二）立教师专业成长机制

为了系统推进学校的教育科研工作，提升教师的专业发展，学校认真拟

订每年的《教师发展中心工作计划》，促使全校老师积极投身教育科研，保护教师科研工作热情，有力地推动了学校科研工作的整体发展。

学校把“精业强师”作为立人教育的核心支持项目之一，视教师专业发展为立人教育实践的核心，以教师专业发展促进立人教育整体改革，着力建构以“养创新之气，强立教之本”为核心的教师发展文化：以立人教育和立人文化涵养师性，培养教师发展性素养；以立人教育改革实践研究，引动教师转变观念、内生力量、开拓创新、提升素质；以个体与团队共生共长的文化土壤和组织环境，培育释放教师创新发展的潜能与活力。

（三）立教学研究常态机制

教研组活动是学校教育教研的基本单位和组织形式。学校重视教研组建设，健全和完善教研组结构。每个教研组都有分管校长蹲组指导，明确教研组长职责和教研活动任务，由教研组长负责任务落实。教研活动紧紧围绕我校教育教学中遇到的实际问题，安排活动主题。每次活动做到“四有”：活动有主题，有中心发言人，有记录，并有专人考核。做到周周有安排，次次有落实，活动有记录，月月有考核，有效地推动了金牛实验中学教研活动的常态化，高效化，提高了金牛实验中学教研活动的实效性。

为了促进教师的专业成长，学校结合“一师一优课、一课一名师”工作，坚持开展“五个一”活动：每学期，每位教师至少要精心设计一篇课例，制作一个优质课件，上一节公开课，撰写一份反思，撰写一篇论文。学校坚持听评课制度。学校规定，每学期班子成员听评课节次不少于 40 节，青年教师听评课节次不少于 30 节，其他教师听评课不少于 20 节，并纳入个人考核。

这些措施的实施在金牛实验中学掀起了浓厚的教研氛围，对于提高教师专业成长、全面提升教育教学质量有着极其重要的作用。

二、构筑“五个载体”助推科研立人

（一）布局合理的规划课题研究

学校以“立人教育”思想为指导，大力推进教育科研工作，构建了从教育部到省、市、区规划课题、小课题的科研网络。

为推进学校组织建设，构建新型管理模式，学校申报立项了教育部“十二五”规划课题“学校合作组织建设研究”。以此为龙头，学校申报了市级规划课题“初中学生合作组织建设研究”。另外结合教育教学实际，学校还申报了区级规划课题“初中德育课程化实践研究”“基于合作成长小组建设的翻转课堂实践研究”“基于互联网背景下的初中学生媒介素养教育校本课程研究”“促进学生深度学习的情境体验实践研究”“城市有限空间学生体育活动实践研究”“小初融合化学校本课程开发研究”等区级规划课题，累计有 17 项。另外，根据教学中的小点子、巧做法，学校还积极鼓励老师开展小微课题研究，每年申报小微课题十余项。学校科研氛围浓厚，教师热心教育科研，主动承担研究任务，积极投身教育实践，特别是成都市规划课题“初中学生合作成长小组建设研究”的课题研究工作，学生、教师的参与面达 100%。从而，形成了布局合理、层次分明、全方位覆盖的科研工作体系。

（二）深入开展小初融合课程改革

在成都市金牛区教育局的统一部署下，成都市金牛实验中学在 2013 年开展教育改革试点研究。这个研究的核心就是小初课程融合改革，第一阶段研究耗时近六年，第一、二届试点各两个班级，第三、四届试点各四个班级，共计 12 个班近 600 名学生已经顺利毕业。试点班级由第一届的两个班 100 人推广到目前 25 个教学班 1250 人。试点班级主要通过重构课程、变革管理、有效衔接等措施开展改革研究，形成了公平、公正、稳定的招生制度，得到家长和社会的广泛认可。在 2018 年 4 月举行的试点改革项目阶段总结会上，项目阶段性成果得到与会专家的一致好评，专家组鉴定结论为：该研究整体性特点明确、创新价值显著、科学性较强、规范性强、应用性强、成效显著。阶段目标达成，体现出了改革项目的优越性，赢得了良好的社会声誉，受到省内外教育同行的认可。改革项目组被成都市委组织部评为党员示范团队。2018 年 5 月 10 日四川省教育厅厅长朱世宏、成都市教育局局长刘强视察学校在了解到改革试点项目有效缓解了部分学生“小升初”的焦虑、减轻了学生课业负担时，对项目表示了肯定，鼓励学校在保证公平的前提下将此项改革推向深入。

2019 年起该改革已经深入到第二阶段，经由四川省教育厅和成都市教育局同意，成都市教科院具体指导学校开展《融合小初课程创新人才培养方式》的市级课题研究。成都市金牛实验中学校改革试点项目课程体系由“立德育人”“立文养人”“立身存人”三大部分组成，将国家课程、地方课程和校本课程有机融合，开设了科创课、创客教育（3D＋机器人）、社会实践课程、体育选修课、社团课和选修课共同组成的学校特色课程，这些课程极大满足了学生动手和实践的需要。同时，将六年级和初中三年的教学内容进行整合，并逐渐形成具有学校特色的改革项目课程结构体系。

（三）系统开展“立人课程”建设

为了达成培养目标，学校构建了立人教育课程体系，如图 1 所示。

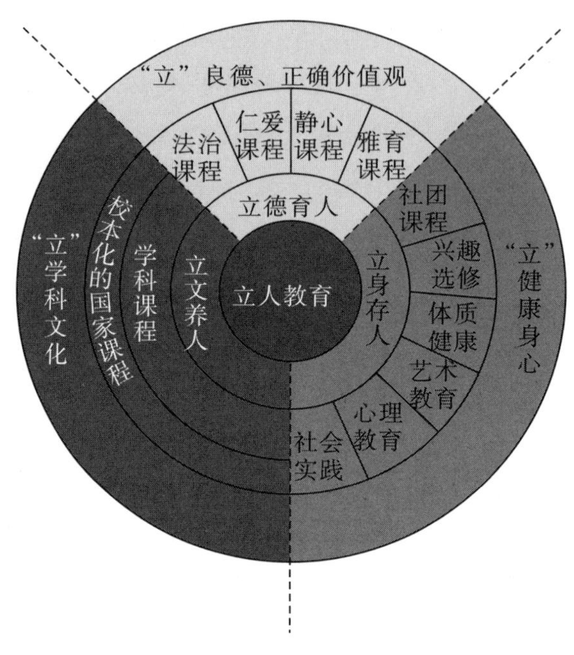

图 1　“立人教育”课程体系

1. “立德育人”，主要由法治课程（法纪教育、法治实践等课程）、仁爱课程（合作成长、感恩教育、奉献教育等课程）、静心课程（静心环境、静心行为等课程）、雅育课程（文明养成、经典雅染、立身明礼、养气悟道、立人悦性、艺术陶冶、礼仪教育等课程）组成，指向优良德性与正确的价值观。

2. “立文养人”，主要是国家课程中各门学科的文化课程组成，学校教研组将它们校本化，形成由导学案、习得案组成的校本化的国家课程体系，目前已经形成比较成熟的七至九年级所有学科（除音乐、美术、体育外）的导学案和习得案合计 20 余本，形成小初融合班级六至九年级所有学科导学案、习得案 30 余本，形成数学初高衔接教材 1 本、国学经典雅染课程 3 本、数学思维训练课程 1 套（含六至八年级）；通过自主、导学、行知、铸魂的立人课堂、融合数字信息技术的智慧课堂，达成立学科文化的学科教育目标。

3. “立身存人”，主要由心理教育课程（认识自我、发现自我、超越自我）、艺术教育课程、体育课程、选修课程、社团课程等组成，指向强健身体、健康心理、积极兴趣的立人目标。

思想是魂，课程是干，课堂是根。学校立人教育品牌的灵魂只有立足于课程建设的干，才能生根到课堂，注入学生的心灵。为此，学校党组织带领全体教师积极实践，不断提炼完善，构建了“立德育人”“立文养人”“立身存人”的立人教育课程体系。通过课程体系的建构，促进了教师专业发展、学生全面发展和学校教育品质的提升，最终提升了学校立人教育品牌的影响力和竞争力。

（四）深度推进“立人课堂”研究

为了让“立人教育”思想落地课堂，学校着力改革课堂结构，转变教学方式，构建自主、导学、行知、铸魂的“立人”课堂总模式，实现“三立”课堂（立结构化知识、立学科思想方法、立学科价值），突出以学科性行动助力学生获取知识技能、培养能力、发展情感，形成学科素养、健康个性、完整人格。也就是通过学科文化培育，培养学生学科文化素养和学科成长力。

“立人教育”的教学过程是促进学生价值观形成、合作成长、习得学科文化、开展学科性学习活动、引导学生身心健康成长和创新发展、实现立人教育目标的过程，教学过程的基本模式是自主、导学、行知、铸魂。其中“自主”是新课程改革的核心内容之一，也是学生高效学习的必备要素，只有自主才有内驱力，才能形成努力学习和积极探索的品质。“导学”要求突破以知识传授和能力训练为中心的接受式教学方式，让学生真实参与教学过程，实现“导而弗牵”，从而爱上课堂、优质高效学习。“行知”要求教师精心指导学生开展学科性的学习活动，在行动中获取知识，习得能力。铸魂是铸高尚品德之魂、坚韧不拔的精神之魂、学科文化之魂，要求教师在教学过程中进行知识学习与思想方法、学科价值融合的教学，让学生在“随风潜入夜，润物细无声”中习得知识、能力，“道法自然”地升华到铸魂境界。

根据立人课堂“三立”目标与总模式要求，学校建立了立人课堂学科教学规范，并通过青年教师赛课、轮流上课、同课异构、立人智慧课堂等活动，把课堂模式转化成实践标准和操作流程，期待产生范式提升。各学科根据“自主、导学、行知、铸魂”的立人课堂总体要求，结合实际探索出12门学科30多种立人课型。如初中数学立人课堂教学，包括新授课课型：引—导—探—习—悟；复习课课型：梳—用—展—习—得。初中物理立人课堂教学模式，包括引—思—探—悟—用的新授课教学模式、订—纠—研—变的讲评课教学模式、梳—例—练的复习课教学模式。信息技术立人课堂教学模式，包括微课导学—任务驱动式学习—自我检测—反馈评价的理论课模式、分析—规划—设计—创作—发布—评价的作品创作课模式、养—练—做—评—悟（即养科技兴趣一练计算思维—做创客活动—评创意构思—悟科学道理）的创客教育模式。

这些教学模式的实践运用，使老师们抓住了立人课堂的核心要义和行为特征，充分发挥了学科育人的教学价值。

围绕构建“自主、导学、行知、铸魂”的“立人课堂”，学校大力倡导“立人课堂”范式化研究，全体老师积极参与，初步形成了各学科各种课型结构，有效地规范了教师课堂教学结构，提高了课堂教学效率，使学校中考、统考教学成绩始终名列市场区前茅。

（五）大力推进数字学校与智慧课堂建设

目前，腾讯智慧校园已在金牛实验中学启动，学校制定了智慧课堂管理机制，形成了常态化的智慧课堂做课计划，一大批智慧课堂种子教师同时也在积极实践和创新。学校有部分年级用了不同类型的智慧网络平台，学生人人有终端，教师对教学方式和课堂组织方式进行了改变，让课堂资源更加灵活地被师生所用，智慧课堂更能体现个性化的教学，更能做到精准教学，能面向所有的学生，对于学校教学质量的提升注入了活力。

三、搭建四个平台，促进教师立人

（一）名师工作室平台

根据《成都市金牛实验中学校暨教育集团关于建立名师学科工作室的决定》，经过申报、民主测评、行政会决定、公示等程序，学校成立了成都金牛实验中学教育集团朱翠华语文工作室、刘贵斌数学工作室、陈旭东英语工作室。名师工作室充分发挥名师在深化学科教学改革中的示范引领作用，引领集团学科教师发展，促进学科教学研究，促进学校合作组织建设，推动集团教育均衡，提升集团办学质量与水平。目前，工作室运行良好，部分青年教师已经成长为学校教育教学骨干。成都市刘仲文名校长工作室成立 2 年多来，开展活动 30 余次，成员包含集团、共同体、成都二三圈层共 11 所学校的校（副校）长，成员所在学校性质包含有高完中、九年一贯制初中、纯初中和职高，高质量的名校长工作室研修活动为教师专业成长起到了示范和引领作用。

（二）PDS 研修建设特色学科

PDS 研修，是指承担 PDS 研修的学校，与大学、科研机构合作，定学科、定人头、定模块开展具体细节研修的活动项目。近年来，学校先后与成都大学、区教科院合作，开展了英语学科、语文学科的 PDS 研修。也形成了语文和英语学科的特定立人课堂教学模式、如初中语文立人课堂教学模式，包括读准—读懂—读透—读好的文言文教学模式，导—悟—展—品—得—练的记叙文教学模式、定向—自主—合作—反馈—总结的议论文（说明文）教学模式、赏—悟—悦的国学阅读教学模式。在 PDS 研修指导教师指导下先后有 20 余位老师开展了学科新授课、专题课、复习课等多种课型模块的研修，每周都有老师进行磨课，上展示课、研究课，收效明显，一批老师快速成长，已经成为学校教学骨干，有相当一部分老师到外校进行交流，高达 30 人次之多。

（三）青年教师培养工程

学校实施“青年教师培养工程”，引导青年教师改革课堂教学结构和育人模式，提高教学质量、育人效能和专业水平，把教师发展性素养转化为《校本研训手册》，明确了青年教师要完成的专业学习、教学设计、教学反思等研修任务，并以赛课、评课为载体，促进青年教师提升专业素质和能力。

每年，学校有计划地开展青年教师竞赛课、新晋教师合格课、专家名师示范课等各种形式观摩研讨课和评教赛讲活动以及每周一次的青年教师论坛。在全校教师中营造浓厚的教学研究氛围，不断提高青年教师的教育理论水平和教育教学能力，总结实施立人课堂下的教改经验，树立一批优秀青年教师典型。此外，学校安排名优老师与青年教师结成师徒对子，进行“一帮一”的传帮带活动，学校每年组织考评。学校还结合上级通知，经常安排学校骨干老师外出学习，取长补短，快速提高。

（四）借助学术机构提升科研水平

每年，学校都会利用四川省初中教育教学改革发展研究共同体、四川省陶行知研究会、成都市陶行知研究会等学术机构进行展示，这给学校中青年教师提供了课堂教学研究展示的机会，对他们的教学能力和教研水平的提升能够起到促进的作用。学校也利用成都金牛实验中学教育集团、成都市第五区域教育联盟第十组学校发展共同体的辐射作用为跨学校、多校教研和研讨搭建了平台，各学科不同形式的教学研讨极大地提升了教学质量。不管是各学科的教学研究，还是每年的年会上，都会有确定主题的教学研讨，以骨干老师引领中青年老师的成长，让学校的科研氛围很有活力。

四、教育科研提振学术水平，立人教育成果丰硕

（一）教育科研成果丰硕

学校课题布局层级分明，相互依存，相互支撑，和谐一体。教师们参与科研的热情高，科研工作扎实，形成了一大批极具理论性与实践性的科研成果。近几年，已经有“学校合作组织建设研究”等 6 个课题结题，形成了丰富的研究成果，出版了《立人教育》《立人教育研究与实践》《学生合作成长小组概论》《走向合作合作成长小组》《爱心流淌》《英语整体教学观实践案例与评析》六本专著，研究成果“初中学生合作成长小组体系”获得第六届四川省政府教育成果一等奖、2018 年国家级基础教育成果二等奖，“初中德育课程化实践研究”获金牛区教学成果一等奖，学校《立人课程系列丛书》之“经典雅染系列”获金牛区校本教材展示活动一等奖。刘仲文校长的《试论立人教育的教学过程》、陈旭东老师的《初中英语优化记忆的教学策略》等多篇论文发表在《教育科学论坛》《中国教育科学》《金牛教育》等各级报刊，此外还有众多老师的论文在各级论文评比中获奖。布局合理的科研课题，有力地推动立人教育实践与理论研究，推进了卓越学校的建设。

（二）立人教育成效凸显，社会影响不断扩大

教育科研，推动了学校立人教育实践，学校的影响力不断扩大。刘仲文校长在 2018 年 12 月金牛区教育局组织的“刘仲文立人教育思想研讨会”、2020 年 8 月四川省教科院组织的全国高品质学校建设线上线下研讨会 STEM 教育分会场、“成都市内涵发展研讨会”等多个大型活动中进行立人教育思想交流。2019 年 11 月，刘仲文校长带队赴珠海参加中国第五届教育创新成果公益博览会并作立人教育工作坊，对学校立人教育思想进行了专坊交流。“初中学生合作组织建设研究”成果，在金牛实验中学、蜀西实验学

校及邛崃市、彭州市等区内外学校得到推广。学校先后接待了深圳市笋岗中学、山东广饶实验中学、海口市三亚教育观摩团等众多省内外学校来校学习。成都金牛实验中学教育集团的锦西中学、蜀西实验学校已经分别成为成都市、金牛区、新优质学校。学校领办的邛崃市临邛中学，经过三年的融合和发展，现已从一所薄弱学校成长为邛崃市新优质学校。目前，金牛实验中学作为成都市第五区域教育联盟第十组学校发展共同体的牵头学校，还帮助温江区和盛中学、崇州市崇庆中学实验学校、彭州市九尺中学、东部新区贾家镇初中学校等多所共同体成员学校快速融入成都教育。

（三）教育科研推动了学校教师队伍建设

教育科研助推学校立人教育实践，真正实现了立学生、立教师、立学校的立人教育目标。学校刘仲文校长，被评为正高级教师、四川省特级教师、四川省名校长，杨艳、廖倩等多位老师被评为成都市骨干教师，刘成菊、陈旭东等老师被评为金牛区教育拔尖人才，陈文静、黄鲁娜等 30 余名教师先后被评为金牛区学科带头人、区优秀教师、区教坛新秀、区争先进位先进个人，学校“朱翠华名师工作室”被命名为“2014 年成都市创新工作室”，何先毅老师领衔的融合小初课程创新人才培养方式项目研究团队被评为成都市委组织部表彰的“党员示范团队”。学校陈旭东、岑明贵、王永莲等多位老师被评为教育科研先进个人，学校教师发展中心连续两届被评为成都市教育科研先进单位。目前，金牛实验中学有省级优秀教师 2 人，市区优秀班主任 28 人，市区优秀教师、教学骨干 38 人，市区教育专家、学科带头人 19 人，省市区先进个人 7 人，市区教育科研先进个人 11 人。学校涌现了一大批在区域内有影响力的研究型教师，学校初步显现出浓厚的校本研修氛围，得到了上级领导和社会各界的一致好评。

五、总结与展望

今后一段时间内，学校将紧紧围绕“立人教育”这一中心，加大培训力度。以课堂教学为载体，以教育科研为动力，不断深化课程改革，积极探索促进教师专业发展的研训模式，更新培训理念。努力打造出一批学者型、科研型的教师队伍，为提高金牛实验中学教育教学质量提供师资保障。

课题研究是学校提升内涵的重要途径。总结经验，积极申报课题。完善奖励机制，全面动员，鼓励教师热情参与，提高课题研究的参与面。聘请专家指导，提高课题研究质量。学校在改革创新、提升自身质量的同时，还积极承担起高品质学校在义务教育均衡发展中的引领角色，不断提炼自身品牌成果，通过成都金牛实验中学教育集团龙头学校、成都市教育第五区域联盟第十组发展共同体牵头学校、成都市刘仲文名校长工作室、金牛区强校工程等平台发挥成果的辐射引领作用，带动更多学校、教师及学生的共同发展，使立人教育品牌效应最大化。

总之，学校将继续把握“教育科研”这一立人教育下的支持系统，继续完善学校的教育科研管理机制，以各级各类规划课题为突破口，关注课堂教学、班级管理和学校各组织建设，聚焦学生、教师和学校，着力提升学校教学质量，为卓越学校的创建构建起强大的动力，继续提升立人教育的品牌和影响，为建设教育强区发挥更加有力的作用。

成都市金牛实验中学校　宋利川　彭凤平

学校常规建设经历与理论分析

导言 学校常规是办学的基本方式，也是育人的重要方法。常规的意义何在？常规如何建立？作为校长，分管不同校区，笔者按照办学初期的实际进程，用通信的办法进行指导。

第一部分 从凌乱的餐桌看教育“应知”

常规是学校教育的基本面，亦是人格的基本面。常规靠设计、建设、提升和坚守。其间，办学者的不断反思和学研是前提。本文选取一个建立学校常规的完整案例或者故事，分5个部分把有关生命教育的常观建设及其理论依托再现出来。这5个部分，按教育实景先后呈现，反映出常规建立过程及其背景。

“以生命为本”教育主张教育培养完整的人，并将生活进行完整的处理。只有在生活广阔层面展开的教育才是真正的教育。今天的文章写于两年前去海南度假的时候，笔者在清晨的自助餐桌上发现了“教育的疏忽”。这样的疏忽，是对人的疏忽，是对“人性根基部分”的疏忽。这样的疏忽，丢失的是作为人的基本的品格和必备的习惯。我们会与大家讨论如何在学校教育中立足“常规”和“常规的践行”以培养生命根基的部分。

笔者用餐盘取好早餐，便端着餐盘寻找就餐位置，期望将餐盘放下之后再回头拿碗盛粥。餐厅其实不算小，中间是过道，两边各放一张很大的圆形餐桌，端着盘子从第一排一直往里走，但走到尽头，也没有找到一个就餐的位子。其时，在餐厅就餐的人是极少的，20 来张大圆桌，就餐的人不会超过 30 人，好几张桌子上实际上是没有人就餐的，虽没有人就餐，但桌子却没有空着——满桌的杯盘狼藉，满桌的残羹剩水，要想寻一席就餐是一件困难的事。笔者回头又寻，才发现有一张桌子靠墙的一面还算是洁净之地，将桌子挪出半圈之后，终于将餐盘放下。

接下来短短 10 分钟的早餐时间，是与“浪费”和“凌乱”同行的，原本来到海南的第一顿早餐应该是浪漫的，应该是极富情调的，虽然窗外是椰林摇曳，是阳光灿烂，是海浪柔柔地亲吻沙滩，但这顿早餐却索然无趣。文昌，一个在当下还算洁净之地，洁净还能存留几时呢？笔者一边吃着早餐，一边在心里默默地问着自己。

吃完早餐，笔者将餐位收拾干净之后，起身离座了，走出餐厅，目光再次在各餐桌间停留，身边时不时响起埋怨服务员收拾不及时的话语，两位服务员一边应着，一边胡乱地将桌上的东西一股脑儿收进餐车里。是啊，服务员的动作再麻利，怎赶得上一茬又一茬的就餐者，一茬又一茬脏与乱的制造者呢？在走出餐厅大门的时刻，笔者的目光再次在自己刚才就餐后的位置停留，内心在刹那间涌上一个念头，要是每一位就餐者都能像自己一样，将餐盘进行整理，将餐后的桌位收拾干净，不留一点点痕迹在餐位上，那餐厅会是怎样呢？

笔者内心有个声音：经自己的手教育出的孩子们是可以这样做的，以前成都市锦西外国语实验小学校（以下简称锦西实验小学）的学生们可以做到，现在得到真传的徒弟们班上的孩子们可以做到，还有那些我仍然做着教育顾问的学校的孩子依然可以做到。他们可以做到餐后将自己的碗筷和桌位收拾得干干净净，不留一点脏乱的痕迹。

笔者不知道自己 35 年做的教育是否真的称得上是素质教育，只记得从前在锦西实验小学的时候，任何时候去锦西实验小学漫步，教学楼都是洁净的，都是有序的，近 1300 个孩子在回廊式的教学楼里就餐，可以鸦雀无声。而作为功利的教育人最为看重的学习成绩、考试成绩，依然优秀，依然可以是前几名，有好多次，参加区调研、市调研，还拿过第一呢！至于教育局的年度考核，那一般都是在前三名的。35 年的岁月里我坚信一点：一个在人的根基部分坚实而有力的人，一个“人性”被唤醒并得到培育的人，成绩难道还会差吗？事实证明，没有那样的意外出现。

昨天晚上，与几个朋友闲聊教育，朋友们都是商界的成功人士，也都重视孩子的教育，于是讨论热烈而真诚。两个小时的讨论集中在作为一个人的“能知和应知”的问题上。当下的教育，是在孩子的“能知”问题上下足了功夫，而在“应知”问题上不重视。殊不知，一个人要想成功，功夫就在“应知”。作为一个人，到底哪些东西是应该知道，哪些品格和习惯是必须具有。“应知”是从生命的应有需求出发、从一个完整的“人”的意义出发来建构，丢失了“应知”，教育走向何方呢？只能是与素质教育渐行渐远！

回到眼前的餐桌话题上来，原本就是自助餐，那么在用过餐之后，将自己的餐盘收拾整齐，将自己就餐的桌位整理干净，本属于作为一个人的“应知”范畴，是一个人基本的品格和习惯。万千学校中，有多少学校在人“应知”的问题上一以贯之呢？校长几年一换，若是换一个校长就产生一个主张，甚至连管理者本人也没有意识到人“应知”的问题，教育中的“应知”如何做到呢？

众多的就餐者对当下的环境是漠然的，漠然者中的那些吆喝服务员快快收拾的为数不多的几位，几分钟以后也就成为下一个“脏与乱”的制造者了。他们的吆喝，不是爱干净，而是为了给自己找一个干净的就餐位而已，他们给之后的就餐者提供的环境，也就是先前的就餐者当下留给他们的就餐环境。所谓“干净”，不是一个时时执手与践行的标准，而是自己能享受的当下。于是，垃圾可以乱扔，只要不扔在自己家里；于是花草可以践踏，只要践踏的不是自己家的草坪！

没有对自然万物怀着崇敬，怀着谦卑，怀着珍视，便没有素质与素养，这绝对是真理！三十多年教育改革，路漫漫其修远兮，从“应试教育”到“素质教育”，从“素质教育”到“核心素养”，本质上是教育向“人”的回归、向生命“本质”的回归。而“主张的回归”要成为“行动的回归”，路还真是漫长！

第二部分　教育为何会丢失“应知”？

我们通过《从凌乱餐桌看教育“应知”》一文，看到了教育在生命根基部分的缺位。《教育为何会丢失“应知”》一文，是想带着朋友们去看看，“人之初，性本善”，为何这“初心的善”会丢失？在家庭教育中怎样丢失？在学校教育中怎样丢失？

真正的教育是遵循生命的法则，着眼于生命的成长而进行的教育。它旨在唤醒每一个人自觉的能力，培育完整的生活，造就完整意义上的人，是帮助个人，使其成熟、自由，绽放于爱与善良之中，并由此而创造出新的价值。“自觉的能力、生命的成熟、生命的自由”，是必须要建立在教育的“应知”基础之上的，否则，“自由”将成为放纵，成熟的只有“生理”，而“自觉”更无从生发。

一、学校教育的“应知”丢失

我们首先来看看 2016 年版《中小学生守则》。

1. 爱祖国。尊敬国旗国徽，奏唱国歌肃立，升降国旗行礼，了解国情历史

2. 爱学习。勤思好问，乐于探究，上课专心听讲，勇于发表见解，按时完成作业，养成阅读习惯。

3. 爱劳动。自己事自己做，积极承担家务，主动清洁校园，参与社会实践，热心志愿服务，体验劳动创造。

4. 讲文明。尊敬父母师长，平等友善待人，言行礼貌得体，自觉礼让排队，保持公共卫生，爱护公共财物。

5. 讲诚信。守时履约，言行一致，知错就改，有责任心，不抄袭不作

弊，不擅动他人物品，借东西及时归还。

6. 讲法治。遵守校纪校规，参与班级管理，养成规则意识，了解法律法规，不做违法之事。

7. 护安全。红灯停绿灯行，防溺水不玩火，会自护懂求救，远离毒品，珍惜生命。

8. 护健康。养成卫生习惯，不吸烟不喝酒，控制上网时间，抵制不良信息，坚持锻炼身体，保持阳光心态。

9. 护家园。节粮节水节电，践行垃圾分类，爱护花草树木，低碳环保生活，保护生态环境。

笔者 18 岁参加工作时，担任的就是班主任和学校的大队辅导员。35 年间与德育工作结下情缘。2016 年年版《中小学生守则》出来，我是欢呼的。真的，与之前旧版的守则相比，2016 年版《中小学生守则》不知道接地气了多少。但是，新版守则具体到行为层面，还是有待继续调整、完善，我们可以思考三个方面。

（一）应重视生命的阶段性，不丢失教育“应知”的根基

生命是一堂完整的旅程，每一个阶段独立又相互关联，前一段的生命获得为后一阶段提供支撑。生命的阶段性成长需要体现，如果说，这样的守则是要在 12 年教育结束后才能做到，那对于 6 岁的孩子来说，是否要求太高了呢？当一个目标是高高地悬在你面前，而且你反复跳都够不着、摸不着，你会怎么做？自然是要么放弃，要么模糊地回应。

对于小学生卫生习惯的培养，6 岁孩子的卫生习惯是什么？6 岁的卫生习惯如何与 18 岁的卫生习惯保持连续与一致？无论教师还是家长都需要认真考虑。“不吸烟不喝酒”要求对于几岁的儿童不太合理了。“坚持锻炼身体，保持阳光心态”，这句话中有两个关键词“坚持”和“保持”，做过老师、做了家长的朋友想想，要经历什么才能有“坚持”和“保持”？

（二）应有针对性，不丢失教育的“应知”方向

2016 年版守则中的 9 大准则，在前面给出了三字的关键词——爱祖国、

爱学习、爱劳动、讲文明、讲诚信、讲法治、护安全、护健康、护家园，即“三爱、三讲、三护”。守则是共同遵守的规则，是作为学生人人能做到、人人必须做到的规则，是在一言一行中能够践行的！作为教育人我们需要去思考，每一个阶段生命的特征是什么？最需要养成的是什么？从最基本、最核心处着手，相关的品格如同一棵树上的叶子，自己会生长起来。正如我们不能去关照一棵大树上的每一片叶子，但我们却可以在根上浇灌的道理一样，生命是一个系统，内在的系统自然会去营养、去关照所有的部分。

（三）应充实内容，让教育的“应知”有着力点

新版《中小学生守则》与旧版比，真的是具体了很多。但期望以后能更加强化。

我们看第 4 条：

讲文明。尊敬父母师长，平等友善待人，言行礼貌得体，自觉礼让排队，保持公共卫生，爱护公共财物。

笔者之见，经由对老师“职位和尊姓”的称呼，培养起来的一定是对他人的“职位和尊姓”的称呼，而这，就是生命在童年的“应知”，在生命开始时的“应知”。只有当守则指向具体的行为，这样的守则才是可以考量的守则，这样的守则才是可以培养人根基的守则。

二、不丢失家庭教育中的“应知”

看一个人基本的习惯怎样，我们通常用“有家教”或者“没家教”来评判。家庭应该承担起孩子作为一个人的基本律则与规范的培养。但一些家庭对孩子的习惯培养却做得很差：

一顿饭做好了，首先开吃的是孩子，而餐桌上，最好的饭菜一定是放在孩子跟前的；孩子的生日到了，各种派对各种排场，而老人的生日却往往在

不经意间被遗忘；孩子无理取闹、撒野耍泼时，不是守住应有的底线和原则，而是一再退让，实在不行了，以一个“明天我告你老师去”结束……

小时候，笔者每次吃饭时，妈妈总要教导“拿筷子时切不可将筷子的头指向他人，夹菜必须从自己碗碟向着自己的方向开始”；若是到亲戚家做客，爸爸总会提醒，“上方”（也就是“上座”）是留给年纪最大或者辈分最高的长者，小孩儿不可造次，无论再饿，若是长者没有动筷，小孩子是绝对不能抢先的……这些每天都在经历，都在生活中真实发生的一切，家庭里，对自己的孩子提出这样的要求，很有必要。千万不能为了所谓的“个性张扬”，将孩子培养得“无法无天”。文明进步，科技发展，不应该丢失“应知”。

三、社区和公共教育中的“应知”缺失

笔者很小的时候，妈妈让我们兄妹四人认识了一个人，姓温，男，个子矮，头小而尖。这个人有一个我们方圆几十里的人都知道的名字“温摸个儿”（方言：小偷的意思）。于是，在还没有上学的年龄，在“1、2、3”都还不认识的时候，我们知道了“廉耻”，知道了“小偷小摸”是让人不齿的行为，知道“不是自己的东西绝对不能要”，知道哪怕没有人看见也绝不可把它物据为己有。那时，生活在乡村的我们，每逢赶集，总会看到路边放着一担花生或是橘子什么的，那是走到中途忽然又响起什么东西没带回家去取的人们放下的，但是，即便是放一整天，也绝不会有人去动一颗！为什么？因为你知道，方圆几十里有一种声音叫“不准，不许”！若是有一家婆媳不和吵架了，准是找当地德高望重的人评判并给予指导，那时，爸爸作为见多识广的文化人，不知道调停了多少家庭的纷争、婆媳口角。那时的一方水土是可以养一方人的，养出仁义礼信，养出文化气质。

教育“应知”首先在于教育自信。今天，我们看到越来越多的学校开始回归，回到生命的“应知”和教育的“应知”上来，回归的过程需要教育界的共同努力，路漫漫其修远兮！

第三部分　常规学校教育这样关照“教育应知”

——教育创新不应丢了“规矩”

这是继《从凌乱餐桌看教育“应知”》《教育为何会丢失“应知”》两篇文章之后，我们继续从“学校常规”的角度探讨教育“应知”如何在学校落实：本文主要介绍教育“应知”要在学校落实，我们首先需要什么样的文本？文本制定的依据何在？文本对生命成长有何价值？

常规是什么？从字面意义理解，常，就是日常的、基本的、必需的；规，就规则、规范。合起来理解，就是作为一个人必须做到的、必须养成的基本的行为规范，是“人之所以成为人”的基础。它是遵循人的本质特点，在人类社会漫长的成长中约定俗成的基本的礼仪和规范，为生命的成长保驾护航。这样的礼仪和规范是基于人健康成长的考虑，是有助于人的成长的。就像街口的红绿灯，按照规则行走，红绿灯保护生命的安全，否则危及生命。常规告诉孩子每一件事情该怎样做，不仅能在孩子的成长过程中极大地减少“成长成本”的浪费，而且能保护孩子免于伤害。

一、常规是学生良好习惯养成的必由路径

教育无非是培养优良习惯。习惯不是与生俱来，而是在后天养成的非自觉的行为方式。解读习惯的概念，有两个关键词：后天和非自觉的。它告诉我们，一切习惯都是经过培养而成的，而要称其为“习惯”的行为方式，则必须是“非自觉的”，是已经由潜意识来控制的行为了。潜意识控制的行为是一种随性，是“从心所欲都不逾矩”，是生命本质的一部分。这样的行为，必须从童年开始培养，越是年幼，则越能成为生命有机的组成。习惯的培养经历四个阶段：知识、知识行为化、习惯培养、习惯养成。与这四个阶段相

对应的习惯的表现方式为：文本、行为方式、行为固化、非自觉的行为。对应学校教育，则为落实常规、践行常规、常规巩固、内化常规。因此，要想让孩子养成优良习惯，学校教育必须植根常规，重视常规。

二、学校生活中的“一日常规”

“以生命为本”的教育，在多年的办学实践中，根据孩子一天在校的经历，提炼出了“一日常规”；根据课堂的学习过程，提炼出了“课堂常规”；根据住校学生一日生活，提炼形成了“生活常规”。

“一日常规”即学生一日生活，是根据孩子一天在校的经历提炼而成，从早上孩子进入校门到晚上结束一天的学习，一共有 28 项：进门问好、广场静读、自主早读、经典诵读、晨间感念、升旗仪式、课前准备、课后三件事、小课间、眼操、课间餐、大课间、午学、进餐、班级打扫、午休、静心阅读、水果餐、童声飞扬、省身、晚学、自主整理、餐后漫步、晚课、阅读区管理、每日着装、每日礼仪、如厕。非住宿制学校则省去其中涉及住校生的部分，而住校生则将“省身”放在下午放学的最后。

每一项常规，学校不是单纯地规定不准怎样或必须怎样，而是从 4 个方面进行解读：常规名称、常规要求、常规的育人价值和常规的培训建议。以“进门问好”为例，如表 1 所示。

表 1　“进门问好”相关条例

名称	要　求	教育价值分析	培训建议
进门问好	1. 值周行政、值周教师、值周学生站立校门两侧迎接师生到来，教师着正装，学生穿校服、佩绥带。 2. 学生到达校门，在离值周人员两步位置站立，敬礼（少先队员行队礼，非少先队员行鞠躬礼），并问好：“老师，同学，早上好。” 3. 值周人员微笑回礼“您好！××欢迎你！” 4. 接受回礼后，学生抬头挺胸步入校门。	1. 见面问好是与人相处的基本礼仪。 2. 礼貌问好能培养学生大方、大气的人格特征。 3. 相互问好能增进人与人之间的沟通与交流，良好的人际关系从问候开始。 4. 让“亲切与友善”开启一天的学习生活。	1. “进门问好”纳入起始年级的学前教育内容。 2. 各班将学生带到校门口进行训练，训练时要详细示范，包括站立的位置、站立姿势、问候话语、问候语的语速语调、鞠躬礼和队礼的规范等。 3. 每学期开学第一周是关键。 4. 学期中适时强化和提醒。

三、学校生活中的“课堂常规”

要想课堂高效，若没有良好的课堂常规，那课堂高效只能是永远也无法实现的梦想。按照一节课的基本结构和学生在课堂的学习活动，学校提炼了“课堂常规”13 项：课前准备、课前等待、师生问好、听课、举手发言、教师板书、读书、小组讨论、课堂笔记、课堂练习、收发作业、下课、课后三件事。每一项常规也从名称、要求、教育价值分析和培训建议四个方面进行解读。我们以“举手发言”为例，如表 2 所示。

表2　“举手发言”相关条例

名称	要　求	教育价值分析	培训建议
举手发言	1. 教师提问后，认真思考，知道答案者都应该举手示意。 2. 举手时，左手平放桌上，右手高举。 3. 被邀请回答问题的孩子，左跨半步或右跨半步从座位起立，站立于通道上，身体直立，双手自然放于身体两侧。 4. 发言者目视老师，声音洪亮，表述完整通顺。 5. 教师指名孩子回答后，其余同学放下举起的手，根据发言同学的位置将头自然转到该同学方向或黑板方向，目视、倾听，在发言同学前排的同学左（右）侧转向发言同学，注视，倾听。 6. 若发言同学表述出错、不完整或者有其他困难，其余同学举手示意，发言规范为“我为他补充……”或“我来帮帮他……”或“我不同意他的看法，我认为……”。	1. 倡导积极思考，凡听课者都应积极举手，举手的动作表示“我在，我思考着”，但更应该强调“借脑”的作用。 2. 别人发言时，放下手倾听，既是对他人的尊重，也是一种“学习”——向同学学习。 3. 课堂的精彩源自课堂的生成，教师要善于抓住孩子发言中的“点”予以点拨、指导，并调整自己的教学设计。	1. 每一个初始年级要建立起发言的常规规范： （1）举手； （2）站姿； （3）发言的声音； （4）倾听习惯。 2. 任课教师当堂关注孩子的发言习惯，对不规范的行为予以纠正。 3. 同学发言时，关注所有孩子是否专注倾听，以及倾听后是否能进行相关补充和修正。 4. 开学第一课和入学第一月是关键。

“以生命为本”教育团队提炼践行的“一日常规”和“课堂常规”，其突出的特点就是对常规的教育价值进行了分析。为什么要让孩子们这么做，是基于对生命成长的考虑，凡能助推生命成长的常规，我们必须坚持，凡有损于生命成长的，我们会在践行中不断调整。随着教育人对生命、对童年的生命一步一步深入的解读，常规的内容也在不断地完善和细化。“以生命为本”教育团队的“一日常规”仅文本就有上万字，上万字的“一日常规”实际上是“以生命为本”的教育人不断探索教育的例证。

下一篇文章，我们将专门介绍这样精细的常规，如何在学校管理中落实，真正为孩子的生命成长保驾护航。各位教育界朋友或是家长，若对学校常规文本感兴趣，可在后台留言，联系团队。

第四部分　从“文本”到“行为”，“教育”如何坚守

今天的文章，是教育“应知”系列的第四篇文章，希望能带给管理者、教师、家长共鸣。

习惯的培养经历四个阶段：知识、知识行为化、习惯培养、习惯养成。与这四个阶段相对应的习惯的表现方式为：文本、行为方式、行为固化、非自觉的行为。常规若仅仅是文字的描述，那只能算学校教育拥有了一份“文本”而已，因此，对于学校的常规管理来说，最重要的是常规的践行。“以生命为本”教育团队在多年的办学实践中，不断提炼、不断发现，形成了一整套行之有效的“常规践行”模式。

一、解读常规的育人价值

既然常规是为促进生命快乐并优秀地成长而约定，那就必须对常规的育人价值进行逐条分析和论证。“以生命为本”团队践行的常规，对常规有四个方面的解读：常规的名称、常规的具体要求、育人价值和培训建议。如果说，具体要求是落实行为的精细和精确，“育人价值”的解读就是告诉你：为什么要这么做？为什么这么做是作为一个人的“应知”部分。

“课堂常规”中的“课前准备”，有一项要求是“笔尖朝向自己”。笔尖朝向自己还是朝向外侧，这里面大有学问。“笔尖朝向自己”，其中蕴含着三项教育价值：便捷，安全，关爱。

便捷——拿起笔就可以写字，不需要任何动作的转换。

安全——刚进入一年级的孩子，穿着薄薄的单衣，若笔尖朝向外侧，一不小心会伤及孩子；再有，若后排同学在拿起笔的瞬间前排同学转过来，后果更是不堪设想，有的学校在一年级班级发生了铅笔戳伤眼睛的案例，或许

就是忽略了这些“可能性”。

关爱——笔尖是锐利的一端，稍不注意会戳伤皮肤。笔尖朝向自己，让危险处在自己可以掌控的范围之类，把平安带给他人，不正是人与人的相处之道吗？培养孩子的爱心，正是从点点滴滴做起。没有对细微的体察，灵魂便难有高度！“以生命为本”教育正是从这样的“细微”入手，最终成就个体生命灵魂的高度，人的尊严、人的高贵，从“教育应知”起步！

二、集中学习

常规践行能否到位，关键取决于教育者的理解。“文本的教育价值解读”不等于“教师教育价值的理解”。这两者之间的差异性，决定了一所学校“教育应知”的高度和纯度。除去教师们个体的学习之外，集中学习还有以下方式：

（1）每学期学校开学前，为期三天的教材解读会专门抽出半天的时间让老师们学习“课堂常规”，“一日常规”则在德育集中培训时进行。

（2）每周的周例会抽出一条常规，组织老师们共同学习。

（3）新教师入职，进行为期两天的“常规学习”。

（4）每月一次班主任培训，专门抽出15分钟时间，对当月的主题常规在践行中的疑问进行讨论，如果有成功的经验便进行分享，在交流中促进常规的进一步内化。

三、学期初强化教育

习惯的养成非朝夕之事，常规的践行也没有停歇的时刻。每学期开学第一周，为学校的“常规强化周”，各年级各班以不同的方式对常规进行复习、巩固。

所有的常规中，只有一条常规——“如厕”，学校在每学期都会对其进行强化。不论是作为个人，还是一个民族，良好的素质从吃饭、上厕所开始培养。看一所学校学生的基本素质怎样，其实看厕所就明了了。学校开学第一天，一定会举办隆重的“如厕仪式”，高年级的哥哥姐姐会将“如厕”的常规要求逐条讲解示范给低年级的弟弟妹妹。

四、以月、周为主题滚动推进常规

开学初的强化培训之后，“学生发展中心”会按照一周确定一条常规，以“周主题和月主题”的方式推进常规。当周和当月的主题常规，会在践行中实行班级和个人评价的一票否决，这样的推行方式，使每一条常规都能够得到强化，而孩子们在践行中又张弛有度，六年中孩子的习惯成“螺旋式攀升”状态，顺应了孩子成长特点的需求，真正落实了“教育应知”。

五、常态学习和生活中的浸润

说到常规，人们就会联想到“一本正经”，仿佛只要提及常规，就中规中矩，就没有生机、没有了创造。其实不然，教育的创造与智慧正蕴藏在常规日常的践行中。“常规扑克”是“以生命为本”的教育人的独创。将“一日常规”和“课堂常规”逐条制作成扑克牌式的卡片，正面为体现常规内容的卡通画，背面为常规的要求，孩子们在课余的时间玩味“常规扑克”，自然而然就将常规的要求烂熟于心。

而值周老师和值周同学呢？对“常规扑克”的利用更是充分，将一副“常规扑克”揣在衣兜里，在校园巡视的时候，发现哪位同学哪一条常规做得不够好，不需要批评，也不需要单纯地说教，抽出相应的扑克，让孩子熟读一遍即可。正是这些润物无声的践行模式，让孩子们一天天走入常规中，一天天实现生命的“从心所欲而不逾矩”。

六、举办常规展示活动

学校以“常规”为主题举办的活动有三种方式：

（一）新生年级学月常规展示

学校新生年级在进入学校一个月后，即每年 9 月 30 日，会举办“新生年级学月常规展示”活动。“一日常规”以“个人评优”和“一月生活回顾”的方式进行，“课堂常规”的展示结合具体课例进行，一位老师上课，一位老师对践行的常规进行解读，引导家长认识要求孩子这样做的原因，提升家长对现象的辨别和分析能力。

（二）年级不定期的主题常规展示

学校在日常的教育和教学生活中，会不定期地在二至六年级中随意抽取一个年级进行常规展示。方式会提前一周通知，展示内容不用全面涉及，选择两至三条常规进行展示即可。

（三）“教育用过程说话”半期常规展示

“教育用过程说话”常规展示已成为学校的传统活动，每学期半期左右进行。将孩子半期来的作业、作品、书本留痕等所有孩子成长过程中“物化”的东西进行展出，每个孩子一个展位，家长及社会各界人士均可到校参观。4 年来，每逢“教育用过程说话”展示活动，学校会云集来自各方的朋友，孩子们书本上漂亮而规范的留痕总是带给教育界朋友们深深的震撼，而慕名走进学校学习、交流的同行日渐增多，“以生命为本”教育，带给更多生命以福泽。

七、多种方式的评价，让常规内化于心，外化为行

各种方式的评价是常规践行、内化的有力保障。学校常规评价有集体评价和个人评价、单项评价和综合评价、定期评价和随机评价。结合每月常规主题对学生和班级进行每周单项评价，一个月后，根据四周常规主题的“周常规之星”，评选出每月“个人常规之星”和“班级常规之星”。学期结束，评选出学期“个人常规之星”和“班级常规之星”。期末的“个人常规之星”和“班级常规之星”分为单项和综合，尤其是个人，突出单项评比，发给奖状和奖品。为了让奖状更好地起到激励作用，老师以为每一个奖项撰写了颁奖辞，颁奖辞即是常规教育价值的诗意表达。对于个人而言，每学期的单项评价在六年的学习中不重复，当孩子们将 28 项“一日常规”、13 项“课堂常规”的奖状全部获得之后，无论是孩子还是家人，抑或是那些有机会看到孩子奖状的人，诵读着奖状上的颁奖辞，心灵都将经历一次洗礼。而教育，也就在那一刻，突破了学校围墙的限制。

这里节选几项常规的颁奖辞。

四季广场静读小明星：时间是生命中最珍贵的礼物，走进校门的那一刻，你选择了静静地阅读，用书本的芳香来装点清晨的时光。等待中，生命在成长；阅读中，生命在欢唱。

升旗仪式：音乐响起，师生庄严肃立，雄壮的国歌声中，唱响中国人的骄傲和自豪。祖国在哪里，祖国就在我们的身边。孩子们幼小的心灵早已明白：爱祖国，从唱国歌、升国旗的仪式开始。

课后三件事小明星：下课铃声响起，你总会将文具一一收好，并做好下节课的准备；低下头，将细碎的垃圾拾起，还教室清新和美丽；起身时，不忘记靠好凳子。孩子，多好的习惯啊，你每天积攒的，是一生宝贵的财富呢！

这些诗意的文字是否带给你温暖和感动呢？如果你是教育管理者，如果你是老师，如果你也喜欢将教育“应知”通过这样生动且诗意的形式在校园

流淌，联络或到校参观，我们都欢迎！

下一篇文章，我们会告诉你“常规践行带来的成效”和“可以回答的三个疑问”，敬请关注。

第五部分 常规，让教育奇迹“不可思议”地发生

今天的文章，是教育“应知”系列的最后一篇文章了，真正走进了“以生命为本”教育的人，会为孩子纯粹、灵动的生命状态惊叹与震撼。而没有走进或者没有了解的朋友，始终会怀疑和质疑：如此精细的常规，难道不会把孩子“管死”而丢失灵动？难道不会禁锢孩子思维而变得教条和死板……朋友，你纵有千百个疑问，今天的文章也会一一向你解答。

说到常规带来的成效，笔者还是从敬重的知名教育人，珠海容闳学校创建人陈青校长对锦西实验小学的评价开始吧。

“其玉，像这样组织大家学习一家学校，学习一个人，还是第一次！”

2011 年 11 月，陈青校长带领团队见证了校园的宁静和学生在课堂的深刻之后，发出了感叹。常规，成就了锦西实验小学，让锦西实验小学从一家城乡接合部学校，11 年间一跃成为成都市知名品牌学校。

回顾锦西实验小学从普通学校到品牌学校的飞跃，对比乐山市翡翠实验学校在“以生命为本”教育理念植入后的成长，我们发现，常规于学校有以下功效。

一、营造秩序和谐的校园生活

随着常规的践行、落实，文本的常规一天天成为老师和孩子们非自觉的行为方式，学校各方面的工作和生活都进入了秩序，无论是老师还是同学，行为更多在规则之中，人与人之间发生冲突的可能性降到最低，和谐成为学

校教育和生活的基调。

二、保障课堂的优质和高效

当有效践行的课堂常规转变为孩子们在课堂的学习行为之后，孩子们对于课堂学习专心、专注，老师们在课堂上，也不再为任何孩子的分心而耽搁教学时间，师与生之间、生与生之间达到高度的默契，40 分钟的课堂容量倍增，真正实现了高效。就语文学科而言，绝大多数班级只需用半期的时间就可以完成教材学习。

三、学校教学质量迎来稳步提升

课堂的优质和高效、孩子优良习惯的养成、课堂学习方式的变化直接带来教学质量的提升。从 2004 年起，锦西实验小学参加金牛区的语文、数学调研考试，数次获得区域第一。而翡翠实验学校 2011 年转入的 24 名四年级学生，经过在校 3 年的学习，2014 年毕业时，语文班平均分由入学时的 63.5 分提高到 93.2 分，数学成绩从 63 分提高到 89.7 分。3 年时间奇迹诞生，除了教师的教学能力之外，也得益于学校的“一日常规”和“课堂常规”。

四、教师和学生的气质和气韵发生变化

如果说成绩的提升是用数据说话的话，师生们精、气、神的变化则是在文化的范畴提供例证。无论是教师群体还是学生群体，阳光、大气的精神风貌渐渐成为学校教师和孩子的特质。

五、学校赢得良好口碑

成立于2000年的锦西实验小学，开校于2011年的翡翠实验学校，因学生的成长，因转入学生的快速变化，因同行们参观后的深切体悟，快速被教育界认同，被家长广为传颂。2000年到2011年的11年间，锦西实验小学没有任何家长投诉和教师投诉，2010年时任金牛教育局局长的肖剑书评价锦西实验小学时说了这样一句话：“你的锦西，团结得让人害怕!”

六、最大限度地实现孩子快乐而优秀地成长

“让孩子快乐而优秀地成长”是“以生命为本”的教育人的办学目标。事实证明，这样的目标已实现并还将充分实现。孩子们不仅享受学校、班级举办和开展的各类活动，更在减轻课业负担的情况下提升了成绩，“快乐而优秀”不再是一句空头口号!

七、学校的管理真正走向精细化

因学校的办学立足常规，而常规的践行又依赖“精细和精确”，渐渐地，常规践行中养成的思路和行事方式渐渐延展到学校工作的方方面面，团队对细节的觉察和感知能力实现整体提升。

八、快速成长的是一个团队而非个别

锦西实验小学的金牌班主任乐乐老师在前不久发出感叹：“李校，我发

现没有在你身边历练过的人，真不叫优秀！”乐乐老师的感叹告诉我们一个真理：教师专业素养要想迅速提高，必须要让老师通过日常的工作深刻体悟工作背后的教育价值。11 年来，锦西培养起来的老师，今天无论是在锦西实验小学还是到了其他学校，都是极优秀的一族。

锦西实验小学的成功和翡翠的成长，以事实回答了教育人关于教育的三大疑问。

（一）“常规”是否只适用于锦西实验小学或者翡翠实验学校

合计共 43 项的“一日常规”和“课堂常规”，是锦西实验小学在十多年办学的过程中一步一步积淀而成，而随着常规不断地丰富和完善，锦西实验小学也从一所普通的小区配套小学成长为一所在全市乃至全国都享有一定声望的品牌学校。2011 年，整套常规及办学理念又植入翡翠实验学校，六年的时间里，翡翠实验学校的崛起，充分地证明了常规对于学校成长、孩子成长的强大的助推和重要性。个人和学校的快速提升，是因为常规满足的是童年生命成长的本质之需。满足生命成长本质之需的常规，也可以在更大范围内为成长中的生命服务。2012 年，成都市迎宾路小学和兴盛小学也全面引入“一日常规”和“课堂常规”，几年过去，两所学校的发展呈现出强劲的势头，2016 年，兴盛小学在同期开办的几所学校中，率先成为“成都市新优质学校”。

（二）常规践行是否阻碍学生生动活泼的发展

是否限制学生生动活泼的发展，锦西实验小学和翡翠实验学校都可以做出积极而可信的回答。2000 至 2011 年的十一年间，锦西实验小学学生优良的习惯、宁静温馨的校园氛围、学生在校期间的活泼与生动、毕业学生后期学习的强劲，成为成都市金牛区教育界的美谈。2011 年 11 月，珠海容闳学校行政及教师一行 13 人，在锦西实验小学亲自见证了孩子们的宁静与生动之后，发现“学生精细的常规和学生的主动发展、个性发展”是可以如此和谐地融为一体，进而提出要“学习锦西”。而今天，这样的和谐，正在翡翠实验学校延续着、发展着。

（三）常规践行是否限制师生的创新与创造

锦西实验小学和翡翠实验学校的办学事实打破了“常规会限制师生创新与创造”的担忧。凡事有规矩，有章法，不仅让人与人之间不再发生冲突，而且让个体心灵在现实与“应该”之间不再发生对抗，释放心灵，能够专注于创新、创造，让校园生活一片欢腾。无论是孩子个人，还是教师个人，抑或者班级活动和学校活动，都获得了不竭的创新动力。校级层面的活动，班级层面的活动，都深得教育界和社会各界的高度赞誉。学生个人、教师个人、团队，在各级各类评比和竞赛中，成绩斐然。2000 年至 2011 年，锦西实验小学所举办的活动，成为区域标杆；2011 年至 2015 年翡翠实验学校开展的一系列活动也成为乐山基础教育段学校的标杆，创造和创新也一天天地成为“翡翠教育人”的特质。南师大班华教授在 2017 年 5 月 18 日观看了学校的第五届读书节“书香·生命与礼仪”主题晚会之后，评价之高，令人振奋。

常规，生命成长的根基。无论是年老的学校还是年轻的学校，都应该在日常的学习和生活中践行常规，遵循生命成长的规律，顺应生命的本质之需，在底线之上浇灌、耕耘，催生朵朵生命之花的绽放。

金牛教育科学研究院　季其玉
2017 年 11 月 19 日

开展以评促建，助推学校品牌发展

——兴盛小学从初建走向优质的办学实践探索

导言 兴盛小学的评建工作认真严肃，他们把评建方案仔细与学校情况和工作对照，使评和建在学理、理路上能够得到有理有据有力的支持，从而为今后的参与者提供了一条可供遵循的路径，对后续方案的修改也有明确指向。一项实践研究，能够产生这样的启示，令人十分高兴。

一、以新建学校办学水平提升为导向，积极参与以评促建的探究

成都市兴盛小学校（以下简称兴盛小学）开办于 2008 年 9 月，是一所新建小区的配套学校。建校之初，全校仅 3 个班 80 余名学生，9 名老师，存在师资队伍薄弱、办学经验不足、办学特色不明确、缺乏学校文化传承等诸多问题。如何提升办学水平，让学校快速优质发展，办好人民满意的教育，是兴盛小学亟待解决的问题。

2013 年 10 月，金牛区成为中国教育学会“教育评价与质量管理”试验区。兴盛小学被批准为“以评促建，创建卓越学校”课题研究的实验学校。2014 年 11 月专家组到学校进行了参与实验的办学评估。他们通过教师座谈、学生访谈、家长问卷、现场听课、课间观察以及校长汇报等多种形式对学校进行了全方位的评估。最终专家组将兴盛小学作为新建学校样本，在办学理念、制度建设、常规管理、师生发展等各个方面进行了逐项调查研究。

经过课题组研究、实验、改进、再实验再改进，专家组基于对我校和其他十所学校实验评估的基础上形成了《金牛区中小学办学效益评价方案》和评价量表。评价量表中有完善的用于评估的一级、二级、三级指标，这些为新建学校办学水平的提升指明了具体的要求和落实的措施。

二、以学校改进发展为目标参与“以评促建，创建卓越学校”研究

在专家组、课题组的指导下，根据《金牛区中小学办学效益评价方案》和评价量表，兴盛小学立即开展了对标梳理和以评促建工作。

（一）聚焦学校现状，总结学校办学实践经验

四川省陶行知研究会及中国教育学会和课题组专家姚文忠教授、李其玉校长、杨东秘书长等多次到兴盛小学调研，研究学校办学细节，与兴盛小学师生座谈，听取我们对自己当前办学情况的描述和学校现状的分析，根据学校实际提出宝贵意见建议。姚文忠教授“零距离对话”对参与学校进行了全面的辅导，指导梳理办学经验，解答实验研究中遇到的困惑。我们全面总结了学校 6 年来的办学经验，形成文稿《“兴”路历程，“盛”校育人》并在了课题组做了汇报交流，为课题组提供了评价要素和观察点，并根据专家从“评”和“建”两个方面给出的点评改善学校办学。

（二）对标量表，全面开展以评促建

在专家组和课题组的评价方案编制出炉后，兴盛小学根据评价方案，结合实际全面开展以评促建工作。针对评价方案的 21 个一级评价观察点，113 个二级观察点逐一进行有目的地对标学习和自我评估，逐条认识其内在办学价值和要求，发现学校工作中的差距和不足，调整学校教育和管理方法，寻求达成目标的最佳措施，以实际的工作开展创建，力求达到以评价促进学校

办学质量的提升的目的。例如，一级观察点“管理规制——尽责担责，规制明察”下三级观察点的具体要求是：健全落实，常规管理。学校的规定规矩，一要全面，二要合理。除中心和紧急要求外，一切工作必须常规化，使学校的全部生活在常规之上运行。要有常规体系，分门别类进行规范训练，落实常规必须坚持不懈，纹丝不动。一旦常规成为习惯或者不符合需要，就更新常规，进而保证发展，提升优雅，达到和谐。

经过对标学习，兴盛小学充分认识到常规管理的教育价值和对学校的意义。学校认为对于兴盛小学新建时间不长，建立常规体系并实施细致的常规管理是学校发展的基础，既是学校管理的重点，也是解决学校规模急剧扩大等问题的基础，是立校之本，更是立人之需，是学校优良校风形成的需要。对比观察点我们反复讨论后的结论是：学校制度健全、规范，管理理念和目标清晰，学校以规范化的服务作为管理根本，常规管理有思路，健全落实，师生行为规范。对学科和管理的育人价值认识到位，执行有力。学校各项工作分工明确，事事有人员管理。班子团结，校风优良，校园生动有序。安全、卫生管理措施落实，执行力强，时效性良好。但是制度动员程度不够普及，还需提高，监督检查和反馈处置效率有待提高，部分专项管理教育性和现代化程度不高，有待提升。

聚焦对标量表，深化以评促建，我们将原本比较零散的常规管理工作体系化。一是制定完善常规管理要求，如《兴盛小学工作制度与指南》《课堂常规解读》《师生一日常规》等。二是践行常规要求，培育教师和学生，定期进行常规解读，认识常规的教育价值，力争让所有的师生将常规入眼入心，内化为自己自觉的行为，形成一种训练有素的学校文化。三是坚持以“日主题、周主题、月主题”的方式滚动进行训练，结合多种评价方式进行师生常规践行。又例如，在一级观察点“学生成长——学生为本，成长为大”中的三级观察点的具体要求是：学习的自觉性和方法意识训练好，在学习上准备状态好，有自觉性，能够主动积极参与学习活动，不拒绝别人的帮助，有方法意识和训练，能够做好学习方法和适应性方面的调整。“胜不骄，败不馁”，能够努力释放自己的学习才能。

针对这一观察点，我们开展一系列研究和训练。一是全面培养师生学习状态和方法意识，我们制定实施了从师生课前学习准备、朗读书写、交流发言、作业书写等学习活动必须遵循的“学习规范”，做好学习意识和方法的训练，在全区现场会作了集中展示。二是针对学生学习方法进行教学研究，联合实验学校开展了“整体语文教学法”“单元整合式教学”“师生课本留痕”“减轻学生课业负担”等实践研究，在提高学生学习成绩的同时培养学生良好的学习习惯，提高了教师课堂教学专业化水平，有效地落实了这一观察点的评估要求。

在学校的评建实验过程中，我们根据各级观察点的要求制定实施发展规划，积极探索现代学校管理制度，以师德建设为核心打造坚定、温柔、上进、成功的教师队伍，以常规为抓手开展贴近学生生活的德育活动，不断强化提升教学质量，在教育教学和学校建设中营造和谐、规范、阳光、大气的学校文化。在创建过程中我们深刻地认识到开展“以评促建，创建卓越学校”研究，有利于学校进一步改变教育观念，厘清办学思路，明确办学定位；有利于总结办学经验，规范学校管理；有利于改善办学条件，进一步开展学校文化建设；有利于凝聚人心，促进教师队伍专业化，提高学校办学水平力，是我们建设品牌学校、特色学校和优质学校的契机。

经过坚持不懈的落实，全校师生精神风貌、行为习惯良好，言行举止文明规范，校园秩序优良，常规践行取得了良好的效果，在评估过程中受到专家和实验组员的好评。

三、以特色品牌发展为突破，以评促建，创建卓越学校

在以评促建工作中，结合专家组评估意见和学校实际，通过改进评价方式，在促进学生全面发展、引领教师专业成长、提升教育教学水平、营造和谐育人环境等方面实现了学校的特色优质发展。

（一）以评促建，促进学生全面发展

特色化发展是学校发展的必由之路。在开好国家必修课程的基础上，学

校不断思考、探索校本课程特色化实施，立志做到“五育兴，百花盛”。学校建立了特色“周五成功课堂”，开展文化、艺术、体育、科创为主题的社团活动；深入挖掘传统文化和学校教育资源，打造了“川剧、足球、国学”特色文化，提升了学校文化品位，在全校形成了“书香满校园”“足球川剧伴少年”的文化氛围；组织教师和聘请专家编撰了《兴盛娃学川剧》《校园足球》《我爱你中国》等校本教材和读本，丰富了学生的文化底蕴；根据中共中央、国务院印发的《关于全面加强新时代大中小学劳动教育的意见》，学校又以劳动教育为突破口，开展了劳动教育课程，结合不同年龄段孩子身心发展的规律和特点开展相应形式的劳动教育，创新了劳动教育形式，进一步落实了五育并举，促进了学生全面发展。

（二）以评促建，引领教师专业发展

百年大计，教育为本；教育大计，教师为本。学校坚持把师德师风作为第一标准，在以评促建的引领下，改革教师评价，推进践行教书育人使命。学校不断优化教师队伍结构，加强综合素质提升，坚持以有理想信念、有道德情操、有扎实学识、有仁爱之心的“四有”好老师为标准，进一步强化教师的事业心责任感，落实师德规范，兴盛小学教师师德师风高尚，得到家长、社会的一致好评。同时，学校注重教师教学能力的培养。组织教师学习现代教育理念，掌握现代教学技能；认真实施青年教师培养工程，健全教师荣誉制度，发挥典型示范引领作用。这些都持续激发了教师队伍活力、凝聚力和创造力，形成了一支思想素质过硬、专业技能扎实、有巨大发展潜力的师资队伍。近年来，学校教师在各级各类比赛中屡获佳绩，多名教师被评为金牛区学科带头人，被授予成都市优秀班主任、优秀德育工作者等荣誉称号。教师的专业化发展日益提高。

（三）以评促建，促进学校品牌发展

在以评促建的过程中，兴盛小学形成了具有鲜明“兴盛”特色的办学模式，教育教学质量也稳步提升。全区学业质量监测由全区的中后水平逐年上升，学校的教育社会满意度调查也受到社会、家长的一致好评。近年来，学校先后获评全国青少年足球特色学校、国家非物质文化遗产传承学校、成都市阳光体育示范校、成都市川剧艺术特色学校、成都市国学经典诵读示范学校、成都市青年文明号、金牛区优秀文明单位等荣誉称号，并于 2015 年 9 月被评为政府主导评选、社会认可的成都市新优质学校，实现了学校的品牌发展。

四、以评促建是接地气、有温度、可操作的多元化评价方式

参与以评促建，创建卓越学校以来，兴盛小学砥砺前行，不断探索、不断反思，学校有了以下几方面的认识。

（一）以评促建是促进学校建设、学生全面发展的评价方式

《国家中长期教育改革和发展规划纲要（2010—2020 年）》明确提出：“按照面向现代化、面向世界、面向未来的要求，适应全面建设小康社会、建设创新型国家的需要，坚持育人为本，以改革创新为动力，以促进公平为重点，以提高质量为核心，全面实施素质教育，推动教育事业在新的历史起点上科学发展。”2013 年 12 月 5 日，教育部办公厅下发《关于做好中小学教育质量综合评价改革实验工作的通知》，该通知要求进一步完善体现素质教育要求，以学生发展为核心、科学多元的中小学教育质量评价体系。在以评促建工作实践中，学校逐步确立了以“让成功滋养师生生命成长”为核心的成功教育理念，确立了“五育兴，百花盛”的兴盛培养目标。在以评促建的引领下，学校坚持全面发展，面向人人、因材施教、知行合一；创新德智体美劳过程性评价办法，完善综合素质评价体系，力求发挥评价的引导、诊断、改进、激励等功能，树立科学的教育评价观，建立科学的评价制度，切实引导学生坚定理想信念、厚植爱国主义情怀、加强品德修养、增长知识见识、培养奋斗精神、增强综合素质，进而促进学校师生的全面发展。

（二）以评促建是接地气、有温度、操作性强的评价方式

2013 年颁布的《关于推进中小学教育质量综合评价改革的意见》提出了一系列改革方案和创新举措。学校在《金牛区中小学办学效益评价方案》和评价量表的基础上，结合校情，优化确定了接地气的学校办学制度、操作办法和一系列评价量表等。以教师为例，制定了《兴盛小学教师师德考核量表》，促进了良好师德师风的形成；制定了一系列教学常规管理规制，规范了学校的教育教学。以学生为例，制定了《兴盛小学常规评价手册》，包括德育常规、语文、数学等各科教学常规；设计了学生综合素质评价表等。这些都抓住了办学关键，切合一线实际，表述清晰平实，做到了“接地气”，操作性极强。以评促建评估量表，让大家看到的不是冷冰冰的数字，而是可以理解的、切实存在的优势和不足，是有感情的评价，做到了“有温度”，深受学校师生的好评。

（三）以评促建是多元化的评价方式

（1）评价标准多元化。《关于推进中小学教育质量综合评价改革的意见》中列出了中小学教育质量综合评价指标框架（试行），包括了品德发展水平、学业发展水平、身心发展水平、兴趣特长养成以及学业负担状况 5 项评价内容和 20 项关键指标，并列出了具体的指标考查要点及评价的主要依据。中共中央、国务院印发的《深化新时代教育评价改革总体方案》中也强调要完善德育评价、强化体育评价、改进美育评价、加强劳动教育评价等。评估量表从德、智、体、美、劳等多个方面对学生进行了鼓励性评价，培养了学生的自信，促进了学生的成长。

（2）评价方式的多样化。传统的教育质量评价主要还是以终结性评价为主导的，呈现出重结果轻过程、静止而非动态变化的特征，人们更多地将目光集中在学校或学生最终取得的成就上。这种片面狭隘的评价很容易挫伤学校发展的主动性和学生学习的积极性。学校在“成功教育”理念的指导下，将过程性评价和终结性评价有机结合，将教师评价、学生自我评价、学生互

评等方式融合起来，让每个学生都发现自己的闪光点，享受成功、自信成长。

以评促建、以评促改，兴盛小学发展之路愈走愈远，但也存在着一些不足，如教师的专业化成长、学校的特色课程建设、学生的创新思维能力等，可谓“教育之路漫漫兮，吾将上下而求索”。在今后的路途中，学校继续把“以评促建”作为学校的工作重点，朝着科学化、精细化办学努力，力求建成“一流的管理文化、一流的教师队伍、一流的教育质量”的品牌学校，真正实现兴百年大计，盛教育之本！

成都市兴盛小学校　曾经祥　黄莉　钟鹄　赵净

积跬步　至千里

——参与“以评促建，创建卓越学校”课题研究感悟

导言　学校参加“以评促建”课题组，基本上循着方案进行探索。我们认为，该方案及其实施具有“接地气”“可操作”“有温度”的特点，是一个能吸引实践方面的学校工作者积极参与活动的实验研究组织。

2014 年 3 月，成都市人民北路小学校（以下简称人民北路小学）开始参与“以评促建，创建卓越学校工作计划——以实践经验为基础编制的学校工作评价方案”课题研究工作。按照课题组要求，前期，我们梳理总结了人民北路小学的办学思想、办学经验，为课题组编写预评方案提供了参考。不久，我们学习到了课题组研制的预评方案。随着研究的深入，我们认识到建立和完善学校工作评价体系意义重大，科学的、全面的教育评价可以全面提升学校办学水平，促使学校教育教学工作走上科学化、规范化、现代化的轨道。同时，对预评方案在学校开始试行充满期待。

“以评促建”，“评”是过程，“促建”是目的，充分表现出本研究的发展性评价理念。在研究中我们体验到“以评促建”的力量，具体表现在以下几个方面。

一、促反思，在梳理中寻求“突破点”

课题活动开始之初，我们静心梳理了人民北路小学的办学思想和近年来

的办学经验。一方面，我们欣喜地看到学校的“幸福教育”，不仅使师生实现了幸福成长以及学校“守护孩子幸福感”的庄严承诺，同时，近年来所取得的成绩和学校的社会影响力也得到了专家的高度认可。另一方面，在和兄弟学校的交流碰撞中，在专家的指引下，我们也意识到目前阻碍学校发展的诸多问题，因此，编拟新的办学规划，让人民北路小学 50 多年办学历史中一脉相承的“幸福”更好地传承发扬，让学校特色更亮，品牌更优，在已有成绩上寻找到学校新的“突破点”，成为不断超越自我的“卓越学校”，是我们当下应该努力的方向。

二、明方向，在学习中找准“发力点”

课题组基于 11 所学校的自我总结，归纳出 21 个一级评价要素或者观察点，其中属于传统的有 11 个大项，相对现代化的大项有 10 个，从传统部分归纳出 113 个二级要素或者观察点，最终形成了预评方案。这套预评方案，具有很强的实践性、现代性、可操作性和诊断性。特别是二级要素划分细致，从这些要素中我们能比较清楚地知道学校的德育管理、教学管理等工作应该从哪些方面“发力”。“发力”准，学校管理工作才能科学、规范、高效。

三、树信心，把稳“平衡点”

在“以评促建”的理念指导下，以怎样的心态去“发力”，怎样看待“发力”后的效果也是有讲究的。我们深知，评价不是目的，而要以发展为导向，把学校评估过程与学校发展过程紧密结合在一起，理性地反思和调控学校发展中的学校管理、教育教学工作、教育资源开发和利用等环节，不断调整学校工作策略和目标，使每一次评估都成为下一次学校发展的基础和目标，成为促进学校发展，实现发展目标的动力。

我们认为，学校评价方案除了对学校要进行定量评估外，还要重视对学校进行定性评估。通过定性评估，对学校现实情景进行深度分析，获得对学校现状的清晰、客观认识。同时，定量评估中也应当重视增量评估，所谓“增量评估”，即关注的是在一段时期内，评估对象发生了哪些变化，变化的幅度有多大，而不是在一段时期内，评估对象在群体中的排名情况。这样一来，在评估面前，学校就能将诸如“排名”的压力减轻到最小，以平和的心态、十足的信心去做真正的“建设”。

四、勤领会，在研究中找到“融汇点”

任何一项研究，研究者的所获，都不应仅仅止步于对研究结果的追求。比如，在参与学校评价方案的研究中，我们是否可以从预评方案的科学性、规范性上受到启发，尝试研制适用于本校的“接地气”的教师评价方案，是否可以鼓励学科教师秉承“发展性评价”理念，看重“增量评估”，鼓励学生同样“以评促建”。在文学阅读中，“一千个读者有一千个哈姆雷特”，“哈姆雷特”的面貌因思考角度不同而异。在科学研究中，研究者的多元的学习角度同样可以造就研究结果的丰厚。“以评促建”把这些效果较好地融汇在一起，使人能学到新的办学方向方法。

成都市人民北路小学校　刘　艳

以文化建设引领学校成长

导言 学校的成长发展，重在文化、师资、课程、课堂的建设，在这“四维”之中，文化建设尤为关键，这也是决定学校品质的重要指标。注重梳理、传承、发扬文化的学校，是可以实现学校发展的品质化的。文化可以引领学校不断成长，从而持续靠近高品质学校建设的目标。

如果以时间为序，自从接触并参与“以评促建”课题以来，笔者先后供职于成都市驷马桥小学校（以下简称驷小）和成都市天回小学校（以下简称天小）两所学校。在这两所学校的工作中，笔者确信因参研课题而形成的学校发展策略，即文化、师资、课程、课堂是撬动学校成长的“四维”抓手。在这“四维”之中，笔者一直坚持以学校的文化建设为工作的切入口，文化是魂，魂定则能凝心聚力，做事有方。以“评”促“建”，针对学校成长史采取问根、寻根的办法，注重梳理、传承、发扬学校文化，则学校发展可期矣。

我们认为要实现学校的品质化发展，首先要建立在正确的办学思想和明确的育人目标统领下的学校文化体系。学校文化是学校的办学理念、价值观念、行为方式、校风校貌等因素的综合体现。学校文化是学校发展的“火车头”，它所具有的能动性，可以对学校的物理空间、人员（师生）状况、管理方式等方面产生整合和优化的作用。更为重要的是，它所激发的精神内驱力，能对师生的价值追求定位、行为方式固化产生积极的导向和调整作用，从而形成精神合力，塑造团队的精神面貌，壮大团队合力，并最终产生推动学校发展的动力。

学校文化对师生的终身发展影响深远。学校文化的丰盈壮大、作用发挥的源泉和受众是全校教职员工，也是所有学生。优秀的学校文化是一个良性的“染缸”，不但使教师浸润其中，在既被“染色”的同时，也因为一个个个性鲜明的存在而使文化“染缸”变得“多彩”。同理，优秀的学校文化是另一种意义上的空气、水分和阳光，它让学生在某种特定的氛围中吸纳、丰富、生长。

学校文化包括物质文化、精神文化两大要素。精神文化是一所学校发展的强大凝聚力和内驱力，学校的强壮首先是精神的强壮。中国科学院院士杨叔子曾说：“一个民族，没有科学技术，一打就垮；没有精神文化，不打就垮。”同理推证，一所学校没有精神文化，则不可能奢谈学校的发展和壮大。

精神文化是学校文化的根和魂，是学校实现可持续发展的核心动力，是学校品质提升的重要途径。学校文化当中的精神文化应当且至少包含了理念文化、制度文化、风纪文化三要素。本文仅以精神文化建设来探究学校文化建设可以引领学校成长，并以驷小及天小文化建设为例，谈谈我们对学校文化建设，引领学校品质发展的粗浅认识和实践。

一、理念文化是学校精神文化三要素的第一要素

要确定学校文化建设的高品位，理念文化是学校精神文化三要素的第一要素。学校办学理念的确立，应该要实现理念与学校历史文化的融合，“寻根问史”是理念确立的必然之途，只有在珍视并发掘学校原有的历史文化资源上，实现理念与学校现状、社会现实的融合，才能不断整合、提升、培育、促进学校的文化发展。

没有一所学校的发展能够和历史脱节。学校历史是学校实现持续发展的源头和生长点，学校的文化建设更是如此。我们学习领会评建方案，逐步学会了一种方法：温热历史——从学校成长史中淘金。淘学校成长史之“金”：学校历史的沿袭与传统，学校管理的传统与坚持。

驷小参与“以评促建”课题以来，在以姚文忠教授为组长的专家团队引

领下，课题组自课题研究之初，便确定了“基于实践经验”的研究思路，以此定位，学校课题组一直潜心于驷小“寻根”之旅，所谓“寻根”就是对学校成长历史的追寻和梳理。我们寻根是为了理清根脉，根定则干壮。以评建方案中的“文化建设”“办学思想”指标为例。

驷小文化建设注重学校发展方向设计及学校活动设计的文化传承因素，突出校园文化设计可视系统的精巧化、主题化，学校总结的文化导向化。

学校总结的文化导向化：2007 至 2014 年历年总结会题目

2007 年 7 月：《成绩　问题　出路》　2008 年 1 月：《断想：左脚 2008，右脚 2007》

2009 年 1 月：《图说驷小 2008》　2010 年 1 月：《我们的现在和未来》

2011 年 1 月：《这个世界的柔情与丑陋》　2012 年 1 月：《从 2011 年的冷漠说开去》

2013 年 1 月：《质量之殇》　2014 年 1 月：《教育　民国教育及其他》

校长在每年末的学校工作总结会上，不是简单、枯燥地总结工作、罗列成绩，而是根据本年度学校发展需要、社会发展现状，以关注社会、贴近现实为目的，变总结为分享，突出总结的人文性、文化性。文化是学校之魂，校长是学校文化之魂。校长个人的言谈举止、工作风格同样是学校文化建设的重要内容。

校长个体文化：校长是一所学校的魂，但首先应该是一个人，一个鲜活、真实的人，要敢于亮开思想、言明心声，要带头做好表率，带头学说真话、学做真人，躬下身亲近你的同事和学生，不能只做“传声筒”、“司令官”。

在办学思想上，驷小集群体的智慧，因袭传统，确立了学校共同价值观和办学追求，并以办学理念、校训、校风、教风、学风、校长寄语、校赋等形式予以界定和宣传，以学校办学章程为依据，以连续三个三年发展规划为依托，立足实际，积极践行和落实目标，促进学校内涵发展。

天小以“诗意天小，师生共长”为愿景，旗帜鲜明地提出“促进师生共同成长”（简称“成长教育”）的办学理念。具体表现在学校的“一训三风”、培养目标、教师形象、校园文化等诸多方面。以天小的理念文化为例：

天回小学教育集团现正处于成都市北部新城建设和天回镇改造的社会现实背景下，如何让一所有着90年办学历史的学校焕发新生？如何使基于学校“青蓝工程”平台的队伍建设，在面临62%都是35岁的青年教师的学校现状上继续深入、大力地推进？正是有了这些问题的导向，我们提出了“成长教育”的办学理念。

在这一理念的统领下，我们借鉴“品”字形结构，提出了构建集团校文品、人品、物品的“三品”文化建模愿景。文品即学校文化之品（理念文化、制度文化、风纪文化、课程文化的品位）；人品涵盖了学校的三支主要队伍，即教师之品（工作之品——认真负责，精神之品——士子之气）、学生之品（学习之品——勤学上进，精神之品——“四心教育”）[1]、家长之品（合作之品——和合共融，精神之品——通情达理）；物品即物件之品、环境之品。

我们继承和刷新学校的“一训三风”：针对校训，我们在“寻根”策略的指导下，寻天小历史之根、天小地域之根，并以此作为文化生长点，最终提炼形成了“清廉方正以为人，不舍毫末以成山”的校训。从唐玄宗避安史之乱至天回镇食豆花的传说及天回一绝——豆花的历史和文化传承中，挖掘中国传统文化中的豆腐文化，取清白、方正[2]之意，故言“清廉方正以为人”；从学校毗邻有着悠久历史的天隳山[3]的地理现实和历史现实中，结合我国传统的“山文化”内涵，取李斯《谏逐客书》篇中“是以泰山不让土壤，故能成其大”之意。旨在突出我校“成长教育”（青蓝工程）的循序渐进、关注细节、注重积累、终身学习之追求，故言“不舍毫末以成山”。

再如，“于人善导，于事执着”是我们的教风。于人善导，重在揭示教师教育行为的实质在于引导、疏导。于事执着，重在传承天小紫藤文化的传统（紫藤花语：对你执着），强调教师对所从事的事业和单位的执着和忠诚。

从上述案例中，我们得到的启示就是，坚持以文化引领学校成长的认识和做法，积极探索可借鉴、可复制的实操方法，是建设高品质学校的重要途径。

办学理念不断内化后，可派生出一系列教育思想和主张，学校在提出“成长教育”理念后，先后有了以下教育主张，这些主张当中，有些也传承了我在驷小工作时的认识。比如：

成长的学校，成长的人。

以一群人成就这所学校，以这所学校成就一群人。

师生互鉴，教学相长。

学校的生命力在于成长。

二、制度文化是学校精神文化三要素的根本保障

我们认为，当下的教育在管理以及对管理行为和效果的评估上存在一些偏颇：学校管理越来越受工业化影响，讲求技术化、量评话，甚至政客化，真正的管理是管心、育心、慰心，应该重“意”的管理，而非重“形”的管理。要实现学校品质化的成长，第一，要唤醒教职员工自我发展的欲望，激发教职员工自我发展的“内驱力”。第二，从管事、管人向关心转变，形成“对人的帮助”，满足教职员工被尊重和自我价值实现的心理需求。我们认为：所谓领导，就是需要持续为人的发展提供帮助。第三，构建学校制度体系，形成对教师个人利益的保障。一套体现学校特有的价值观念和行为方式的制度和机制体系，是全体成员认同和遵循的精神规范，也是学校品质提升的制度基础。

学校制度文化是精神文化生长和强大的“土壤”，是学校精神文化、物质文化、课程文化、行为文化的根本保障。学校制度文化建设同样是个综合体，它包含了发展规划、岗位职责、规章制度、工作流程等。

按照课题组研制的评建方案，在“管理规制”指标中，我们边评边建，以行动诠释指标，以指标指导行动，从而达到目标。驷马桥小学和天回小学

在课题组研究成果的指导下，不断与时俱进，修正、完善学校制度。我们先后修订、审定了学校管理的制度，提炼了学校的办学精神。驷小以固化的《工作手册》的形式，突出管理规制，形成了一套较为规范、现代的学校管理制度，基本形成了事前协商、事中循章、事后反馈的行政工作格局。

天小以“发展规划”为抓手。在完成理念文化建模以后，学校建设的平台和载体不可或缺。我们的做法就是谋定以学校发展规划为主要表现形式的学校发展愿景。愿景是学校品质提升的前提。确立愿景就是确立全校上下共同认可的、可以统领全局的、长期发挥作用的价值观。全校共同认可的价值观是学校取得成功的必要条件。如果说愿景是梦想，那规划则是蓝图。天小的蓝图就是以天小建校 100 周年之机为空间“画布”，以三年一期为空间维度，以“三步走”为布局，以全校教职员工的热情和智慧为笔墨，共同绘制学校规划的“画卷”。

从 2019 年 6 月天小被定位为教育集团算起，以迎接天小建校百年为发展周期，每三年一个规划，我们称之为“三三发展规划”，所谓“三三”是三个三年发展规划，是天小集团发展的“三‘步’曲”，我们将之定义为：新生天小（2020—2022 年）——定位品牌：异地搬迁，焕发新生。实力天小（2023—2025 年）——铸造品牌：凝心聚力，积攒实力；品牌天小（2026—2028 年）——溢出品牌：品牌绽放，辐射四方。

在规章制度建设上，天小集团的制度、机制的更新，就是以加强制度建设、改革内部机制为抓手，实现制度文化建设的目标，即打造以人为本、科学民主的管理体系，完善学校管理体制，弘扬以人为本的管理思想，形成四个价值取向：倡导团队共同进步，引导团队相互帮助，培养团队自我约束，促进团队良性竞争。

加强制度建设，我们做到进一步理顺学校内部管理体系，梳理现有制度，巩固学生家长满意度测评机制，完善校务公开制度，彰显谈话制度。重视校长办公会、行政会、教代会、教师大会的作用，优化工会职能。探索建立校长履职管理的“1234”机制[4]。

改革内部机制，我们努力在学校教职工内形成“职、责、权、利”相统一的、并能有效调动教师工作积极性的内部管理长效机制，实现“履职干事有规则，承担工作要负责，实行评优有程序，绩效考核有依据”的工作机制。

学校制度文化建设旨在让学校工作的推进有章可循，要实现制度的践行和落实，必须要建立考评制度。天小由学校发展监督体系实施对规划、制度等工作的监控和评价，充分依靠校内民主，加强办学开放性，发挥学校、家庭、教育主管部门三位一体的教育合力的作用，实施学校工作开展情况的自我评估，并检查完成进度。

三、风纪文化是学校精神文化三要素的外显特征

风纪就是一所学校教职工团队所表现出来的作风和纪律文化，是团队的精神风貌。四川省陶研会姚文忠教授认为：学生与教师的形象是学校最基本的底子。作风、纪律体现团队形象，好的作风纪律可以对校风、教风、学风产生辐射和示范作用，可以形成巨大的凝聚力，产生无穷的创造力，从而汇成向前向好的发展力。风清气正则心善气顺，尚善尚上的团队，必然促成文化的厚实、学校的发展。所以，我们要充分认识风纪整顿的重要性和紧迫性。

天小集团目前是“一校两区”，120 余人的教职工团队，如果说天小文化是天小人的文化名片的话，那么，天小人应该有的精气神的状态，则是一种精神特质。

天小集团努力规范、涵养风纪文化。我们把集团校视为一个团队，构建团队为人行事、待人接物等方面的行为文化，同时又将这个团队根据分工，分解成一个个分队，构建各个分队的行为文化，达到人人有型、事事有规、

程序有范的目的。

比如，教师团队风纪文化的建设，我们就基于打造具有“士子气”的队伍的目的，整肃团队风纪，形成与人为善、同舟共济、认真负责的精神风貌，倡导“绵绵用力，久久为功”的工作风纪。

通过我们已经开展和正在开展的工作和探索，我们能感受到因为全校师生所产生的变化而带来的学校的改变与进步，这正是学校提倡的“成长教育”的最好体现。学校文化是学校的灵魂，以文化人，健康、强大的学校文化是培养有“文化自信”的人的起点，高品质学校建设也必须坚持不断以文化建设引领学校的成长。

注释：

1. 四心教育：天小集团的校风为“心地善良，心灵阳光，心思向上，心怀梦想”。基于此，学校从课程设置等方面都坚持“四心教育”的定位。

2. 〔清〕胡济苍有诗《豆腐制品四咏之一》云：信知磨砺出精神，宵旰勤劳泄我真。最是清廉方正客，一生知己属贫人。

3. 〔汉〕扬雄《蜀王本记》中说：“杜宇自天而降，号曰天隳（huī）。”后因玄宗避难至天隳镇，闻叛乱平息后回銮，故称天回山。

4. “1234”校长民主治校机制：一个信箱（校长信箱）、两个谈话［校长接待日（与家长和社会人士的沟通）、校长谈心日（校长与教师的互相谈话、交流）］、三个会议［与青年教师交流月例会、校长答辩会（比如针对发展规划、工会提案、提问等面向全体教职工的答辩）、校务工作会］、四个引领［思想（教育思想、办学理念）、制度（民主约定、带头遵守）、榜样（言传身教、身先士卒）、发展（问计于民、高点定位）］。

成都市天回小学校　何运强

学校管理如何“规制”

——以教师管理制度建设为例

2014 年 3 月，金牛区启动了“以评促建、创建卓越学校”试点，项目由四川省陶行知研究会牵头，笔者当时所在的泉水路小学是 11 所试点校之一。2015 年后，我也曾受省陶研会邀请，两次参与对大邑县部分小学和幼儿园“以评促建”项目的评估。我既曾作为被评估者，又曾作为“专家”担任评估者，对这个项目有更多角度的观察，更深入的了解，也有一些自己的思考。在金牛区一次大会交流中，我发言称“以评促进”这个评价方式“接地气、见真人、有温度”，被多人引用。

“以评促建”，即评价学校是为了更好建设学校，这是一个综合性评价，涉及学校方方面面工作。说一所学校好，办学条件好固然重要，更重要的是教师队伍的质量好，因为学校的工作最终要依靠教师去落实。2014 年教师节，习近平总书记在北京师范大学座谈时讲到，“一个人遇到好老师是人生的幸运，一个学校拥有好老师是学校的光荣，一个民族源源不断涌现出一批又一批好老师则是民族的希望”。充分说明了好教师对个人成长、学校发展、民族富强的极端重要性。

作为基层学校的一名校长，在评价一所学校质量的时候，可能与高校或研究机构的专家们不同，我格外关注教师这个领域，经常为教师管理的问题发愁，也随时被好教师的高尚师德和高超技艺感动，更殚精竭虑地思考：好老师在哪里？我们怎样培养更多的好老师？

慢慢地，这个问题有了答案：好教师不是天然生长出来的，也不是随着时间推移就自然变好了，好老师是在学校场域中成长起来的，是好的教师管理制度培养出来的。邓小平说过，“制度好可以使坏人无法任意横行，制度不好可以使好人无法充分做好事，甚至会走向反面”。

制度是一种最基本的客观标准，体现着组织的底线要求，具有强制性、约束性和引导性。制度管理是学校行政管理的基础，对人特别是教师的管理是学校行政管理的核心任务，也是教育研究者应该关注的领域。

在《“以评促建”评价量表》中，第二项一级观察点便是“管理规制”，权重为0.10，排在第一项“办学思想”之后，由此可见“管理”的重要性。“管理规制”下的二级观察点是“尽责担责，规制明察”，三级或解释级观察点有“管理简约清晰、制度规范完善、凸显质量管理、管理优质优化、信息管理先进、全程管理精细、管理紧凑简洁”等。第三项一级观察点“队伍建设”中，也有“部门结构合理、岗位责任明晰”的观察要点。

通过阅读量表，我头脑中跳出几个关键词：规制、制度、管理、责任。何为“规制”？即规范、制度。“规制”是对学校管理的要求，制度的作用是明确岗位的责任、规范工作的流程。

2012年6月25日出台的《依法治校——建设现代学校制度实施纲要（征求意见稿）》，要求提高现代学校制度建设质量，制订并完善教学、人事、财务与资产、学生、后勤、安全、对外合作等方面的管理制度，建立健全各种办事程序、内部组织规则、议事规则等，形成健全、规范、统一的制度体系。同年发布的《国务院关于加强教师队伍建设的意见》提出“建立健全教师管理制度”，“提高制度建设质量，形成系统全面的制度体系”。

教师管理制度是学校为了实现办学目标，规范与教师相关的各项工作的标准和流程，所制定的具有强制性和统一性的相关制度。教师管理制度规定了教师的工作内容、工作要求和相应的奖惩办法，明确了教师工作的权力、责任和义务，是确保教师工作达到国家标准和学校要求的基本手段。

围绕学校管理制度的研究较多。对于学校管理制度的认识，有研究者认为，要重视制度的作用，也要看到其不足；除开正式制度，也要重视非正式制度的功能；要加强制度管理，也要赋予教师自主权。从学校制度设计与路径选择取向看，有学者认为应去“过度功利化、科层化和秩序中心”取向，回归教育管理的教育性；从学校管理方式的取向看，有学者认为应该重视管理制度的变革，树立“以人为本”理念，运用弹性机制，实现从传统的制度约束向人本服务的转变。

当然，学校制定和执行教师管理制度的实践中，也有不少经验，比如要遵循公开、民主的程序，在学校内公开征求意见、充分讨论，重大问题要采取听证方式听取意见，并以适当方式反馈意见采纳情况，保证师生的意见得到充分表达、合理诉求和合法利益得到充分体现；学校管理是一门艺术，既要遵章依规严格要求，又要刚柔相济以情动人，达到制度管理和人文管理的动态平衡。

从参与“以评促建”项目开始，我养成了用这套评价表来指导学校工作的意识，在学校教师管理制度建设上进行了一系列探索，教师管理制度不断靠近“规范、完善”的要求，学校管理也逐渐接近“规制”的标准。

围绕“规制”这个关键词，如何建设和完善教师管理制度呢？我有以下一些思考。

一、教师管理制度，为何而建

1. 明确底线

学校教育工作有质量要求，需要明确相应底线，比如，老师要贯彻落实党的教育方针，准时进课堂，课堂时间不能脱岗，讲课要有教案，要规范批改作业，不能体罚和变相体罚学生。这些要求，不是所有老师任何时候都能自觉做到，这就需要管理者组织制定相应的制度，强制性要求每一位教师做到，这是教育教学工作的底线。

2. 促进发展

保底的制度，是为了学校的安全，确保不出事。学校要发展，不能只有保底的制度，也要有冲顶的制度，即促进师生发展的制度，让“好人得好报”。比如教师评优、晋级、绩效考核制度，鼓励先进、奖励优秀，让好的教师得到实惠，获得荣誉等精神激励，得到更好的学习、展示的机会，让后进者找到学习的榜样，让集体形成共同进步的氛围。

二、教师管理制度，如何规范

1. 有章可循

学校的制度，既然有强制性，就不是儿戏，应该做到“有章可循”。这里的“章”，是教育的规律、儿童身心发展特点、区域教育发展规划、学校历史和传统……学校制度不是某一位校长或某一个群体的好恶表现，也不是随手抄来、随口而出的条文。没有依据的制度，就站不住脚，随时可能被推翻。这就要求学校在制定制度时，要以国家法律法规为依据，尊重教育规律和人的发展需求，既要重视教师的工作义务，又要尊重教师的生活和发展权力，不能要求教师无止境地奉献。

2. 行文规范

在评价学校的实际过程中，我们发现很多学校的制度都比较规范，无论是分类、格式、校对、打印等。但发现也存在一些问题，如出现错别字，存在与本学校明显不匹配的信息，还有的过于烦冗，文字有歧义，没有注明使其合法化的会议名称、时间和参加人等信息，没有正式发文，或没有装订成册。

三、教师管理制度，如何完善

1. 应有尽有

教育最重要的资源是教师，学校方方面面的工作，都需要教师来完成。与教师相关的工作，如队伍建设、德育工作、教学管理、学生成长、家校联系、文化建设、社区联系、教研科研等，都应该制定相应的制度，落实岗位责任，明确工作要求、内容、流程。如学校有相应工作，却没有相匹配的制度，则存在管理的空白，可能造成教师的行为失范和学校的管理失职。我校制定了《学校章程》，在《学校章程》下，制定了涉及德育、教学、后勤、教师发展、岗位聘用、绩效考核等方面的管理制度，力求做到“规范”“完善”。

2. 与时俱进

社会在发展，时代在进步，教育领域随时在发生新的变化，这就要求学校管理者要善于发现、分析和解决新问题，在摸清楚新情况之后，根据实际工作需要，尽快建立和完善配套制度，动态管理和完善学校教师管理制度。如根据新冠疫情防控工作要求制定“两案九制”，根据新时代关于思想政治、手机管理、作业布置等新的工作要求，制定相应的教师和课堂管理制度。

四、教师管理制度，谁是主人

1. 教师为本

学校的制度不应是“校长单方发布，老师照单执行”即可。在传统的教师管理模式中，制度是用来约束教师行为的，教师往往只是管理制度的被动接受者。现代学校制度下，教师是学校的主人，是学校制度的参与者、建设者和拥护者。制度制定不应是少数人的事情，而是大家的事。大家的事情，集体说了算，教师只有亲身参与、讨论制度的制定活动，才能了解该项制度的目的、要求，也才能认可，认可之后才会去遵守和维护。友谊小学利用教师大会、职代会、年级组长会等多种形式，让教师充分参与到学校教师管理制度的讨论及决策中来。学校按照学科教师比例成立职代会，由老师推选出职工代表，按期提交议案，学校收到这些议案后，根据内容不同，安排相应人员研究和落实，并对每一个议案做出详细的回复。民主参与机制让友谊小学教师真正成为学校的主人，主体精神得到彰显。同时，在教师管理制度实施和评价过程中，友谊小学建立了民主监督机制，对教师管理制度实施情况进行监督，对不合理的制度，教师有权提出修订或变更意见。以教师为本的制度建设理念，让友谊小学教师的民主参与和监督权力得到充分保障，使教师成为学校管理的主体，推动各项工作向前发展。

2. 多轮互动

一套好的制度，需要自上而下地发动、自下而上地讨论、上下多轮地互动，方可达到全面、完善的要求。高手在民间，学校管理者要树立以人民为中心的理念，倾听来自一线教师、学生和家长的意见，不断改进学校工作，并根据实际情况调整和完善学校管理制度，不断提高办学质量，办好人民满意的教育。

五、教师管理制度，如何实施

1. 制度管理

制度管理是成本最低的管理，能确保工作按照一定规范和标准进行。按照教师管理制度实施学校的管理，可以避免暗箱操作和“好人主义”，减少内耗，减少沟通成本。管理者应做制度管理的“老实人”，原原本本按制度办事、管人，制度管理是学校组织有序、顺利运行的良策。

2. 人文关怀

当然，制度不是钢板一块，并非完全不可变通。制度管理不能完全回避特殊情况，制度管理与人文关怀也不矛盾。友谊小学树立了“学生第一”的理念，在《学校章程》“教师的权利和义务”章节中，也明确提出学校对教师的管理秉承对人负责、对人关怀的基本原则。如果制度妨碍了师生的安全，不利于学生的全面健康发展，管理者不应固守冷冰冰的制度不放，而应强化人文关怀，始终关注学校场域中“人”这个最重要和最珍贵的要素。

综上所述，对教师实行制度管理是学校管理的重要内容，是学校管理的底线。学校教师相关的管理制度应规范、完善、科学、具体，制度的设计和制定应充分发挥民主，广泛征求教师的意见，制度发布后应扩大其知晓度，制度的执行应兼顾强制性和人文性，牢记学校管理“规制”这个要求，不断促进学生的成长、教师的进步和学校的发展。

成都市友谊小学校　费田春

从教学基本技能探寻青年教师成长路径

导言 对照“以评促建”方案进行学校自我研究分析后，重点在“建”上抓住几个方面的工作，围绕青年教师的成长进行。学校特别重视课堂教学对教师成长的价值，收获了一定成效。这个方向应该是经常的工作、中心工作，要持之以恒，常抓不懈。

2014 年 3 月，成都市金牛区启动“卓越学校创建”活动，笔者所在的学校有幸成为试点学校之一，在一年半的“以评促建”工作中，一所新建学校开始成长。

这是一所新建小区配套学校，新教师占学校教师群体的 70%左右，全校 46 名教师平均年龄不到 30 岁，大部分教师是“80 后”与“90 后”。不少年轻教师想教学生，却看不到问题，也不知道从何开始。四川省陶研会常务副会长姚文忠教授领衔的专家团队来到了学校，从课堂观察、学生活动、多方谈话、学校管理日常档案翻阅等方面综合评估学校，明了我们这个年轻的团队的优势——“对一所学校而言，年轻意味着新的开始，年轻意味着未来的无限种可能，年轻意味着学习和借鉴，年轻也意味着热情和奋斗。”同时也指出了下面的问题。

（1）教师不会教书。学校的老师 100%都是本科及以上学历，在大学里没有专门针对小学进行教材教法研习。他们工作后，对薄薄的一页教材，也许就是认识数字“1 至 5”，也许就是电脑的开关机，也许就是一首不到 20 个字的儿歌，教师居然要用 40 分钟教。教师不知道 40 分钟的课堂应该教什么，更谈不上怎么教，一节课上完后，还是有 70%学生没什么变化。

（2）教师基本功欠佳。目前新教师大都是应届毕业生，他们在大学里学习的理论知识比较系统、扎实，但是大学课程里却不曾对他们进行针对小学教育所必备的一些基本功的培训，例如粉笔字、课堂组织教学的方法、六至十一岁儿童的游戏。我们会在新教师中看到这样的现象：板书潦草、书写笔顺错误、教态不够自然大方、语言过于成人化……而这些问题却是小学课堂上的大忌。

（3）心有余而力不足。有的时候我们可以看到作为新教师，他们非常认真、辛勤地管理学生，但效果却不尽如人意。这是什么原因呢？我们通过观察分析，认为并不是老师们不尽心，不努力，而是作为新教师由于经验尚浅，积累不够，往往看不到问题所在。例如，在一年级课堂上，老师又是严厉批评，又是发小红花，可是学生在下面仍旧不听讲，一会儿摸摸抽屉里的学具，一会儿玩玩尺子，一节课下来老师嗓子哑了，课堂纪律奇差，教学任务还完不成。

在接下来的一年半时间里，专家组将评与建结合起来，全方位悉心指导，帮助我们修改学校的教师培训目标和方法，指导我们探索出比较切实有效的“接地气”的提高教师专业能力的路径。

一、理论基础及依据

教师职业的专业性问题是在 17 世纪末 18 世纪初随着师范教育的出现和教育教学理论的发展而被人们认识和重视，但正式提出使教师职业向专业化发展，是在 1966 年由联合国教科文组织与国际劳工组织颁布的《关于教师地位的建议》（以下简称《建议》）。《建议》提出：“应当把教师职业视为专门的职业，这种职业要求教师经过严格的、持续的学习，获得并保持专门的知识和特别的技术。”1980 年以后教师专业化已成为国际性趋势，人们高度重视教师专业化问题，1980 年的《世界教育年鉴》即以“教师专业发展”为主题。

我国台湾地区学者罗清水认为：“教师专业发展乃是教师为提升专业水

准与专业表现而经自我抉择所进行的各项活动与学习的历程，以其促进专业成长，改进教学效果，提高学习效能。”

从以上的论述中可以看出，“教师专业发展”是教师的专业成长过程中，通过各种形式，促进教师在各个阶段成长发展的手段或是方法。这个过程是多侧面、多等级层次的发展过程。

二、学校教师专业发展的近期目标

（1）通过归纳，梳理出学校的课堂常规要求，并让每位教师知晓并践行。

（2）通过培训、交流，促进教师能够有阅读教材、教参和课程标准等文本的意识与习惯。

（3）通过请进来、走出去的形式，形成学校教材解读的基本形式，提高教师解读教材的能力，避免“溜”教材，学会“犁”教材。

（4）初步具备基本的科研能力

三、教师专业化研究内容

（1）对学校课堂常规的梳理和践行。

（2）对教材的解读方法的研究。

四、参与人员

全校教师。

五、教师专业发展取得的成果

我们从培训教师“教学入格”抓起，梳理学校常规要求，组织老师学习，集中进行教材解读，分学科研讨。让青年教师真正懂得教书育人应该立足常规，读懂教材，为教师的教育起步打下了基础。

（一）转变认识，看见常规的力量

1. 常规是生命优秀成长的土壤

在观察中我们发现，许多老师在教学质量上出现的问题，其实是教学常规方面的问题。比如学生考试的作文得分不高，在很大程度上归咎于学生书写差，而良好的书写习惯应该是从小学开始培养的；学生阅读得分不高，是因为没有良好的“读材料”的习惯，而“仔细阅读、认真答题”的习惯也应该是从小学开始培养的。小学教育六年，即为孩子一生的发展奠定了根基，而根基的奠定必须依托“教学常规”。作为老师，大家都有一个共识：课堂上要学生学得会、学得好，收到良好的学习效果，必须要有良好的课堂常规作为保障。

2. 严格的常规是课堂纪律的有效保障

良好的学习习惯会让学生受益终身，在课堂常规的践行中，当越来越多的孩子都能平心静气地学习时，良好的学习氛围让学习的正能量从内散发，从而影响和带动更多的孩子少一些浮躁，多一点思考。从充分的课前准备中，从课堂上孩子完整而响亮的发言中，从“语数书的笔记展览”活动学生的作业作品展示中，从期末测试工整的卷面中，在这点点滴滴的成长瞬间中，我们看到了植根于常规中的课堂给学生带来的可喜变化，切身理解常规的育人价值，感受“常规是生命优秀成长的土壤”内在含义。

3. 完善的教学常规能促进教师不断学习、反思与提高

细化的教学常规的考核与评定，关注每一位教师在教学工作中的教案设

计、学科练习的落实情况，关注数学课堂练习时间的管理，关注教师基本功培训等。这一切让教师教学常规从粗放走向规范。

（二）质量从落实日益明晰的教育教学目标中来

教学目标是教学设计的依托。没有目标的教学形如散沙，不利于学生的发展。各个学科的课程标准都是本学科的教学总目标。围绕达成总目标，各年段有阶段目标、单元教学目标、教材目标以及具体的课时目标。我们所有的教学活动都是为了达成和实现这些目标。

1. 读懂课程标准，明确学科的教学总目标

新课标中的基本理念、总体目标和学段目标都是我们研读的重点。就数学新课标而言，课程标准把小学阶段的数学内容分为：数与代数、图形与几何、统计与概率、综合与实践。学习新课标的同时，教师还需对照本册教材，了解各单元内容属于哪个范畴、课程标准对这些内容的教学有怎样的要求、要达到怎样的目标、要掌握哪些知识与技能、获得哪些教学思想、培养学生的哪些能力等。

对学校的体育老师而言，体育课标的学习更是规范了老师们的教学设计。曾经较长一段时间，体育这个学科没有教材，对于刚从大学毕业的老师而言，连一个参照物都没有，上课的内容就容易随心所欲。在认真研读课标后，根据课标上对各年段的具体要求，老师们制定了各项运动技能的教学序列，以低段“投掷”为例，如下表所示。

低段“投掷”教学序列

年级	教学内容	教学目标	授课时数	考核（标准）
一年级	1. 抛、掷轻物体（纸飞机、飞镖、三毛球、沙袋、沙包、小皮球） 2. 地滚球掷准	1. 通过抛掷轻物体，能让学生体验到身体各部位的不同感觉，以及投掷的基本技术。 2. 掌握肩下滚掷的正确方法。	3 课时 2 课时	1. 技评 （1）能做出投的动作，且投得远 （2）基本能做出投的动作 （3）能投 （4）不能投

续表

年级	教学内容	教学目标	授课时数	考核（标准）
二年级	1. 持轻物（沙包、海绵球）投准 2. 持轻物（沙包、海绵球）掷远（正面、侧面） 3. 双手从体前向前抛实心球 4. 对两至三米高的目标投准	1. 初步学会肩上屈肘，背后过肩的投掷方法 2. 能做出正确的掷远动作。 3. 能做出自下而上的感受。 4. 投得准了，掷得远了。	3 课时 3 课时 3 课时 3 课时	1. 技评 （1）能做出投的动作，且投得远 （2）基本能做出投的动作 （3）能投 （4）不能投

2. 读懂教材，突破难点

以科学为例：科学是一门以实验为基础的学科，每学期教材中都有比较难操作的实验。通过对教材的解读，科学老师集中力量攻克比较难的实验，并且在仔细分析原来实验背后所承载的教学目标和单元作用的前提，以及在熟读了课标的前提下，科学组老师们对教材上的部分实验进行了合理的改进，保证了教学活动的高效开展，为老师节约了时间，为课堂增加了活力。

教科版《科学》5 年级上册《运动和力》单元第 3 课，“像火箭那样驱动小车”的实验在实施过程中存在诸多问题：其一，实验前期准备烦琐，耗时较长；其二，反冲力大小受限制；其三，实验场地受到限制；其四，实验效果不好；其五，科学概念理解抽象，喷出的气体无色无味，学生如何理解气体喷出方向和小车运动的方向相反？

基于原实验存在的问题，在保证实现教学目标的前提下，科学组的老师设计了下面的实验让学生体验、认识“反冲力”。

实验器材：鱼线 10 米、圆气球 1 个、直线吸管 1 根、彩带 1 条、双面胶 1 卷、打气筒 1 个、剪刀 1 把。

与原实验比较：更简单，更生活化。

实验材料学生可自备。

科学组在充分分析教材、解读教材、预设教师课前准备、预设教室的教学条件的基础上，对实验进行了系统的讨论和有效的改进，最后将一个实验现象明显、形象、有趣地展示了出来，有效落实了教学目标。反冲运动轨迹可控、多维、不受空间、场地限制；实验推广性好，可重复，准备简易，教师工作量小。

3. 细化目标，让教学做到心中有数

我们在教材解读的活动中，发现教师们的教学目标观发生了变化。以往，教师们的教案中虽然都有“教学目标”一项，但是教学目标中，前无单元目标，后无课时目标，制定的目标缺乏系统性、连续性；二是目标空挂，教学过程中很难感受到目标在一步步落实。也就是说，一些教师的目标仅仅是书上的目标，而不是教师心中的目标。而今，教师的教学目标是对教学内容的盘点，有分类、有途径，发生了很大的变化。教学效果基本得到了保障。

例如：三年级上册《圆圆的沙粒》一课老师们梳理的教学目标

第一课时教学目标：

读通：

①通过课文学习，学生会认 6 个生字，会写“颗、珍”等 8 个生字，积累“颗、纷、被、站”的形近字，学习多音字“缝”。

②正确朗读词语和短语：一颗、珍珠、哈哈、异想天开、坦然、钻进、蚌壳、议论纷纷、简直、牢狱、动摇、一条缝、逝去了、风和日丽、猛然、美丽的阳光、奇妙的海景、滚滚的涛声。

③读通重点的易错句子。

A. 可是，圆圆的沙粒已经下定了决心，坦然地钻进蚌壳里。

B. 如果它动摇了，爬出来是很方便的，因为蚌壳开着一条缝。

C. 对此，沙粒们议论纷纷：“啊呀，从今以后，它再也看不见美丽的阳光、奇妙的海景，听不到滚滚的涛声了！……”“它简直是把自己关进了牢狱，太可怕了！……”

D. 一个风和日丽的春天，采珍珠的姑娘在大海的波涛中打开一只蚌壳，顿时，珠光闪闪。

E. 时光伴着海波逝去了，各式各样的议论被海潮冲走了，圆圆的沙粒也被它的同伴们遗忘了。

读懂：

①学习一至五自然段，知道一颗圆圆的沙粒想要成为珍珠，横线勾画沙粒的话、动作，以及圈出短语“变成一颗珍珠”“成为有用之才”“下定了决心”“钻进蚌壳里”；同时知道沙粒的同伴的反应，用波浪线勾画，圈出词语“异想天开”“不理解”“嘲笑”“议论纷纷”。老师向学生渗透用查词典的方法理解“异想天开”，向学生渗透用联系上下文的方式来理解词语“议论纷纷”。

②学习六至九自然段，通过读通该部分的三个句子，圈出重点词语“时光”“逝去了”“议论”“冲走了”“圆圆的沙粒”“遗忘了”，知道时间流逝了。

③学习十至十二自然段，圈出短语“珠光闪闪”“美丽的珍珠”，用横线勾画句子“是我……圆圆的沙粒”“知道圆圆的沙粒最后变成了美丽的珍珠”。

读顺：

①标出自然段。

②知道文章的结构是：第一部分（一至五自然段）写想变成珍珠。第二部分（六至九自然段）写时光流逝。第三部分（十至十二自然段）写变成美丽的珍珠。

六、落实学校教学常规，让老师在日常教学中转变自己的行为

1. 以课堂常规的践行达成教学精细与到位的要求

教学是学校的中心工作，学校的一切工作必须服从和服务于教学这一中心，体现这一中心工作，其中一个主要方面就是认真抓好课堂常规管理，有了良好的课堂常规，才能保障有效地实施教师的课堂设计，确保学生在课堂上的学习效率。

（1）梳理教学常规，形成统一标准。

学校开办以来通过不断的实践，向优秀学校学习，对于课堂上的教师行

为、学生行为都提出了越来越细的要求，为了各学科老师在教学时有一个统一、全面的标准，而不是没有计划、随性的要求，我们采用自下而上的形式，完善了学校的“教学常规”：一日常规、上课常规、备课常规、作业批改常规（含学生作业本书写要求）、备课组研讨常规、教研组研讨常规、学科竞赛活动组织常规、年段教师教学研讨课常规、教材解读常规、教师培训常规、期末（年末）教学资料完成常规等，统一了课堂上每个环节的具体要求，阐明了教育的价值，并提供了训练的方法，这些让老师和学生都明白了在课堂上自己应该做什么、怎样做。在践行中再根据学校的特点，逐年进行调整和完善。教师教学常规的实施状况直接纳入教师月工资和年绩效考核。

（2）每月常规主题化，确保质量。

教学常规对于每个班级和教师而言都不是能够一蹴而就的，它是需要通过反复的训练才能达到的。为了促进老师和学生能有计划、循序渐进地养成课堂常规习惯，我们将各项常规要求分月进行训练。每月，班级推选出常规践行优秀的学生评为学校的常规之星；班级则根据当月的践行项目在全校的展示结果，由评委评选出常规展示优秀班级。常规要逐渐“少而精”，面对种类繁多的常规项目，每月列出一个重点考核主题，对重点主题下功夫多一点，质量定会好很多，期末盘点时也会积淀许多好办法。在践行中，我们还形成了一套完整的“常规展示和评价机制”，尤其是对各项常规之星的颁奖词内涵的确定，更是将常规的践行推到了另一个高度。

（3）教育用过程说话。

在开展课题研究的这两年，我们在家长开放日活动时会对全校所有学生的作业、作品、试卷等进行展示，把学习和成长的过程如实地呈现给家长，杜绝了以往“一张成绩单报家长”的违背教育和生命成长规律的做法，得到了家长的认可和支持。

2. 扎根课堂，立足校本研修，为教学发展提质增效

校本研修是一所学校教师成长的基本路径，也是衡量一所学校办学水平高低的一把标尺。为了提升教师的教材解读能力，我们校本研修立足于以下三个方面。

（1）抓好一期一次的教材解读。

教材解读是教师提高课堂效率，提升教学水平最为关键的环节，也是教学目标达成最节约化的一个环节。教师做好了教材解读，在教学中能产生“四两拨千斤”的功效。每学期，全校教师集中两天进行教材解读。具体要求和流程做法如下：

①自读《课程标准》。在了解课程的性质、地位和四大基本理念的基础上，重点学习本年段目标，思考本学期目标。之后，完成学段及学期目标的梳理。

②自读教材。读教材的时候，可结合教学参考书，每篇课文都要读熟，并在课本上留下自己自读的痕迹（勾画、批注等），语文和英语精读文章的重点段要争取能够背诵，要求积累的古诗文也要力争背诵。之后，完成对各单元主题的细化及教学进度的制定工作。

③完成前两项解读任务后，备课组成员商议确定本期教材解读重点分析的板块。板块确定之后，每一位老师先自主思考，然后在教材解读的集中时段共同完成重点板块的梳理，并将内容制作成 PPT 文件，准备在全校交流。

④带着教材解读的收获，完成本期教学计划相应表格，备课组集体备课，做好每节课的练习设计和课后反思。

教材解读必须严格遵循解读流程，每一个流程都需认真达标，四个环节协同着力，在提升教学质量的同时，也实现教师的专业成长。几年来，我们梳理出了《小学数学单元教材分析（低段）》《小学数学单元教材分析（中段）》《小学数学单元教材分析（高段）》，整理收集了语文老师的优秀教案编制了《语文教师一课时教案集》。

（2）抓好教师辩课活动。

有了初期的教材解读还不够，在平常的教学研究中我们还需要给老师搭建深入讨论交流的平台。我们发现，单一的上研究课的形式，只是让上课的老师对所上内容进行了一定的研读，但是听课的教师没有深入研究过上课内容，只是凭自己的感觉给别人提意见，甚至还有错误的意见。这样的研究课对于绝大多数都是年轻教师的学校而言没有太多的价值。于是我们改变了研究课的形式，采用辩课的方法。每学期同一个学科老师自由组合，对同一篇课文进行研究时，就组成三至四人的“上课组”和三至四人的“辩课组”，大家研究同一篇课文，各抒己见，从不同的角度去研读教材，在这种思维的深度交锋中，老师们对教材的理解加深了，教学目标意识增强了，对教学目标的梳理也能够比较细致了。

“以评促建，创建卓越学校”试点促进了我们学校发展，把我们这样一所新学校带上了规范的道路，让我们探寻出了一条促进青年教师团队专业发展的有实效的路径 。

成都市金泉小学校　卓　彦　秦　勤　张　程

支撑篇

陶行知教育思想与现代学校管理

导言 建立现代学校制度需要充分考虑学校宗旨、教育思想、管理者、制度和实际操作。在这方面，作为中国教育改革和发展的伟大先驱，陶行知有一整套理论与实践，将其贯彻到研究和运用中有重大的指导意义。

评建是现代学校的基本作业。其学理或者称为创新，或者如陶行知所谓的试验主义。它为办学提供经验智慧，及时纠正可能出现的偏差，在评建里，双方都能够产生基于实践的提升，为办学及其学术作出贡献。

一、一个需要斟酌的命题

国外在研究学校管理的现代化中，学者之间视角与内容差异很大，如体制、股权和回报等，但是“多与内部管理制度有关”。笔者也这样处理问题。

在教育界，包括教育行政部门中流行着一句话：“有一个好校长，就有一所好学校。”这属于“英雄校长论”的经验之谈，其实这只谈到学校管理的一个方面，并不完备，因为，这句话的意义是校长靠自己的才能和人格来管理就够了！显然，不能只是这样，在校长之外还应该有其他方面，他肯定还需要借助其他的力量和条件。历史经验告诉我们，个人的权力需要制衡，否则权力就会异化，成为危险。因此，学校依靠个人管理，不如依靠制度和集体进行的管理。事实上，校长必须依靠制度才能办事，才能办好事，才能比较有效率地办事，才能在办事中减少或者规避矛盾。而且学校制度还需要体系化，不能只有校长责任制和问责制两种制度而没有其他制度配合。就校长的意义而言，陶行知的意见更加富于理性。他说：“校长是一个学校的灵魂，要想评论一个学校，先要评论他的校长……他是教员的领袖，学生的领袖。”仅就评论而言，盯住校长确实是一种事半功倍的方法，而就学校组织的整体效益而言，还必须依靠制度，有一个好制度，校长会如虎添翼；没有适宜的制度去进行管理，许多难以预测的事情都可能发生。这样，在讨论学校管理时就需要先讨论制度，讨论基于制度的管理。因此，就管理而言，我们需要建立一种完善的体制，包括制度和运作等。

关于现代学校管理制度，通过观察和分析有关研究进程和结果，我们认为，陶行知教育思想对于解决这个问题会给予积极帮助。

二、陶行知的学校观

现代学校管理实质上就是学校管理的现代化，既应该继承，又要有所创新，这是教育现代化的需要，而教育现代化是社会现代化的反映和要求。许多人以国外的例子来启发中国的学校制度改革，从经济、社会和技术的发展分析对于学校制度的影响。陶行知则是美国归来的“都市学务监督”，生活在半殖民地半封建社会，他的经验、学识，应该兼有较宽的适应性。陶行知对于现代化有一贯的主张，他认为：“做一个现代人必须取得现代的知识，学会现代的技能，感觉现代的问题，并以现代的方法去发挥我们的力量。”当前教育所面临的问题包括质量、均衡和公益性等问题，都要求学校进行相应的改进，涉及思想观念和对于办学宗旨的理解等。

学校管理是基于办学思想和学校观之上的具体行为，事实上，学校的管理必须符合办学的宗旨和具体要求，管理的改进应该有明确思想指导和内容上的改进。陶行知的学校观尤其鲜明，在《南京安徽公学办学旨趣》和《我之学校观》中有其基本表述，如以生活为中心、师生共同生活、校园的艺术性、高尚的生活精神、民主作风以及家长愿意把自己的子女送来读书的学校就是好学校等。将陶行知的这类主张与当前关于学校现代化的议论相对照，能够使我们进一步理解学校制度，为建立学校管理提供指导，比如理想、民主、开放和现代化等。陶行知在育才学校的实践中，在管理层面上，进一步做了许多工作，形成了一系列规范和规定。

“科教兴国”，教育是基础，教育必须适度超前。按照陶行知当时的想法就是培养一百万教师，办一百万所学校，改造一百万个乡村。现在来定义教育，当然会包括学校，突出了教育的先导性功能。但是，必须具体阐明，教育具备了怎样的本领才能起到先导作用？对此，陶行知提到过学校是实验室的概念，即“全校就是修身伦理的实验室”。学校是“实验室”的说法与“生活即教育”的论题并不矛盾，后者主要指教育资源和环境，前者指教育和学校的影响作用和可控性。有一种主张是让学校走向市场，成为产业，这样一来，教育只能变成商品的附庸和奴婢；教育与经济零距离接触，容易从俗和媚俗，继而丧失自己的敏锐、觉悟和先导性，就不可能特立独行地以先进的思想影响社会。所谓特立独行就是一种先知先觉和可控，学校要内发出先进的精神、文化和队伍、创新的思想和知识才能担当自己的责任。内发是一种责任和创造，是一种基于前瞻的思想和理念所承担的义务。我们应该执有这种学校观。

教育的问题与大世界和大自然有密切关系，所以要“三个面向”。当代世界是一个发展和保守共存的矛盾体，虽然，和平与发展成为当代的主题，但是，现实的矛盾却非常复杂甚至尖锐。第一，在经济方面，富裕与贫困共存，发展与落后共存，全球化与富国保护主义共存。第二，在政治方面，和平共处与霸权主义共存，生存权、发展权与片面民主、片面人权共存。第三，在军事方面，地区稳定与冷战共存，非传统战争蔓延。第四，在社会方面，圈钱主义、趋利行为与公益德行共存，环境保护与环境污染共存，先进文化与低俗文化共存。

中国以其经济发展成为世界的亮点，表现在政治稳定、经济繁荣、人民自信、社会进步。建设“和谐社会”“和谐世界”的理念发展出深远影响，在政治上为我国的和平发展争取了极为有利的条件。但是，我们也不能不看到经济与社会的不均衡状况有所加剧，拜金主义、享乐主义、极端个人主义仍在泛滥，没有文化的文化大有流行之势，许多落后和腐朽的东西正在危害社会的基础。其原因与教育现状有着深刻关系，社会领导者和办教育的人必须要自省，要负起先行者的责任。“以人为本”的和谐社会必须靠教育来建设，教育是建立和谐社会的主要力量之一，但是，这种教育必须是先进的教育、有效的教育，“国家兴衰，视乎教育”，教育必须正确地改革，才能担当起“自觉觉人”的先导重任。

学校管理的现代化，是现代问题对于教育的要求，是学校改革的追求。以现代化要求教育，我们不能不深入理解教育的本质，理解从事教育的人们的观念活动；同时，我们须认识到“教育的根本意义在生活之改造”，教育应该以其先导性、基础性和全局性的功能影响生活，代表着前瞻和发展趋势，领导文化的发展；正确地面对各种矛盾，使学校生活“教学做合一”；调动学生的积极性，让他们“自立立人”，“造富、均富、用富、知富”，学会生存、生活、学习、共处、创造。这是陶行知教育思想，也是素质教育任务，当代先进教育思想都这样主张。学校管理现代化的目的是要保证教育的先导性；反之，把教育异化为单纯的升学工具，异化为市场经济的附属品，都是假现代化。为此，需要建设一种先进的、坚定的、清醒的、高效的学校管理，只有这种领导管理才能保证教育特立独行于一般和落后，引导社会生活“与时俱进”。

三、现代学校管理的基本意义

陶行知对于学校的功能执有明确的见解：“教育者，乃为教养学生而设，全以学生为中心，故开办学校、聘请教师无一非为学生也。若无学生，焉有学校？既无学校，焉有教师？”学校以教养学生为目的而成立和工作，就需要有服务的态度和方法。同时，“现代国家的教育，要本着民治的精神、科学的态度，去建设他的制度”。按陶行知的教育思想，我们以为，现代学校应该实行“服务—制度—规范”型的管理（简称“服务型管理”）。宗旨是服务，依据是制度，运行要规范。学校是为人的发展和完善而存在的，须始终服务于师生，“以发展师生为本”。共识与常规是民主和效率的前提，所以必须建立制度。社会不能随心所欲，程序是文化的表征，因此，行为应该规范，步调一致才能获得胜利。规范性与任意性相对立，这是关于已经被普遍认同的“常规立校”经验的反映。

按照陶行知的意见，服务型管理的内涵应该具备四个要素：服务与发展性的精神、高端和启发性的指导、先进和多元性的文化、专业化队伍。第一，“教人创造富的社会，不创造富的个人”。所谓服务与发展性的精神包括公益精神、博爱精神、乐群精神和百折不挠。第二，“教育者也要创造自己崇拜之创造理论和创造技术”。高端和启发性的指导是保持先导和进行创新的需要。国际教育局主张对教师进行组织参观和交流，组织经常培训，其意义就在于使他们享有这种指导。第三，“教育能造文化，则能造人；能造人，则能造国家”。所谓先进和多元性的文化，是指学校必须创设富有教育价值和陶冶功能的精神文化、行为文化、制度文化和物质文化。这类文化必然包含着正确的取向，具有完美合理的程序和丰厚的积淀，善于变革。第四，陶行知“以教育为专门职业”，他努力创办师范学校以培养教师队伍。所谓专业化队伍的专业性质包括陶行知关于“新教员”的信仰心、责任心等五种特质以及专门的知识技能等。以上四种要素构成了现代学校的内核和支柱，是保证学校具备先导性的基础，是有别于眼前水平的前提。

从关于现代学校管理的实践方面来看，服务型管理最需要形成基本的规范与制度应该有：第一是“以人为本”的组织制度，包括人事架构、队伍选聘、福利待遇，强调关注成员的需要和潜能，发挥他们的主动积极性。第二是以开放性为特征的服务与生存制度，包括事业、学问与人力资源的发展。学校必须从大处着眼，坚持服务立校，努力吸引外部的信息和资源。第三，以教育文化的精深高效为特征的学习制度，包括进修培训、养成师德风范和培植高效教育能力。强调多层次、多方位的持续学习与消化吸收，在教育教学的目标、内容、方法、角色和组织形式方面提高效能。第四，以内发性为特征的创造制度，包括培植有先导功能的学校精神和影响力，发表研究成果，创新工作局面。一些研究现代学校管理的学者认为另外有三种制度最能代表现代性。第五，全面目标计划管理制度，包括编制学校的规划计划、制定职务和岗位责权利等，要求为全员制定工作和业绩目标。第六，质量管理制度，包括对事和对物的管理，引进 ISO 的质量体系，推行社会化管理。第七，全员业绩考核制度，满足校准、评价和激励的需要，以管理促进效益。必须指出的是，人心的归属和训练是最重要的管理，就人的自主性和积极性而言，学校的管理应该具有弹性，要拥有自治空间。质量管理肯定需要有量化的成分，但是，学校生活中许多东西很难量化，比如情感、艺术和权变，因此，把学校管理的现代化寄托在量的评估上不会有多大的出路。应该做的是培养人心，规范程序，养成技能。从人的认同、主动、积极、责任、目标和行为上去建立的管理，才能是创造的管理，以自觉为基础的管理，才能够不断自我完善。

服务型管理应该拥有一定的鉴别标准，参照陶行知亲自兴办的晓庄师范的行为方式和现代管理理念，服务型管理应当突出师生“自立与互助”“平等与责任”“自由与纪律”等人文性、民主性和效能，培植公平性、透明性、参与性、高效性、学术性、协商性和回应性七个特征。学校对于所有服务客体和服务主体，行事都需要平等，一视同仁；行为和过程要为大家知晓，机密越少越好；要动员和吸引相关人士，听取他们的意见和建议，广纳建言，共商事务；学校工作应该具备理论色彩，不能琐碎繁杂；对于大家的意见和建议，必须给予回答，甚至是及时回答；办事不拖沓，雷厉风行。服务行为具有紧张和从容感，就能够保持锐气和高昂状态，这是一种欣欣向荣的状态。这七个特征也同时要求学校管理必须规范行为。

最近，美国推出鲍德里奇国家质量计划，叫“教育类卓越效绩准则”。这个准则中强调了人的作用、创造性和学习，有许多东西可以印证和发挥上述关于管理的论述，用语不同，内容近似。他们强调了 11 个影响学校性质的价值取向：第一，前瞻性领导。这指善于设定方向，创建一个聚焦学生的学习导向的氛围，建立明确而实在的价值观，提出高的期望。第二，教育要以学习为中心，要开发学生潜能，增加探索各种成功之路的机会。第三，要以行之有效的方法来实施组织的和个人的学习。第四，重视教职工和合作伙伴的需求，要提升教职工及合作伙伴的多样化背景、知识、技能、创造力和动机。第五，领导要有敏捷性，即对于学生和利益相关者的需要有更快更灵活的响应能力。第六，要注重未来，要有坚定的提升导向，具有能够做出长远承诺的意愿。第七，在管理上要促进创新，即要实施有意义的转变，以改进工作并创造新的价值。第八，要基于事实进行管理，注重绩效的测量和分析。第九，学校及其领导人要有社会责任心，要重视公众责任、伦理行为，强调履行公民义务。第十，注重行为结果和创造价值，特别是在绩效测量中要注意关键的结果。第十一，要具备系统的视野。这是指：综合，即把学校作为一个整体；校准，就是确保方向和计划的有效运行；整合，在于增进各部门和环节之间的充分协同。这个准则的目标是追求提升和发展，重视人的感受和公共关系，着重学习和创造，看重科学和效益，与陶行知的学校观有一致性。

四、关于现代学校校长的素质能力

既然校长是学校管理的首要因素，又是评论学校的首选对象，关于学校管理是必须论及校长的，我们就需要为评论和选任校长厘定一个参照。近年来，加拿大阿尔伯格大学的发展势头非常强劲，非常成功。其校长罗德里格·德·弗雷泽有一篇文章谈到校长的素质能力。他认为有五个要素最为重要，即经验、智慧、人性良知、了解环境、富于远见。他把大学校长看作行政管理工作的执行者、内外重要关系的协调者、战略规划的制定者和运作资金的主要筹集者。就中小学校长而论，他们不能成为“钱校长”，但是，校长完全不关心筹集经费等工作也会影响学校的发展。有人认为：校长不必是教育理论家，而应该是教育家或者学校管理家，不必强迫他们著述什么，而应注意他们实践什么。这种见解有其合理性。

在我们看来，陶行知关于校长的三个概念应该是学校管理中的基本内容。这也是领导和管理学校的关键之所在。第一是“民主的校长”，其工作责任是培养在职教师，使其进步，通过教师使学生进步，提拔为老百姓服务的人，把校门向社会打开。第二是“标准校长”，这一说法指示了三层资格：农夫的身手，教师的头脑，社会改造家的精神。陶行知所指的校长在农村，特别要求农夫的身手，在城市可以据此类推。第三是“整个的校长”，要专一于一所学校，不能兼职。陶行知反对命令式校长。陶行知推行的是职业校长或专业校长，是学校现代化的一种重要指向。

根据现在的概念，对于现代学校校长的素质能力也有着多方面的要求，比如以下几个方面。

在思想政治方面：第一，要有科学而先进的办学思想。教育居“形上、形下之间”，办学思想的确立和贯彻对学校起着灵魂和统帅作用。校长的作用是以正确的办学思想武装队伍，共同实施教育和课程，并充分发展学生。办学思想由国家的教育方针、先进的教育理论、社区的意愿和学校的理解构成。在具体化时要从实际出发，考虑实行的愿望和可能性，特别包括教职工队伍的可能性和积极性。教育要适宜于国情和教情，要依据教育法律方针政策、素质教育思想、均衡教育观念、课程理论等。第二，要有坚定和鲜明的政治素质，包括正确的政治态度和倾向，在观察和处理问题时要敏锐而不动摇。比如，在利益面前就“不必靠金钱而后振作，尤不可因钱少而推诿”。第三，要有组织纪律观点和意志，以法治校、以德治校，不搞政出多门。第四，要有民主作风。现代学校制度的重要特征之一是民主管理，应该使学校“成为民主的温床，培养出人才幼苗”。陶行知建议“校务会议为校内最重要的会议”，要让教职工“充分发挥宏论”，这个建议很有意思。一味希望开短会的人，肯定没有机会让教师发宏论。第五，校长要富于公益精神。“教育者应当知道教育是无名无利且没有尊荣的事。教育者所得的机会，纯系服务的机会，贡献的机会……”没有公益精神，学校是很难办好的。

在专业素质方面：第一，当然要具有起码的任职资格，比如学历要求，在文化、科学、教育、艺术、体育方面应该具备一定的学力。第二，要有正确的学生观，乐意“抱着真理为小孩”，以学生为本，使他们生动活泼主动地学习，以发展的眼光看学生，为他们的终身发展奠定基础。第三，要有群众与社区观点，“学校要给人看”，要争取他们的理解和支持，善于听取他们的意见，尽力为他们提供力所能及的服务。第四，具备较强的教育教学指导能力，能够组织和实施教育教学业务、教育与课程改革业务、教育研究业务、评估考试业务，在学校形成积极的工作状态。第五，在办学方面要有决策与计划能力，“办学如治国，眼光要远，胸襟要大”，要善于“默察趋势，熟筹利弊”，善于计划。第六，要实行开放办学，“学校放在太阳光里必能生长”。第七，要有正确的人才观点，善于进行人力资源管理，用人之长，帮人之短，关注教师队伍的特殊性和教师发展的需要。第八，校长特别需要具备表率作用，“其身正不令而行”，要为成员提供安全感与归属感。第九，要适时组织自我考评。陶行知说“对于学校的悬格并不要高……情愿送亲子弟入学就算好了”。现在，考评日益复杂化，学校要善于学习和研究，推行“考成”制。

在文化科学素质方面：第一，要具备实用的管理能力，会人事管理、行政管理、后勤与安全管理，参与社区活动，增进公共关系。第二，要努力建设校园文化，陶行知提出一个问题：“以校舍论，宜如何构造，才能使它合乎卫生、美术、经济、教育的原理……”这个问题已经引起许多学校工作者的思考和行动。第三，要掌握口头和书面表达能力，报告和文件最好出自自己。第四，要厉行勤俭办学，增强效益观念，“用最少的经费，办理相当的教育”。

在身体心理素质方面：第一，保持身心健康。选用年富力强，精力充沛，思维清晰、善待生活的人任学校领导。第二，要具有不断学习的愿望与能力，积极学习，善于学习，创造性学习。第三，要学会聪明休闲，会安排时间休息，休闲内容健康高尚，交友范围适当。

现代学校应该拥有崇高而圣洁的理想、理智而热情的作风、人文而科学的精神、简明而清晰的制度、规范而活力的运行、深厚而艺术的底蕴、永不言败的毅力。这一切又围绕学生和教职工的发展生生不息，围绕着国家和人民的需要。如果学校领导和管理能够达到这样的境界，那么，这所学校就高度地现代化了。

姚文忠

探索区域适用的功效性办学评价

四川省陶行知研究会评建小组

办学评价既然是行政行为，就必须讲“功效”，即既能够实际运作，还能够产生引导、推动的作用。没有这样的期待和效果，不能贸然开展和实施所谓办学评价工具的研究。成都市金牛区教育局在中国教育学会立项开展这项工作，聘请四川省陶行知研究会的专家实际参与，所确定的任务也就是如此。研究工作的名称几经改动，最后定名为“以评促建，创建卓越学校的评价试验研究”，项目组织的名称也叫“以评促建试验研究小组”，简称“评建小组”，主要从事该项目的评价工具，即“区域办学水平评价用表”（简称“评价用表”）的编制与试验使用。“评建小组”在使用评价时，间或使用“评估”，以表示量化意义不足，没有其他更多的含义。

一、对办学评价可行性的估计

关于教育和办学评价是有历史可循的。极其简略地说，中国在 2000 多年前就实施过论文式测验的评价。差不多同时期，希腊的苏格拉底等以口头测验方式进行评价。1927 年泰罗开始搞标准化测验①。1983 年布卢姆的认知、情感和技能三个领域的目标评价强势引入中国。2012 年 3 月华东师范大学出版社出版的《基础教育评价研究》，是金一鸣教授承担的已经结项的

① 〔美〕利恩著，陈玉琨译：《测量史上的主要发展阶段》，载瞿葆奎主编《教育评价》，北京：人民教育出版社，1989 年版，第 1～12 页。

成果。该项目为全国教育科学规划教育部重点课题（DFA030121）和2010年度华东师范大学“新世纪”学术著作出版基金的资助项目①。

在这种背景下，教育部有关这项工作的领导者却指出：“教育质量评价是世界性难题。相对来说，我国起步比较晚，专业力量不足，实践经验较少，但是为了孩子的全面发展健康成长，我们不能等。”② 教育质量评价是办学评价的一种，属于核心。把握了核心，其他就变得不再困难。话说回来，评价虽然非常难，但还是要去做，这是实践辩证法使然。

分析该难题，形成了一些理论认识。其所以难，一难在教育资源的运用有很强的隐蔽性。精神、情感因素及其功能内隐且难以量化，而评价是期望量化的。二难在头绪特别多，发生作用的机理复杂。太多的因素制约学生成长，想捉住精确点去评价却会陷入“越精确越不正确的窘境”，而泛泛地估评又不太能被称之为评价。三难在教育效果有滞后性。教育用力是否有效，在评价当口还呈现不出来。四难在教育责任有分散性。这与复杂性相关，教育的成绩和问题究竟谁该担责，担多大的责，讲不清楚。五难在教育也属于艺术。艺术重在神似，似与不似称为艺术。教育艺术性的似是而非，变幻莫测，随机性太强，令教师们的支出无法预制定额和节奏，他们的轻松、过劳与工作效果难有稳定的函数关系。所以，对于教育教学的效能而言，强调教师的师魂、师德、师情、师能、师艺、师健特别要紧。所谓定时、定量、定质的具备科学性、标准化的管理对于教育教学有点隔靴搔痒，其中的特殊性绝非一个评价就能够把握得住。

换句话来说，评价工具研制之难，第一是教育因素没有量纲，难以量化，没法采用较多的定量方法。“评建小组”在试用评价用表时，要借用行政积累的学生体能检测结果和学业成绩监测，反映一点量化的评价。第二采用质性方法评价，也受制于描述困难。如果描述使用的词汇偏于文学和艺术手法，可能引起歧义联想；如果不用这类概念和词语，又不能表达教师的艺

① 金一鸣主编：《基础教育评价研究》，上海：华东师范大学出版社，2012年版，第375～375页。

② 郑富芝：《评价改革：开弓没有回头箭——中小学教育质量综合评价改革关键点详解》，载《中国教育报》2014年3月4日第6版。

术才能及其使用状况。这些因素导致教育评价缺乏准确性和唯一性，制约着评价活动和结果的价值。

二、影响评价功效的主要条件

决定教育功效高低，从而决定办学功效的是办学者的精神状态。陶行知谓：“教师的服务精神，系教育的命脉。”① 这种服务精神包含着办好学校及其教育教学的强烈愿望、试验探索意愿和学习风格，这对校长、教师都一样。学校硬件不论如何惹眼，都不能决定其优秀与否，而量化只能描述有关方面。其实，教育部《中小学教育质量综合评价指标框架（试行）》中五个水平的前四个，都主要集中在学生的精神状态方面，实用起来还需要进一步细化，办学评价欲反映精神要素的研究可以在其中得到有益启发。为此，有些理念要进一步弄清晰。

第一是办学评价的意义。对于教育的评价不应该用以专指学校优劣好歹，而要着眼于改进；不在于甄别以进行表彰奖励，而要着眼发展。把握住了评价一般教育和学校的这种思路，再去评价办学，重视精神因素，方向正确，才不会出现偏斜和错误。

对于教育管理者，好像必须判断出其管辖学校的优劣，给出等级，以便奖罚，促使竞争。这种方法已经用过不短的时间了，有些地方学校的恶性竞争就与这种管理方法有关。教育评价必须关注和掌握学校教育的品质，如果只顾表面的豪华气派，其贻害肯定无疑。欲使评价始终引领建设，没有私利的为着学校建设才能避免类似的问题。校长和有教育情怀的人，对提升和发展抱着最大和最殷切的兴趣，如果参与评价能够让他们产生劲头，其动力和过程就必定能够期待。金牛区方案叫“以评促建”，用“建”的过程和结果反映精神状态和实践行为，就是这个含义。有学者称，科学利用评价结果，应当具备“以评促建”的深意。对此，“评建小组”各方很以为然。

① 《陶行知全集》第一卷，成都：四川教育出版社，1991年版，第395页。

管办评三方都以改进和建设为目标，必然有利于三方讨论协商，容易寻得一致，从而使分开的管、办、评之间形成和谐共济的局面。金牛区方案一旦提供给学校，学校人感到向前的工作和蓝图都亮了，评标变成了建标，大家情绪振奋，跃跃欲试。大邑县使用该方案，对于学校人的影响也是这样。评建小组反复酝酿，把启动实施评价工作及编制“评价用表”的目的意义锁定在促建上，就是基于这种认识。

第二，评价工具要保证被评价者的理解和接受，才能够组织动员人力自觉参与，完成任务，取得功效，这是评建小组必须考虑的要害。课改有一个理念，叫“先前经验”。学生因为储备了“先前经验”，对于相类似的知识技能的理解程度会大大提高，否则不可能达成教学目的。一些课改的优美主张和先进方法之所以没法实施，原因之一就是教师不理解，没法理解，太陌生、太遥远，形象称其为“不接地气”。陶行知教学原理的基础是主张学生所学应该能够“安根”在其经验里，很精准地诠释了先前经验的认识意义。

金牛区制定办学评价方案的首要工作环节是动员校长总结其三至五年的办学经验。参与试验工作学校的经验成为“评价用表”的直接基础。必须指出，当前，个别学校、个别校长的个别经验已经跳出个别范围，其集体属性和社会属性，乃至理论属性已然比较浓厚。这种理念是编制金牛区“评价用表”的最大特征，也是最深刻的特征和最有意义的特征，即实践性特征。

学校和校长的经验之所以值得重视和尊重，是因为这些经验产生于可靠的专业背景。参加该试验的两个区域的校长全部是师范专业的优秀毕业生，学历都是本科和硕士。其所学，既有国内经典的教育学、心理学和学校管理学，还有近年来引进的教材，据说这些外来教材意义不菲。校长们担任职务多则二十余年，少则三五年，他们的办学实践心得体会在若干次考核、督导、检查、述职和答辩里历经考验，说得上“经风雨、见世面”。校长们在进一步的“国培”、“省培”、“市培”里，知识和经验更新率不低。出国访学过的校长不在少数，了解了国外一些经验。比较汗颜的是，许多专家都没有这份外访的经历，认知面相对狭窄。在培训和会议上，校长们对待教育方针政策更加专心致志，其所得，在培训后的考试中得到见证。值得一提的是，他们对于各种评价绝不生疏，并且提出过一些意见和建议。他们所办的学校，当地社会、家长有过目测考验和心灵感受。这种感受积极而正面，甚至积淀成口碑、书碑。这些经验被上升为区域的经验后，被校长们用以参加过多次交流对话，接待过远近、中外的访学者，作为考评指标。在各种办学业绩的考评中，有关组织者把他们的个别经验与其他学校进行对比，这种对比而出来的结果肯定有参考和启迪价值。

用经验不能陷入经验主义的泥淖。解决这个问题的措施，一方面在于经验的固有价值；另一方面使用评价用表者所执的态度、原则和方法，必须要严肃、严格、严谨。

第三，编制评价用表要强调借鉴理论成果的广延性。基于理论成果和方法的试验极其重要和必要。瞿葆奎主编的《教育学丛书》中的《学校评价》、金一鸣的《基础教育评价研究》，以及不少一线学校在专家指导下开辟的办学成果评价和学生综合素养评价，参考价值不低。这些著作和成果及其研制过程在金牛区方案的编制里就成为十分广延的指导。

但是，许多论述除用以评职称外，找知音困难。原因是其难于被理解，无法在实践中得到呼应和落实。更有些故作高深者，孤芳自赏，故弄玄虚，把实践领域的需要和经验拒之门外。

办学评价时常参照本学科之外的研究。一般而言，直接使用其他领域的概念做方法和评价指标，想寻得实际评价的响应，效用难料，比如“默认的反应”“泛化心向”“协调辨别”等①。这些概念的翻译拗口，解释也非易事，把这些概念往哪里放都特别挠头。

第四，教育主管部门的理念及其对社会的承诺，必须反映在评价用表里。现在社会管理已经十分喜爱提出理念、口号去影响舆论，美化自身的形象，增强组织魅力。其中许多语词，中肯、深刻、接地气、对受众有教益。金牛区教育局关于三个第一的承诺，及于学生、教师、学校，在阐述中的承诺、措施、目标，是社会判断该区教育的责任心、办学能力和实效的依据，评价用表必定要体现其中的诉求，而且要条分缕析地反映出来，否则，所编制的方案就会贻笑大方。

---

① 金一鸣主编：《基础教育评价研究》，上海：华东师范大学出版社，2012 年版，第 13～14 页。

三、编制工作的组织和程序

试验研究工作由专家学者、教育行政人员、教研人员和校长组成。工作程序如下。

第一项工作是说明对编制方案的要求，即经过评价，学校要重建“以评促建”的发展性目标和行为的必要指导。要点在实用性、启发性，特点是不一般地移植现成的评价工具或者方案，要努力创新，特别要重视办学经验，吸引参加者，这有益于学校改进和建设。

第二项工作是学校总结三至五年的办学经验。总结文本由教育局审定，以保证事实的正确性和客观性。再由学者专家、专业记者点评，尽可能地使经验表述向专业理论靠拢，特别要注意反映学校经验的确切表述，注意其学术特征。

第三项工作是对每一所学校的经验赋予关键词（短语、主题词）表达，进行排序；归并各学校共用的关键词，形成基于实践经验的关键词表。

第四项工作是从政策和学术角度对关键词表进行必要的补充完善，对于个别用词做调整。

第五项工作是对关键词进行分类，对其具体意义进行诠释。这些类别来自学校管理、学校督导、学校诊断和行政惯例，有关诠释对应校长们在培训中使用的语汇。对每一类再赋予相关名称，并确定每一类在该次评价中的权重。

第六项是明确评价者的观察角度或者着眼点，知道从哪些方面评价各关键词所指事项及程度。

第七项是编制评价用表，简明清楚地表述评价内容和程度，对观察内容逐层再具体说明。本试验研究进入实际评价的工具就是一个套表，由一个总表和十一张分表构成，全称“区域办学水平评价用表”。

第八项是选择试验学校。这项工作的目的是检验和确认评价用表与“促建”期望的合宜度，提出修改意见。就行政而言，这一次评价就是学校办学的目标考核。教育局一般不对学校另外进行年终考核，以减轻学校负担。

第九项是修改完善评价用表。

第十项是最终形成《金牛区“以评促建，创建卓越学校的评价方案”》，即评价用表和文字说明。

总结分析各所学校的办学经验是十分重要的基本工作。一要对学校成绩、经验和问题做简要归纳。二要反映出校长领导管理学校的倾向、方法和特点，还要表现出校长的管理思路，自然地流露出其个性化思维和行事的风格。三要反映学校的价值取向，表明学校自我评价的趋向和重点。四要为今后开展创建卓越学校提供方向、要点，比如学校业绩的增长点、学校瓶颈的突破点和学校教育教学管理及其规制的创新点。

事实表明，校长们所写的材料很有个性和学养，或宏大，或精巧，或远虑，或沉思，或犹豫，其中有信心和谋划者不少，有办法且不菲者有之，有综合才能者有之，都有一定的忧患意识和危机感。校长们对学校教师都有强烈的热爱、信任和发展愿望，他们把学生放在中心位置进行思考，他们的资源意识有进一步的拓展空间，谋略意识和学养修为亦可提升发展，现代化程度需要通过营造条件使之加速更新，要创造条件推行数字化管理，等等。就学校氛围而言，其储备着相当的正能量，时常在发挥着向上向前的推动效果。所有的这些表明，对于学校经验在编制评价工具上的期待是可靠的。

四、评价用表的经验基础

评建小组所提取的关键词包括办学理念、制度规范、方法形式、思想要求、管理安排等类型。这些关键词及其说明，事实上就是以后实际开展评价时，评价者们的观察点、评价要素抑或者观察要素。关键词是评建小组使用的工具，归并整理后成为观察要素。各个参加试验研究的学校所呈现出的观察要素在基本方面比较一致或相同，其特色处值得提出来了解。不能发掘学校的办学特色，相当于没有进学校考察研究。学校特色大多是在办学过程中，热爱事业的教育者，因其思想的倾向性和人格情趣，通过不断坚守而逐渐形成的。教育的基本事实就这样客观存在，是学校的精气神所在，抹杀不掉。一些学者反对中小学办出特色，这是他们多虑了。学校由于有关文化条件必然会形成独特性，有高低文野之分，专门去搞特色设计，常常会与未来学的预测一样，失之毫厘谬以千里。表述办学经验的关键词及其内容举例如下。

学校已经采用的办学理念，体现出中国特色的办学思想及文化，提供了对于各种学校及管理的相似相近的解释，从而形成了评价用表里的主张和意愿，也即观察要素。观察要素反映评价内容，其权重反映程度，二者要结合着使用。各个学校对于不同要素的权重有自己的看法，这是学校在执行、改进、评估等方面工作上的个性化思路。各要素的权重只是一个参考值，学校在制定办学规划和计划时宜先期确定，以反映提振学校的思路和措施，可供评估、目标考核和督导为依据。

比如，关于办学的思想理念，国内外说法不同，有些国家不在学校层面讨论这类话题，只主张暗含在学校工作中，但是，金牛区学校都对此用了关键词作肯定性描述。金牛实验中学的“树德立人”，强调教育的思想性、宗旨和重心，具有一定的体系架构。人北中学挖掘办学历史中的激励成分，转化为现在师生的精神支柱。十八中的初中学校，则重视全面育人方针，强调将其贯穿在学校工作中，以形成凝聚教职工的理性力量。人北小学以快乐和幸福为办学宗旨，提领着教育教学工作，显示出养成教育的品质。

新桥小学、迎宾路小学和锦西中学的经验具有思前想后的连贯性，具备着一定的前瞻力。其特征是问题感、忧患意识、责任心强烈。这三份材料把校长思想的另一种资质呈现了出来，形成观察学校的一种视角，对于观察、培育、提升学校愿景和办事紧迫感很有价值。在设计评价用表时，这个特征得到彰显。

管理方面的关键词出现频率比较高。驷马桥小学在管理思维方法方面，规制性、结构性明显，给评价者一种洗练的感觉。

关于学生的关键词也有着非常重要的位置。兴盛小学和迎宾路小学在关注学生的学习风格和个性上，表现出教育的现代性思维景象。所谓教育的现代化，关键是能不能促进学生更加有效的发展，不负学生的成长日月。与此相关，其他的教育类别也突出了出来，这两个学校利用艺术教育和科技教育，在满足全体学生的创新品质发展时，使学生的特殊倾向受到关照，让评价用表的现代部分获得了一个亮点。同样的，人北小学把悦读作为学校的重要活动，也起着相同的效果。

课程、课堂和教学管理是一个经常性关注重点，其有关关键词的使用显著。白果林小学侧重研究语文教学，这是特色办学在教学方面的体现。人北中学以“适学”为研究核心，建立成长课堂，以导标倒逼教学效果，既有思想高度，也有方法意识。所有学校几乎都致力于构建教学常规管理规制，加强教研组的领导和建设，重视班主任在保证教学方面的重要作用；动员家长营造学习环境甚至氛围，为评价用表在评价教学管理方面增添了具体性、实用性和针对性。各个学校在课堂教学领导、管理和开发等方面套路丰富，但是，怎样抓住和增强实效？评价用表试图有所解读。基于这种考虑，关于教学的常规管理成为评价用表的补充评价部分。

评价用表的价值取向并不回避升学教育的问题，但是，思路不在这个单一方向上。评建小组主张整合性教育效益，引用学业检测的数据用于补充评价用表，使评价用表多些“评价”，少些“评估”。

教育教学队伍建设及相关问题，是学校提供材料分量最重的方面，也显现出学校在队伍建设上，在撬动力和提升力上可以进一步下功夫。泉水小学在培训教师和学校社团管理方面，研拟出一套行之有效的办法，而且，其中教师和学生的体验感受能够清晰地呈现出来，为评价用表的编制贡献了一种积极思路。

对于教学以及智育，校长们的见解丰富多彩；对于德育，则有重视实效方法研讨的考虑；对于体育和艺术教育，更重视保证条件的组建；泛在的劳动教育分散在有关文字中。总之，学校经验使评价用表的编制有了实践的强有力支持。

试验研究关于学校的财务工作，注意和研究甚少，在评价用表编制上也没有重视的冲动。

五、评价用表的观察要素

对于办学管理中的观察要素，试验研究选定：领导的思想性、人文性和科学性；管理的责任感、问题感、忧患意识；重视并落实队伍建设；重视德育工作，有研究，有部署；教学管理有目标、有计划、有措施，能撬动；十分重视学生的成长、发展和正常需要，相关教育措施讲究落实；组织家校联系方法；重视加强学校的形象和建设；重视社会联络和开发社会资源；正确认识和科学组织学校教研和科研工作；依法办学。学校关键词共 427 个，归并为 113 个，形成 11 个大类，做成类标题就是思想领导、管理规制、队伍建设、德育工作、教学工作、学生工作、家校和社区工作、学校文化形象、挖掘办学资源、教研科研、依法办学等。这 11 类 113 个观察要素，以及增加却没有全面使用的 10 类，这 21 类观察要素应该能够反映出现在仍然采用的办学思路的主要方面①，如下表所示。

“以评促建”评价用表（观察要素）

一级观察点及权重	二级观察点	三级或解释级观察点（观察点和标高）
一、办学思想（知行统一）0.05	思想精深 理论厚重	1. 办学思想有根　把握教育本质
		2. 理论考究逻辑　完型经验架构
		3. 重视积淀传承　持续弘扬发展
		4. 坚持实事求是　彰显区域特质
		5. 强调内生发展　助推师生成长
		6. 师生共同参与　行为尽情体现
		7. 引进专家办学　统整多方资源
		8. 谏言渠道畅通　体现集体意志
		9. 外宣实事求是　知名美誉提升

① 姚文忠、刘一、刘裕权：《学校诊断》，成都：四川教育出版社，2005 年版。

续表

一级观察点及权重	二级观察点	三级或解释级观察点（观察点和标高）
二、管理规制 0.10	尽责担责 规制明察	1. 学校风清气正　班子和谐有力
		2. 管理简约清晰　节奏张弛有序
		3. 制度规范完善　感受成就归宿
		4. 健全执行机制　落实到位有力
		5. 凸显质量管理　办法科学有效
		6. 科研培训务实　提升发展效能
		7. 安全营养卫生　管理优质优化
		8. 信息管理先进　运行稳定良好
		9. 时间设施设备 全程管理精细
		10. 工作流程清晰　管理紧凑简洁
		11. 监督检查有力　反馈处置及时
三、队伍建设 0.15	重视队伍 落实建设	1. 部门结构合理　岗位责任明晰
		2. 教师梯队均衡　全员全程兼顾
		3. 任职安排科学　提升整体实力
		4. 自学空气良好　成长需求内生
		5. 重视校本培训　不断修炼提升
		6. 教师亲和友善　师生关系和谐
		7. 问题研讨深入　交流积极有效
		8. 坚持科研写作　学养情感增益
		9. 教师身心健康　情趣乐观向上
		10. 同伴关系良好　团队目标一致
		11. 持有正面能量　体验生命幸福

续表

一级观察点及权重	二级观察点	三级或解释级观察点（观察点和标高）
四、德育工作 0.10	德育为先 行动落实	1. 德育思想落实　部署缜密周全
		2. 所有部门关联　整体价值发挥
		3. 队伍精干专业　研培交流一体
		4. 发现分析现象　主动介入干预
		5. 方向准确清晰　问题解决彻底
		6. 工作注重实效　唤醒主体认知
		7. 突出学生主体　自我调控辅导
		8. 关联社会生活　工作与时俱进
		9. 心理健康无疾　提供调控援助
		10. 沟通家校社区　了解学生情况
		11. 校容校貌悦目　校风校纪优良
五、教学管理 0.20	目标清晰 贯穿始终	1. 管理理念求真　制度完善务实
		2. 目标责任明确　引领方法艺术
		3. 课程功能明确　开发执行到位
		4. 课程准备周全　自我反思完善
		5. 教学过程有效　解决策略科学
		6. 精力集中专注　参与主动积极
		7. 课堂氛围融洽　优质均衡高效
		8. 考试科学严谨　诚信美誉俱佳
		9. 学习状态稳定　保持向上发展
		10. 培育自主学习　阅读养成习惯
		11. 教研活跃实效　专业成长迅速

续表

一级观察点及权重	二级观察点	三级或解释级观察点（观察点和标高）
六、学生成长 0.15	学生为本 成长为大	1. 热衷集体活动　积极出心出力
		2. 行为自律自爱　合规利他增强
		3. 学习自觉昂扬　训练方法意识
		4. 参与社会实践　自我服务形成
		5. 自觉身体锻炼　技能爱好渐成
		6. 个人洁净有度　集体生活文明
		7. 学习贯穿始终　体现个体特质
		8. 掌控调节情绪　开放活跃适度
		9. 交往习惯训练　善用智慧辨析
		10. 学校家社体验　善思谨慎盲从
七、家校联系 0.05	密切联系 协调配合	1. 家长组织健全　活动开展实在
		2. 家校联系紧密　指导参与有序
		3. 家长谏言主动　学校回应及时
		4. 个别情况告知　处置慎重积极
		5. 改善学习环境　文明渗透家庭
		6. 关注生活环境　建设家庭生态
		7. 关注生活条件　优化成长时空
		8. 适度社会交往　促成家长自觉
		9. 教育本质引导　落脚成长发展
		10. 搭建平台渠道　畅通家校交流

续表

一级观察点及权重	二级观察点	三级或解释级观察点（观察点和标高）
八、文化建设 0.05	心仪形象 内生发展	1. 理念有根有据　系统关联成型
		2. 阐释呈现到位　实在持续践行
		3. 理念生根落地　纵观寻根有源
		4. 积淀形成文脉　资料规范易检
		5. 师生形象有范　言行举止合规
		6. 硬件保养良好　融入生命记忆
		7. 环境凸显品味　彰显化育功能
		8. 社团活动充分　提升师生修为
		9. 闲暇积极阳光　充满人文情趣
		10. 互动交流贴心　共铸精神屏障
九、社区联系 0.05	双向联络 资源互补	1. 积极关注社区　辐射穿越围栏
		2. 形成互动交流　谏言采纳重视
		3. 发挥社区功能　优化德育环境
		4. 塑造区域品牌　社区邀请主动
		5. 开放管理适当　资源社区共享
		6. 提升学校影响　社区资源共享
		7. 师生参与活动　合理合法合规
		8. 社区协助学校　排除不良干扰
		9. 争取社区参与　解决学校需求
		10. 沟通媒体社区　增强正面评价

续表

一级观察点及权重	二级观察点	三级或解释级观察点（观察点和标高）
十、教研科研 0.05	认识正确 高尚有效	1. 科研强势引领　研究融入日常
		2. 全员全面覆盖　计划操作务实
		3. 科研常态推进　应急启动及时
		4. 研究管理规范　跟进动态调整
		5. 研究规模适当　交流展示适宜
		6. 成果转化有效　推广运用良好
		7. 重视成果发表　守护职业操守
		8. 层次逐渐提高　始终面对运用
		9. 成果获奖理想　呈现稳定趋势
		10. 声誉评价走高　业界影响渐广
十一、依法治校	不违不犯 知学用靠	1. 坚持诚信办学　社会声誉良好
		2. 按规请示报告　行事依法有据
		3. 知法学法用法　督促检查规范
		4. 签批行文归档　事必有依有据
		5. 完善权责条例　管理规范落实
		6. 把握方针政策　实行民主集中
		7. 善于倾听民意　积极创新办学
		8. 擅处突发事件　规制健全通畅
		9. 上级表扬通报　依规公开透明
		10. 重视相关评价　寻求发展动力

观察要素能否被识别并且抓住是评价用表能否评出意义的关键，其落实程度如何必须考察。但是，关于把握落实程度，往往仁者见仁，智者见智，在评价者之间很有伸缩空间。为了解决这个问题，评建小组提出了事前共同分析切磋、事间相互观照、事后协商趋近的做法，力求统一，尽量不留分歧。对于各个观察要素，提供了一个操作参考，从四个角度加以保证，即动员程度、措施效能、过程和实效。观察者和评估者利用这四个角度导出评估结果，以一百分为满分，逐渐递减。这种赋值的方法，类似等级制，使观察者和评估者能发觉差距；还能形成横向比较，便于行政评估下结论。这一参

考没有全面采用。

六、评价用表的试用

评价用表能否适用于教育局的工作要求，能否为学校接受认同，是判断其实用性、理论性和功效的基本视角。只有如此才能谈到所谓的科学性和先进性。评价用表的试用过程充分考虑到了这类要求。

评价用表编制后，征集试评学校，一个初中、两个小学主动接受试评，继而推广至金牛区教育局指定的五所初中和六所小学继续进行验证。

大邑县教育局了解该情况后，决定在全县 16 所小学和九年一贯制学校试用。评价小组由教育局组织，参加人员包括教育局负责人、专家、记者和临时聘请的非当事学校校长。一个评价小组由三至五人组成。评价过程包括听取校长的自查报告，查阅必要的档案，开座谈会，考察现场。评价前强调：学校不必新编档案，不必培训答疑者，一切自然原始。在评价过程中，评价小组与学校要充分地、民主地交谈，沟通思想，质疑问题和现象。结束一所学校的评价工作后，要及时交换意见，三天后出具正式评价报告。学校对评价报告可以质疑和申诉，评价组对申诉必须回复，直至取得认同或者理解。全部工作结束时，召集参加评价的全部学校进行总结。总结会的内容是所有校长谈心得，说收获，提不足，彻底消除疑虑。评价十六所学校的过程中，事前有材料供评价组研阅，一所学校的评价工作基本大半天就能够完成。在评价活动中杜绝影响学校师生的正常活动。评价小组只带走一份校长报告。

七、评价用表的功效估计

从投入和产出看：两个区县的评价工作现场，人力包括评价小组、学校校长及其助手，学校新准备的材料就是校长的报告，学校师生员工可以清晰地观察评价小组的活动，所费人力、物力、财力和时间比较节省，所完成的工作建议和意见，采用有效。可以认为，评价工作效率较高。

从解决问题看：学校进一步明确了自己的任务、优势、不足、资源状况和改进措施，思想提高了，愿景提升了，信心增强了。教育局感觉这种评价工作能够解决问题，能够促进办学水平、质量和效益，同时培训了队伍，很“接地气”，很“有实效”。

从校长评价前后的精神状态看：他们先是忐忑不安，高度紧张，继而情绪高涨，积极参与，严肃准备，充分而精要地陈述；事后感想颇多，表示深受裨益，既储功又增力，得到了一次高效益的培训。他们认为，这种评价工作“有温度”。

基于事实，评价小组认为，评价用表的特征和价值有二：

一是把“评”与“建”结合并且统一起来，能够充分调动被评价者的积极性，消除评与被评之间可能出现的对立情绪；使评价工具同时具有“评标”“校标”和“建标”三重意义，发挥评价、改进和指导发展的作用。

二是将学校的办学经验作为基础，编制评价用表，使评价工具容易学习、掌握、运用，让校长成为评价活动的积极和自觉主体，从而使评价工作成为办好学校和教育的便利工具，使评价工作的功效空前提高。

课题管理机构，中国教育学会诸平副秘书长对于方案给予了积极肯定。中国教育学会常务理事王允庆评价说：“构建了一套基于金牛、适合金牛、成就金牛的区、校两级教育质量综合评价指标体系及易于操作的评价管理办法，在用评价改革助推区域学校品质全面提升和金牛教育跨越式发展方面发挥了应有的作用。”

初次试评与接触方案的业内人士，基本上都对其表示支持。他们的见解是：使用方案实地评价，能够反映和提取出学校的办学实绩，评出优势、问题，发掘一定资源，进而指出下一步的发展方向、着力点和突破口。至于能否影响学校以后的创新办学，则仁者见仁，智者见智，要看实际动作。业者认为，如果能够充分利用已形成的正式评价材料，压缩评价项目，把定性与定量结合起来，评建结合，功效一定可观。旁观者认为该方案抓住了关键、重点来进行评价，识别力较高；评价活动简洁，区别于其他的形式主义的评价行为，有一定的现代性。

有人建议，观察点的表述需要进一步理论化，阐释亦可更加丰富一些，如果能够直接进行量化评价更好。这些意见对评价研究的要求较高乃至苛刻，有些脱离视角不容易办到。

大家同意课题组的预计，以后的工作在于培养专业评价人员，形成最小数据集，为利用机器评价配合创造条件，以便开展广泛而高效的评估作业。

《中国教育报》和四川省《教育导报》《时代教育》的三名记者全程参与了“评建小组”的工作，他们的报道刊登在了两个报纸的头版头条，标题叫《第三方评价这个“螃蟹”怎样吃》。报道在肯定评价研究工作时，也对进一步采用这种评价方式提出一些建议。

执笔　姚文忠

基于“管办评”分离的学校评价体系建设

——“以评促建，创建卓越学校的评价试验研究”成果简述

金牛教育局“以评促建”研究小组

“以评促建”研究简述：

2013 年 10 月 28 日，经过较长时间的前期联络与筹备，金牛区作为中国教育学会“教育评价与质量管理”实验区启动仪式与挂牌仪式在成都师范学院召开，中国教育学会秘书长杨念鲁、实验区主任诸平等专家出席了大会，金牛区分管教育的副区长，金牛区教育局领导班子，全区各中小学校长、幼儿园园长出席了大会。启动仪式和挂牌仪式之后，金牛区教育局领导根据金牛区实际情况，邀请四川省陶行知研究会参与理论和现场研究，研制“金牛教育接地气的中小学办学效益评价方案”，经过学校自主申报、课题组审核，先期确定人民北路中学等 4 所初中、白果林小学等 7 所小学，共计 11 所学校为实验学校，并于 2014 年 3 月 17 日在金牛区教育科学研究院开展了启动仪式。两年多的时间，课题组在以姚文忠教授为主导的四川省陶行知研究会专家的直接指导下，开展各级各类研讨 33 次，到校指导 21 次，实验取得了让人欣喜的阶段性成果。

1. 各校梳理了自己的办学经验材料

在 2014 年 7 月 10 日前，各校在专家的指导下，对学校多年的办学过程进行了系统梳理，并形成了规范的材料，从办学人自身角度对学校当下发展状况进行了详尽的盘点。

2. 专家点评各校经验材料

参与实验的 8 位专家对自己指导学校的材料进行认真阅读后，与学校校长单独沟通，提出材料的修改建议，并根据最终提交的材料，从“评”和

“建”两个方面给出了每份材料的点评。

3. 媒体点评各校经验材料

川内权威教育媒体人教育导报社胥茜和时代教育社李清对11所学校的经验材料从媒体人的视角进行了点评，分析了材料所体现的教育普遍性价值和可报道的效应热点。

4. 接地气的《金牛区中小学办学效益评价方案》和评估量表出炉

专家组负责人姚文忠教授在研读11所学校提交的材料的基础上，形成了具有金牛教育实践基础的《金牛区中小学办学效益评价方案》和评价量表，评价量表中有完善的用于评估的一级、二级、三级指标。课题组撰写的评价方案和评价量表已经完全可以用于金牛区中小学办学效益的评估。

5. 各实验学校完成了自评估

经专家多次培训，各实验学校深度理解了评估方案，在专家指导下对评价量表中的一、二、三级指标进行了详尽解读，于2014年10月31日前完成了自评估。实践证明，各校对评估量表的使用没有局限在评估本身，而是将量表作为了各校的办学标准和部门工作的指南。

6. 对三所样本学校进行了试评估

2014年11月10日至11月13日，专家组对三所样本学校进行了试评估，三所学校的选择具有代表性，一所中学，一所新建小学，一所资深小学，通过试评估，证明了评价方案的可操作性、科学性和先进性，尤其是能把握教育规律和教育本质，不仅发现了学校的亮点和闪光点，而且能给学校后续发展指明方向，给出策略和建议，简明而极具时效的评估深受评估者和受评学校的喜爱。

7. 优化确定了接地气的学校办学效益评估的形式和操作办法

在三所学校试评估的基础上，课题组专家确定了全程评价和重点评价两种评价方式，对校长在接受评估中的口头报告和制作的PPT给出建议策略，对方案的下一步推广和在更大范围内的应用奠定了基础。

8. 优化确定了接地气的学校办学效益评估的形式和操作办法

2015年4月至5月，课题组利用“以评促建”评价方案对大邑县所有小学及九年一贯制学校进行了评估，无论是参评校长，还是被评学校，无一

例外地认同并喜欢方案。事实证明：真的有一种评价，能让我们以常态面对；真的有一种评价，能让我们简约与明晰；真的有一种评价，能让我们不怯不惧；真的有一种评价，能让我们既获得成就又倍添豪情与使命。

经过两年多的研究，“以评促建，创建卓越学校的评价试验研究”走完了第一轮研究周期，评价量表和评价指标体系已经建立，并通过金牛和大邑两地的试点评价，证明该评价方案能基于管、办、评分离的背景，将学校评价和建设提升集为一体，深受办学者和评价者的喜爱。所获致的成果与以下条件关系直接而密切。

一、基于参研学校的已有实践，让实验有根基，能落地

金牛区“以评促建，创建卓越学校的评价试验研究”集体由专家学者、教育行政人员、教研人员和校长组成。其工作程序如下：

第一项工作：说明对编制方案的要求，即经过评价，学校要重建“以评促建”的发展性目标和行为的必要指导。要点在实用性、启发性。特点是建设性地移植现成的评价工具或者方案，要努力创新，特别要重视办学经验，吸引参加者，使其有益于学校改进和建设。

第二项工作：学校总结三至五年的办学经验。总结文本由教育局审定，以保证事实的正确性和客观性。再由学者专家、专业记者点评，尽可能地使经验表述向专业理论靠拢，特别要注意反映学校经验的确切表述，注意其学术特征。

第三项工作：对每一所学校的经验赋予关键词（短语、主题词）表达，进行排序；归并各学校共用的关键词，形成基于实践经验的关键词表。

第四项工作：从政策和学术角度对关键词表进行必要的补充完善，对个别用词做调整。

第五项工作：对于关键词进行分类，对其具体意义进行诠释。这些类别来自学校管理、学校督导、学校诊断和行政惯例，有关诠释对应校长们在培

训中使用的语汇。对每一类再赋予相关名称，并确定每一类在该次评价中的权重。

第六项工作：明确评价者的观察角度或者着眼点，知道从哪些方面评价各关键词所指事项及程度。

第七项工作：编制评价用表，简明清楚地表述评价内容和程度，对观察内容逐层再具体说明。本试验研究进入实际评价的工具就是一个套表，由一个总表和 11 张分表构成，全称“区域办学水平评价用表”。

第八项工作：选择试验学校。这项工作的目的就是检验和确认评价用表与“促建”期望的合宜度，提出修改意见。就行政而言，这一次评价就是学校办学的目标考核。教育局一般不对学校另外进行年终考核，以减轻学校负担。

第九项工作：修改完善评价用表。

第十项工作：最终形成《金牛区“以评促建，创建卓越学校的评价方案”》，即评价用表和文字说明。

总结分析各所学校的办学经验是重要的基本工作，耗时耗力。一要对学校成绩、经验和问题做简要归纳。二要反映出校长领导管理学校的倾向、方法和特点，还要表现出校长的管理思路，自然地流露出其个性化思维和行事的风格。三要反映学校的价值取向，表明学校自我评价的趋向和重点。四要为今后创建卓越学校提供方向、要点，比如学校业绩的增长点、学校瓶颈的突破点和学校教育教学管理规制的创新点。

事实表明，金牛区的校长们所写的材料很有个性和学养，或宏大，或精巧，或远虑，或沉思，或犹豫，其中有信心和谋划者不少，有办法且不菲者有之，有综合才能者有之，都有一定的忧患意识和危机感。校长们对学校教师都有强烈的热爱、信任和发展愿望，并把学生放在中心位置进行思考，他们的资源意识有进一步的拓展空间，谋略意识和学养修为亦可提升发展，现代化程度需要通过营造条件使之加速更新，要创造条件推行数字化管理，等等。就学校氛围而言，其储备着相当的正能量，时常在发挥着向上向前的推动效果。所有的这些表明，对于学校经验在编制评价工具上的期待是可靠的。

二、评价用表诞生于已有经验，有实证，有温度

评建小组所提取的关键词包括办学理念、制度规范、方法形式、思想要求、管理安排等类型。这些关键词及其说明，事实上就是以后实际开展评价时，评价者们的观察点、评价要素抑或者观察要素。关键词是评建小组使用的工具，归并整理后成为观察要素。各所参加试验研究的学校所呈现出的观察要素在基本方面比较一致或相同，其特色处值得提出来了解。不能发掘学校的办学特色，相当于没有进学校考察研究。学校特色大多是在办学过程中，热爱事业的教育者因其思想的倾向性和人格情趣，通过不断坚守而逐渐形成的。教育的基本事实就这样客观存在，是学校的精气神所在，抹杀不掉。一些学者反对中小学办出特色，这是他们多虑了。学校由于受有关文化条件的影响，必然会形成独特性，有高低文野之分，专门去搞特色设计，常常会与未来学的预测一样，失之毫厘，谬以千里。

学校已经采用的办学理念，体现出中国特色的办学思想及文化，提供了对于各种学校及管理的相似相近的解释，从而形成了评价用表里的主张和意愿，也即观察要素。观察要素反映评价内容，其权重反映程度，两者要结合着使用。各个学校对于不同要素的权重有自己的看法，这是学校在执行、改进、评估等方面工作上的个性化思路。各要素的权重只是一个参考值，学校在制定办学规划和计划时宜先期确定，以反映提振学校的思路和措施，可供评估、目标考核和督导为依据。

比如，关于办学的思想理念，国内外说法不同，有些国家不在学校层面讨论这类话题，只主张暗含在学校工作中，但是，金牛区学校都对此用了关键词作肯定性描述。金牛实验中学的“立德树人”，强调教育的思想性、宗旨和重心，具有一定的体系架构。人民北路中学挖掘办学历史中的激励成分，转化为现在师生的精神支柱。金牛实验中学的初中学校，则重视全面育人方针，强调将其贯穿在学校工作中，以形成凝聚教职工的理性力量。人民北路小学以快乐和幸福为办学宗旨，提领着教育教学工作，显示出养成教育

的品质。

新桥小学、迎宾路小学和锦西中学的经验具有思前想后的连贯性，具备着一定的前瞻力。其特征是问题感、忧患意识、责任心强烈。这三份材料把校长思想的另一种资质呈现了出来，形成观察学校的一种视角，对于观察、培育、提升学校愿景和办事紧迫感很有价值。在设计评价用表时，这个特征得到彰显。

管理方面的关键词出现频率比较高。驷马桥小学在管理思维方法方面，规制性、结构性明显，给评价者一种洗练的感觉。

关于学生的关键词也有着非常重要的位置。兴盛小学和迎宾路小学在关注学生的学习风格和个性上，表现出教育的现代性思维景象。所谓教育的现代化，关键是能不能促进学生更加有效的发展，不负学生的成长日月。与此相关，其他的教育类别也突显了出来，这两个学校利用艺术教育和科技教育，在满足全体学生的创新品质发展的同时，使学生的特殊倾向也受到了关照，让评价用表的现代部分获得了一个亮点。同样的，人北小学把悦读作为学校的重要活动，也起着相同的效果。

课程、课堂和教学管理是一个经常性关注重点，其有关关键词的使用显著。白果林小学侧重研究语文教学，这是特色办学在教学方面的体现。人北中学以“适学”为研究核心，建立成长课堂，以导标倒逼教学效果，既有思想高度，也有方法意识。所有学校几乎都致力于构建教学常规管理规制，加强教研组的领导和建设，重视班主任在保证教学方面的重要作用；动员家长营造学习环境甚至氛围，为评价用表在评价教学管理方面增添了具体性、实用性和针对性。各个学校在课堂教学领导、管理和开发方面套路丰富，但是，怎样抓住和增强实效？评价用表试图有所解读。基于这种考虑，关于教学的常规管理形成评价用表的补充评价部分。

评价用表的价值取向并不回避升学教育的问题，但是，思路不在这个单一方向上。评建小组主张整合性教育效益，引用学业检测的数据用于补充评价用表，使评价用表多些“评价”，少些“评估”。

教育教学队伍建设及相关问题，是学校提供材料分量最重的方面，也显现出学校在队伍建设上，在撬动力和提升力上可以进一步下功夫。泉水小学在培训教师和学校社团管理方面，研拟出一套行之有效的办法，而且，教师和学生的体验感受能够清晰地呈现出来，为《评价用表》的编制贡献了一种积极思路。

对于教学以及智育，校长们的见解丰富多彩；对于德育，则有重视实效方法研讨的考虑；对于体育和艺术教育，校长们更重视保证条件的组建。总之，学校经验使评价用表的编制有了实践的强有力支持。

试验研究关于学校的财务工作，注意和研究甚少，在评价用表编制上也没有重视的冲动。

三、基于已有办学实证提炼的评价用表观察要素契合教育的本质

对于办学管理中的观察要素，试验研究选定：领导的思想性、人文性和科学性；管理的责任感、问题感、忧患意识；重视并落实队伍建设；重视德育工作，有研究，有部署；教学管理有目标、有计划、有措施，能撬动；十分重视学生的成长、发展和正常需要，相关教育措施讲究落实；组织家校联系方法；重视加强学校的形象和建设；重视社会联络和开发社会资源；正确认识和科学组织学校教研和科研工作；依法办学。学校关键词共 427 个，归并为 113 个，形成 11 大类，做成类标题就是思想领导、管理规制、队伍建设、德育工作、教学工作、学生工作、家校和社区工作、学校文化形象、挖掘办学资源、教研科研、依法办学等。这 11 类 113 三个观察要素，应该能够反映出现在仍然采用的办学思路的主要方面①。

观察要素能否被识别并且抓住是评价用表能否评出意义的关键，其落实程度如何，必须进行考察。但是，对于把握落实程度，往往仁者见仁，智者见智，在评价者之间很有伸缩空间。为了解决这个问题，评建小组提出了事前共同分析切磋、事间相互观照、事后协商趋近的做法，力求统一，尽量不

① 姚文忠、刘一、刘裕权：《学校诊断》，成都：四川教育出版社，2005 年版。

留分歧。对于各个观察要素，从四个角度加以保证，即动员程度、措施效能、过程和实效。观察者或评估者利用这四个角度导出评估结果，以一百分为满分，逐渐递减。这种赋值的方法，类似等级制，使观察者和评估者能发觉差距；还能形成横向比较，便于行政评估下结论。

四、评价用表经两处试用，深得评者和被评者喜爱

评价用表能否适用于教育局的工作要求，能否为学校接受认同，这是判断其实用性、理论性和功效的基本视角。只有如此才能谈到所谓的科学性和先进性。“评价用表”的试用过程充分考虑到这类要求。

评价用表编制后，征集试评学校，一个初中、两个小学主动接受试评，继而推广至金牛区教育局指定的 5 所初中和 6 所小学继续进行验证。两次评估，研究小组将评估的基本流程确定为：校长报告—现场对话—针对性调研—信息汇总—趋向于结论的意见交流—专家结论和评分。

本评估方案的最大亮点在于确定开展工作之后，要专门对接受评估的学校进行培训，并对校长的口头汇报给出明确的建议和指导，使被评者心中有数。

（1）汇报时间为 40 分钟左右。

（2）PPT 演示过程中，最好能够有图片、视频等相关资料的链接。

（3）汇报内容最好能做到以下几点：

①选出汇报事项的关键词；

②筛选出需要汇报的重点事；

③重点事情讲意图，将学校的办学思想有机融合；

④汇报时讲明所做事情功效何在；

⑤考虑重点事情的涵盖面大小，所选重点事情不一定要完全涵盖学校的全面工作，但要关注能否牵一发动全身，所讲的事情要有迁移，要能举一反三。

由于该方案在“评”和“建”两个方面的完美结合，大邑县教育局在知

晓后，主动联系研究小组，决定邀请研究小组专家对全县 16 所小学和九年一贯制学校试用。2015 年 4 月至 5 月，评估小组完成了大邑县学校的评估，无论是评价过程，还是最后的评估报告，都受到被评学校的喜爱和高度认同。事实再一次证明，金牛区所形成的“以评促建，创建卓越学校的评价试验研究”方案，不仅适用于金牛，也适用于更大、更广范围的学校。

五、评价用表的功效估计

从投入和产出看：“以评促建，创建卓越学校的评价试验研究”评价工作现场，人力包括评价小组、学校校长及其助手，学校新准备的材料就是校长的报告，学校师生员工可以清晰地观察评价小组的活动，所费人力、物力、财力和时间比较节省，所完成的评价意见有用，工作效率较高。

从解决问题看：学校进一步明确了自己的任务、优势、不足、资源状况和改进措施，思想提高了，愿景提升了，信心增强了。教育局感觉这种评价工作能够解决问题，能够促进办学水平、质量和效益，同时培训了队伍，很“接地气”，很“有实效”。

从校长评价前后的精神状态看：他们先是忐忑不安，高度紧张，继而情绪高涨，积极参与，严肃准备，充分而精要地陈述；事后感想颇多，表示深受裨益，既储功又增力，得到了一次高效益的培训。他们认为，这种评价工作“有温度”。

基于事实，评价小组认为，评价用表的特征和价值有二：

一是把“评”与“建”结合并且统一起来，能够充分调动被评价者的积极性，消除评与被评者之间可能出现的对立情绪；使评价工具同时具有“评标”“校标”和“建标”三重意义，发挥评价、改进和指导发展的作用。

二是将学校的办学经验作为基础，编制评价用表，使评价工具容易学习、掌握、运用，让校长成为评价活动的积极自觉主体，从而使评价工作成为办好学校和教育的便利工具，使评价工作的功效空前提高。

课题管理机构，中国教育学会诸平副秘书长对于方案给予了积极肯定。

中国教育学会常务理事王允庆评价说："构建了一套基于金牛、适合金牛、成就金牛的区、校两级教育质量综合评价指标体系及易于操作的评价管理办法，在用评价改革助推区域学校品质全面提升和金牛教育跨越式发展方面发挥了应有的作用。"

初次试评与接触方案的业内人士，对其表示支持。他们的见解：使用方案实地评价，能够反映和提取学校的办学实绩，评出优势、问题，发掘一定资源，进而指出下一步的发展方向、着力点和突破口。至于能否影响以后的创新办学，则仁者见仁，智者见智，要看实际动作。业者认为，如果能够充分利用已形成的正式评价材料，压缩评价项目，把定性与定量结合起来，评建结合，功效一定可观。旁观者认为该方案抓住了关键、重点来进行评价，识别力较高；评价活动简洁，区别于其他的形式主义的评价行为，有一定的现代性。

《中国教育报》和四川省《教育导报》《时代教育》的三名记者全程参与了"评建小组"的工作，他们的报道刊登在两个报纸的头版头条，标题叫"第三方评价这个'螃蟹'怎样吃"。报道在肯定研究工作的同时，对于进一步采用这种评价方式也提出了一些建议。

六、当下及后续研究

有人建议：目前评价量表中的观察点的表述需要进一步理论化，阐释亦可更加丰富一些，如果能够直接进行量化评价更好。这些意见对评价研究的要求较高乃至苛刻，有些脱离视角不容易办到。但是，也给研究提供了当下和下一步需要解决的问题，以后的工作在于培养专业评价人员，形成最小数据集，为利用机器评价配合创造条件，以便开展广泛而高效的评估作业。

执笔　姚文忠

附　“以评促建”评价量表（传统部分）

一级观察点 及权重	二级观察点	三级观察点 （观察点和标高）	观察角度和评价指数	备用	备用
一、办学 思想—— 0.05 （知行统一）	思想精深 理论厚重	1. 强调思想性 办学思想有根 把握教育本质	1. 强调思想性：办学有方针政策依据，有思想境界，有精神追求，有愿景，有服务意识，有感染力，有凝聚力；敢于创新、善于创新；能够发现潜在的资源优势，敢用人才；有问题意识和问题感，有忧患意识，敢于进行突破性创造，敢于对创新和进步担责任。		
		2. 增强理论性 理论考究逻辑 完型经验架构	2. 增强理论性：说话行事有书本知识或者能够佐以理论，有一定的书卷气，符合常识，有逻辑性；能够运用社会和集体经验；注意对于受众的说服力和认同感；善于引用教师和家长的智慧和语言；能够选择一二种理论作为学校的指导；积极总结自身经验，争取形成完型。		
		3. 重视传承性 重视积淀传承 持续弘扬发展	3. 重视传承性：了解和重视学校的积淀和传统，与老教职工保持联系和沟通，能够运用学校既往的先进经验和思想；能够不断弘扬以前的成功经验；能够把这些经验与时俱进地继承发展；习惯记载积累。		
		4. 保证实际性 坚持实事求是 彰显区域特质	4. 保证实际性：熟悉区情、校情、教情、学情；了解区域经济、社会和教育发展意图和趋势；学校规划计划符合区域、学校和师生发展的需要；能够合适而比较充分地利用身边的资源；发展不会脱离实际；坚持实事求是的作风，说实话，干实事，讲实效。		
		5. 加强文化性 强调内生发展 助推师生成长	5. 加强文化性：重视学校的内涵建设，强调学校的内生性发展；提高文化方面的自觉、自信、自为、自强；使学校的文化建设具有群众性和持久性；在学校文化建设上符合规律、尊重需要，把功能、审美、安全、节俭、创新结合起来，使校园文化建设为师生服务。		
		6. 突出师生的参与性 师生共同参与 行为尽情体现	6. 突出师生的参与性：学校的全部活动都要充分动员师生参与，并且提供参与条件，创造师生参与的可能性；要充分发扬他们的智慧才能；在师生参与过程中，要注意引导、研究、议论，使师生的主人翁意识和行为尽情体现出来。		
		7. 引进社会专家参与办学 引进专家办学 统整多方资源	7. 引进社会力量和专家参与办学：定期向校外发布有关学校发展的消息，使其知晓学校的状态和发展愿景；吸引专家、家长和社会支持参与学校发展；充分消化和吸收各方面的建议和意见；学校由专人负责相关工作。		
		8. 依靠集体性 谏言渠道畅通 体现集体意志	8. 依靠集体性：要制定保证贯彻民主集中制的制度和措施；对各种会议和群众研讨不能轻易忽视；要注意把会议等集体活动开得精当有效，使大家积极参加；群众情绪、群众经验、群众需要、群众言行都要充分重视。		
		9. 发挥传播性 外宣实事求是 知名美誉提升	9. 发挥传播性：要注重学校的外宣工作；在外宣中要实事求是，要收集各种反馈，以增强学校的社会知名度、美誉度；为增强全区办学实力作贡献。		

续表

一级观察点及权重	二级观察点	三级观察点（观察点和标高）	观察角度和评价指数	备用	备用
二、管理规制——0.10	尽责担责规制明察	1. 班子团结好，校风及学校学风优良 学校风清气正 班子和谐有力	1. 班子团结好，校风及学校作风优良：密切联系教职工和学生；思想一致，言行一致；宣讲、解释、释疑的口径统一；敢担责任不推诿；主动积极出主意想办法，气氛生动活泼协调有序。		
		2. 理念正确清晰，有紧张感节奏 管理简约清晰 节奏张弛有序	2. 理念正确，清晰，有紧张感节奏感：积极组织教改和课改；德智体美劳不偏废；重视体育和美育的素质教育价值；谨守学校既定的办学思路、制度、规定、措施；主动反映和沟通群众意见；贡献自己的想法；说话清晰明白；工作办事有一定的节奏感、不拖沓、不忙乱。		
		3. 制度规范完善 制度规范完善 感受成就归宿	3. 制度规范，完善：学校规章制度完善，行为规范，执行力强；不回避问题和矛盾，情理通融；面对新问题，要在研究和实践的基础上逐步完善做法及有关创新活动的制度；使教职工有归属感、安全感和成就感。		
		4. 健全落实常规管理 健全执行机制 落实到位有力	4. 健全落实，常规管理：学校的规定规矩一要全面，二要合理。除中心和紧急要求外，一切工作必须常规化，使学校的全部生活在常规之上运行；要有常规体系，分门别类进行规范训练；落实常规必须坚持不懈，纹丝不动；一旦常规已经成为习惯或者不符合需要，就要使常规更新，从而保证发展、提升及至于优雅的和谐。		
		5. 质量管理有办法而且到位有成效 凸显质量管理 办法科学有效	5. 质量管理有办法而且执行到位有成效：对于素质教育和升学教育，要实行必要的目标管理；对于保证目标的措施要有较高的积极性，考虑针对性、实效性；目标能落实，措施要到位，过程要具体，考核要及时，校准要有力，评估要正确，激励要人心；对于管理行为和过程，事后要能够还原呈现，以便分析研究，保证积累延续。		
		6. 培训科研务实管理有方 科研培训务实 提升发展效能 （放到科研板块）	6. 培训和科研工作务实，管理有方：两项工作要求有极强的针对性和实用性；逐渐提高培训和科研工作的个性化和个体化程度；对于实现个体化要在目标、内容、方法、形式和途径方面精细设计；要发挥受训主体的能动作用，要搭建实行目标的平台舞台；强调培训和科研的提升发展效能。		
		7. 安全营养卫生管理优秀、优质 安全营养卫生 管理优质优化	7. 安全、营养、卫生方面的管理要优质化：安全、秩序、卫生是办学的基线，要有专人、专责、专岗、专规；相关设施设备要完善清洁无害，经常检查；要咨询和研究师生的饮食卫生并且高标准落实；学生的安全自护能力要纳入经常性教育项目，这种教育必须专业化；门岗要有安全性、教育性和亲切性。		
		8. 信息管理先进 运行稳定良好	8. 信息管理先进：保证现有技术平台的稳定、有效运行；稳妥积极收集管理、教育教学方面的数据；引进和适当开发合用的软件；纸质和电子文档要收集齐全，并且有使用效率和记录；文档资源利用较好。		

续表

一级观察点及权重	二级观察点	三级观察点（观察点和标高）	观察角度和评价指数	备用	备用
二、管理规制——0.10	尽责担责规制明察	9. 时间设施设备和其他资源管理有方 时间设施设备 全程管理精细	9. 时间、设施、设备和其他资源管理有方：时间安全紧凑合理，有效率；公用和教学设施设备完好，使用有效益，使用安全，管理回收有方，适时保养维护，爱护、创新使用，有利于保证教育，支持活动需求；开源节流，支持教育教学工作。		
		10. 工作流程管理规范紧凑简捷 工作流程清晰 管理紧凑简洁	10. 工作流程管理规范、紧凑、简捷：学校各种工作活动流程清晰、准确、有序；令行禁止；指挥准确明晰，交代清楚；常规管理逐渐习惯化，师生的自觉参与度高；办事动作洗练，工作环节紧扣，节奏明快，有愉悦感，有积极的精神状态。		
		11. 监督检查反馈处置及时 监督检查有力 反馈处置及时	11. 监督、检查和反馈处置及时：行事有监督检查，情况和意见能够及时反馈和得到处理；提供反馈信息者对于反馈和处理满意度高；关于管理教育教学的质量和效绩目标要做到全员心中有数；问题能够日清月结；非特殊情况，不能拖延解决问题的时间。		
三、队伍建设——0.15	重视队伍 落实建设	1.（部门）人员任职能力、结构合适 部门结构合理 岗位责任明晰	1. 人员任职能力结构合适：教育教学才能、研究、班主任、学科、后勤、教务、行政、团队、党工、人事、年龄、经验、组织方面的人力资源结构合理合宜；职务派遣准确；职务和岗位责任清楚；人员工作起来比较得心应手；临时应急性调派困难较小，对于工作和个人影响程度能够控制。(学校部门设置，板块布局)		
		2. 老中青教师队伍作用发挥比较均衡 教师梯队均衡 全员全程兼顾	2. 老中青教师队伍作用发挥比较均衡：老中青教职工的心理、身体、才能、经验、特长特点和后顾能够得到较好发挥或照顾；人员心情舒畅；精力和干劲能够得到关照和爱护；职业倦怠能够控制在合理范围而且能够得到舒缓和解脱。		
		3. 专业对口，任职安排合适合理 任职安排科学 提升整体实力	3. 专业对口任职安排合适、合理：尽可能实现专业对口，不负所学；发掘教职工的第二、三特长，人尽其才，心路活跃，保持健旺；学校实力要有增无减；学校争取能够在人力资源方面自我基本满足学生发展的需要；适当保持必要的兼职人员；教师心情要保持新鲜感、创造性。(教师专业岗位及个人特质的任职，人尽其才)		
		4. 教师自学空气、设计及成效良好 自学空气良好 成长需求内生	4. 教师自学空气、设计及成效良好：提倡教职工自学、自成长；要优化自学空气，培植充分的学习愿景，为发展奠基，为学生示范；自学设计要满足教师个体的需求；帮助形成新的需要；保证足够的自学时间和其他条件；重视教师个人进修和提升方面的感受。		
		5. 校本培训设计及实际成效良好 重视校本培训 不断修炼提升	5. 校本培训设计及实际成效良好：校本研修要紧扣工作和学养的需要；精心设计培训目标、内容；采用适合教师的研修形式；力争做到一次研修一项收获；使学校真正达到教师能够“静下心来教书，潜下心来育人”的境界，乐于不断攀登奉献。		

续表

一级观察点及权重	二级观察点	三级观察点（观察点和标高）	观察角度和评价指数	备用	备用
三、队伍建设——0.15	重视队伍 落实建设	6. 师生亲近程度及亲和力水平高 教师亲和友善 师生关系和谐	6. 师生亲近程度及其亲和力水平高：要创造条件，使教师与学生接触做到经常、普遍；热情关心学生；使师生关系成为学生经常学习的机会；使学生的潜质潜能能够得到发现和关注，尽量做到有利于他们的体验和成长。		
		7. 问题研讨和内外交流主动积极有效 问题研讨深入 交流积极有效	7. 问题研讨和内外交流主动积极有效：使教师充分掌握教情，能够发现成绩、成长、优势、感受，能够意识和认识问题，能够深入分析问题；学校要与教师共同研究解决办法；要在解决困难和问题中，充分发挥教师的才能，使之参与、行动、创造，找到从教幸福成功的重要源泉。		
		8. 科研、写作习惯已经建立 坚持科研写作 学养情感增益	8. 科研、写作习惯已经建立：要鼓励教师研究和写作，乐于研究、思考和动笔，乐于口报和发文，习惯记录记载；要创造有关条件，增益理智理性储备，增益学养和水平，提升思想和情感高度；使从事教育事业的自觉性和创造性不断增强。		
		9. 心身健康及职业才能保升程度优良 教师身心健康 情趣乐观向上	9. 心身健康及职业才能保升程度优良：多方面增益教师的生活情趣、学习情趣、师生情趣、乐观情趣；使教师经常处于心情舒爽的状态，乐意沟通交流，乐意参加集体活动，乐意分享和体验；养成合理锻炼和科学养生意识和能力；保持职业才能结构的共济互补；经常处于心境平和与美享之中。		
		10. 同伴关系促进功能良好 同伴关系良好 团队目标一致	10. 同伴关系促进功能良好：教师之间彼此认同度高，能相互吸纳和欣赏；个人经验能在团队中推广，并在推广中得到完善和提升；教师个人的任务能上升为团队的集体任务，并能倾尽心力帮助；对同伴的生活和生命状态有体察，能给出疏导和建议。		
		11. 家庭及个人主观幸福体验指数保持优良 持有正面能量 体验生命幸福	11. 家庭及个人主观幸福体验指数保持优良：提倡家庭美德，增强个人和家庭的幸福感；学校领导管理工作要把教师的幸福感摆在议事和执行层面，主动提供正面能量，减少负向因数对教师的影响和干扰；把“家和万事兴”的古训融入教师生活，消除教职工的后顾之忧。		
四、德育工作——0.10	德育为先 行动落实	1. 德育工作领导管理思想正确 德育思想落实 部署缜密周全	1. 德育工作领导管理思想正确：“德育为先”的思想落实在全部工作上；对于学校德育（包括师德）工作有研究、有分析、有判断、有安排、有检查；理解学校德育工作的特点；主动增强德育管理以及制度、队伍建设的力量；校班子掌握德育形势，与大空间的德育组织保持经常联系。		
		2. 学校德育工作制度健全，（重视后勤德育功能） 所有部门关联 整体价值发挥	2. 学校德育工作制度健全：重视学校服务和后勤的德育功能；服务性德育工作制度健全；对于学校其他工作的联系关系认识清楚，注意整合性地发挥作用；开发服务和后勤工作的德育价值；学校整体的德育意识和氛围逐步增强。（各部门在德育教育中的功能发挥）		
		3. 德育队伍尤其是班主任队伍专业化程度高 队伍精干专业 研培交流一体	3. 德育队伍尤其是班主任队伍专业化程度高：德育，尤其是班主任队伍的德育专业化程度较高；能够获得培训和参与研究的机会；在市区一级参与德育交流；有实用性和创新性见解发表。		

续表

一级观察点及权重	二级观察点	三级观察点（观察点和标高）	观察角度和评价指数	备用	备用
四、德育工作——0.10	德育为先 行动落实	4. 德育工作有主动性 发现分析现象 主动介入干预	4. 德育工作有主动性：全校能够主动关心德育工作；能够及时发现德育的正能量实例；能够认清德育形势和面临的问题与困难；能够主动介入和干预身边的有关德育的现象，并且给予解释和干预。		
		5. 德育工作有针对性 方向准确清晰 问题解决彻底	5. 德育工作有针对性：在思想品德教育上不说假大空话，不玩花招，不走过场；在德育工作中，始终体现出清晰、准确的方向感；在解决具体德育问题和解释德育现象中进行有关教育；高度重视德育的实践性特点。		
		6. 德育工作有实效性 工作注重实效 唤醒主体认知	6. 德育工作有实效性：在具体德育工作和一般德育知识的教育中，始终注重德育的实效性；正面德育要能够唤起体验和感受；规劝、批评、干预和处罚，要能够入脑、入心，改变行为；学校要重视身教，树立示范，要有增强性力度，抑制和消解负面影响。		
		7. 学生是学校德育主体，有自我掌控辅导（学生的德育主体地位） 突出学生主体 自我调控辅导	7. 学生的德育主体地位：学生能够自我掌控言行，表现出德育主体的特征；要培养小主人意识；要教育学生自爱、自护、自律、自理、自立、自强、自为；使学生在卷入德育实践、学习德育知识技能、观察体验德育现象中带问题，学分析，发感叹，美言行，日日新，常新；增益道德智慧。		
		8. 德育要与时俱进 关联社会生活 工作与时俱进	8. 德育要与时俱进：尽可能为学生提高德性的创造条件；使学生周期性参与综合性德育实践活动；理解“社会即学校”，认识并且逐步理解德育与社会生活的联系，锻炼并积累自觉的德行，懂得爱心，学做真人。		
		9. 学生心理健康状态良好 心理健康无疾 提供调控援助	9. 学生心理健康状态良好：随时注意改善学生的情绪心境，使之处于正常健康状态；学校生活环境和氛围要保证学生的心理健康；在学生因各种因素条件产生心理不适，情绪情感受挫时要及时提供心理援助，使其恢复正常；在学校生活中要使学生体验多维度、多属性的情感心理环境，不能把学生放在温室中而回避负性情景；要使学生在学习、生活中能够听到看到，甚至经历心理冲突，增强免疫力；培养乐天情趣。		
		10. 适时沟通家校、社区，了解学生情况 沟通家校社区 了解学生情况	10. 适时沟通家校社区，了解学生情况：在各种家校联系中，要全面、客观，在保护学生法律隐私权的前提下，交换学生信息；凡是出现紧急情况，必须妥善处置，即刻沟通；使家校双方都有放心感、安全感和稳定感，并成为得到幸福感的前提。（这一条建议合并到家校联系去）		
		11. 校容校貌校风校纪优良 校容校貌悦目 校风校纪优良	11. 校容、校貌、校风、校纪优良：保证校容、校貌、校风、校纪经常处于尽善状态；要实施该四项的教育、训练、提醒、督促和激励；要增强有关的自觉性和自律能力；要把问题提到素质教育的高度，表现出一定的知识、技能、经验和智慧。（这一条虽然有校长建议调整到“校园文化”，但本书认为，这是通过校容校貌反观学生的行为习惯和品格养成）		

续表

一级观察点及权重	二级观察点	三级观察点（观察点和标高）	观察角度和评价指数	备用	备用
五、教学管理——0.20	目标清晰贯穿始终	1. 教学领导管理理念和制度 管理理念求真 制度完善务实	1. 教学领导管理：教学工作理念先进、全面、务实、实效性强；坚持向课堂教学水平要学生文化科学学习的质量；要使学校的全部工作都成为增强学生学习动力的条件；学校与教师不额外向学生增加学习压力；教学管理制度完善，配套措施齐全，不要虚招；能够分清教学管理方面的轻重缓急主次与主要矛盾及主要矛盾方面，从容应对，做到稳步而坚实地提高。		
		2. 教学管理目标、形态与运作优异 目标责任明确 引领方法艺术	2. 教学管理目标、形态与运作优异：各种教学组织任务清楚、目标明确、职责落实、资源和措施到位；在具体运作中讲究方法和艺术；努力调动师生的教与学的热情、积极性和自觉性；制定卓越方法，要尊重或者诱改学习风格；保持行为主体的活力和兴奋程度；使脑生理处于最佳状态。		
		3. 各级课程的执行与开发务实到位 课程功能明确 开发执行到位	3. 各级课程的执行与开发务实到位：满足课改的要求，严格认真执行各级课程的规定；积极开发优质的校本课程；要明确校本课程的功能与价值，不能为开而开，超出能力去开；要弄清楚课程对于学习者的成长意义和考试意义，不偏废；艺体生活既要实现独立教育任务，也要为其他教学创造条件。		
		4. 备上课过程周全，有自我反思估价 课程准备周全 自我反思完善	4. 备上课过程周全，有自我反思估价：认定教学是学校工作的中心，所有教学环节都要追求质量和效益，进而增强水平；课程准备要围绕教学的教育性和有效性，进行准备和实施；严肃对待备课、上课和评课反思的关系；教学反思必须经常进行和到位。使上课质量成为学校全部工作的中心；使课堂质量成为保证学校整个生活高质量的基础。		
		5. 课堂教学质量和效益评估到位，及时解决个别问题 教学过程有效 解决策略科学	5. 课堂教学质量和效益的评估到位，及时解决个别问题：评估在于认清教学的方向和目标，认清教学的着力点和抓手，认清教学内容之间的关系，能够起到提纲挈领作用；制定解决教学问题的处理策略；使应该教学具备很强的思想性、科学性和技艺型；其评估必须做实、做好、及时、简明；在解决一般问题的基础上不放过个别问题，保持全面均衡，不存在重大的软肋。		
		6. 学生上课的集中、专注与主动积极性合适 精力集中专注 参与主动积极	6. 学生上课的集中、专注与主动积极性合适：把学生心理对于课堂教学的指向性和集中性以及实际效能作为评价课堂教学水平的基础和心理指标；对于注意力，从课堂内外进行教育养成、训练；学生在课堂上使用适当音量发言答问，其神态动作都应该作为基本心理素质进行培养。		
		7. 课堂教学氛围的优质率及均衡度高 课堂氛围融洽 优质均衡高效	7. 课堂教学氛围的优质率及均衡度高：从整个学校的学习风气、环境、人际氛围、教育教学水平和具体内容方法方面保证学生学习能够合理而充分投入；消除和避免妨碍建设优越学习状态的一切因素；使学习状态成为一种欣赏对象。		
		8. 考试组织措施与减负要求匹配，升学贡献率高 考试科学严谨 诚信美誉俱佳	8. 考试组织措施与减负要求匹配，升学贡献率高：端正考风、考纪；把此作为德育和智育、美育的教育内容来要求进行训练；培育真正的负担合理、教学有效的局面；把考试成绩建立在稳定真实的基础上；使考试诚信度成为学校美誉度的一种重要指标。		

续表

一级观察点及权重	二级观察点	三级观察点（观察点和标高）	观察角度和评价指数	备用	备用
五、教学管理——0.20	目标清晰贯穿始终	9. 学生学习状态及成绩呈向上发展的趋势 学习状态稳定 保持向上发展	9. 学生学习状态及成绩呈向上发展的趋势：使学生学习状态呈现出系统的稳定状态；不畏微小波动，不扰乱正常合理的教学秩序；使教师能够充分施展才能；实施真正具有人文性、科学性和实效性的教育；（学习状态和向上趋势与教学储备及水平有关，）所以，既要保持稳定，又要保持清醒，章法和阵脚不乱。		
		10. 学生自学及课校外阅读习惯受到关注培养 培育自主学习 阅读养成习惯	10. 学生自学及课校外阅读习惯受到关注培养：培养学生的自学习惯和才能成为学校教育水平的基础指标之一；学生的自学需要引导和具体帮助；个性学习与选择性学习要适当结合。要给学生创造适合自学的环境和条件。		
		11. 教研组备课组活跃有效，对教师发展和学校成绩贡献率高 教研活跃实效 专业成长迅速	11. 教研组备课组活跃有效，对教师发展和学校成绩贡献率高：健全和完善学校教学机构组织；使教学研究组织成为教师专业发展的基础平台，成为教师业务活动的中心；要给足条件，使其责权利适当；要打开其业务活动的空间，从而使教研组织在促进学校和区域教育水平提高上发挥关键作用。教研组活动有计划、有目的、有过程、有一定次数（频度），对教师成长和教学质量提高有直接作用；教师个人研修有计划，有成果，教师专业发展成绩优良。		
六、学生成长——0.15	学生为本成长为大	1. 学生参与集体活动有主动积极性 热衷集体活动 积极出心出力	1. 学生参与集体活动有主动积极性：学生关心学校的事情；参与建议、评论，愿意或者不拒绝与老师和其他有关同学交流、沟通、分享；愿意对学校、班级的事情出心出力，表现出主人翁心态言行。		
		2. 行为表现出自律、自爱、自强、守纪，利他性增强 行为自律自爱 合规利他增强	2. 行为表现出自律、自爱、自强、守纪，利他性增强：行为习惯有训练，言行举止有教养；符合（新编）学生守则的要求；有自我意识和行为；遵守社会、学校和班级的常规、公约；在表现个性的特征时，也不与这些规约发生冲突；即使发生冲突，也能够产生自控；有利他言行。		
		3. 学习的自觉性、方法、意识、训练好 学习自觉昂扬 训练方法意识	3. 学习的自觉性、方法、意识与训练好：在学习上准备状态好；有自觉性，能够主动积极参与学习活动；不拒绝别人的帮助；有方法意识和训练，能够做学习方法和适应性方面的调整；“胜不骄，败不馁”；能够努力释放自己的学习才能。		
		4. 参与社会实践活动的积极性与自我服务性劳动的习惯强 参与社会实践 自我服务形成	4. 参与社会实践活动的积极性与自我、家庭服务性劳动的习惯好：有进行自我（家庭）服务性劳动的意愿；有这方面的学习和技能；积累了良好的倾向性和习惯；愿意参加社会实践活动，在活动中能够学习和成长；具备一定的劳动和服务技能。		

续表

一级观察点及权重	二级观察点	三级观察点（观察点和标高）	观察角度和评价指数	备用	备用
六、学生成长——0.15	学生为本成长为大	5. 自觉身体锻炼、保持锻炼经常性 自觉身体锻炼 技能爱好渐成	5. 自觉进行身体锻炼，保持锻炼经常性：主动积极参加体育、艺术活动和身体素质锻炼；保持身体锻炼的经常性和适度性；个人行为、形体素质逐渐完美；个人社会形象好，拥有文明内核；掌握了一二项体育、艺术技能；对竞技体育有一定的爱好，适当保持着参与者或者观众、评论者的乐趣。		
		6. 个人及集体整洁卫生与生活文明 个人洁净有度 集体生活文明	6. 保持个人及集体的整洁、卫生与生活文明：留意个人和集体生活中的清洁、卫生、整齐等要求；能够以一定的审美态度来生活、起居、饮食、休息；能够在生活学习里，用艺术的方法手段调整节奏。		
		7. 主体性学习与阅读的积极情绪良好 学习贯穿始终 体现个体特质	7. 主体性学习与阅读的积极情绪良好：有阅读自学的爱好和习惯；能够选书、借书、交换阅读、谈书、陈列图书资料、评论读书、写读书心得；喜欢科技、音乐、舞蹈、绘画等活动；了解发现发明、创造的意义；关心经济、社会、科技、艺术、时政、教育的变化发展。		
		8. 自我情绪调节掌控能力好，有开放性、有活跃度 掌控调节情绪 开放活跃适度	8. 自我情绪调节掌控能力好，有开放性、有活跃度：知道调节情绪情感的重要性；知晓谁可以与自己交换思想体验；心态开放而严谨，不封闭、不自恋；能够观察到别人的优点；对别人可能存在的缺点保持理解；有歌声伴随生活，逐渐养成向上向前生活的情趣。		
		9. 与他人交往的适当、有礼貌习惯训练 交往习惯训练 善用智慧辨析	9. 与他人交往的适当、有礼貌训练和习惯："己所不欲，勿施于人"。积极参与集体组织的活动；学习识别真诚、虚假和好歹；对人有礼貌，守时、诚信、友善、遵守乡规民约；对人处事要积累经验，善用智慧；不盲从，要学习思考判断；"思无涯，行有矩"。		
		10. 在家社和学校的体验和满意程度适当 学校家社体验 善思谨慎盲从	10. 在家社和学校的体验和满意程度适当：积极观察生活，体验生活；学着记录，学习评论；一旦有想法、有意见、有建议，要多想一想再出手；保持热忱，逐渐减少盲动；对于自己喜欢的正面事物要拥护和赞美；对负面不好的言行要保持批评；适时与家长教师交换意见。		
七、家校联系——0.05	密切联系协调配合	1. 建立家长组织，活动健全（活跃） 家长组织健全 活动开展实在	1. 建立家长组织，活动健全：学校有关成员理解并且能够阐述家庭教育的意义和基本做法；理解家庭构成、环境状况、生活倾向和习惯细节对学生成长的影响；配合家长正确认识并且把握孩子发展的需要；建立并且有效指导家长组织，主动配合其活动。		
		2. 学校与家长（包括个别家长）有必要、适当的联系 家校联系紧密 指导参与有序	2. 学校与家长有必要和适当的联系：与家长，特别是与有情况的家庭保持接触和正常联系；提高并且校正家庭教育方向和方法；要发现有水平的家庭教育代表人物或者典型人物，使之成为仿照或者启示对象；及时抓住家庭的应急情况加以配合处置；对于家庭教育的一般倾向要在家长中进行提醒和指导。		

续表

一级观察点及权重	二级观察点	三级观察点（观察点和标高）	观察角度和评价指数	备用	备用
七、家校联系——0.05	密切联系协调配合	3. 家长主动联系学校，（对学校评价正面积极） 家长谏言主动 学校回应及时	3. 家长主动联系学校：要形成并且启发家长主动向学校反映孩子的情况；向学校提出建议和意见；学校对于这些意见和建议要有回应性；家长对于学校的各种各样的反映都不能忽视，要品味其中的意义，并且给予重视和引进，改进工作。		
		4. 学生的在学校的个别情况必定有告知和处置记录和评价 个别情况告知 处置慎重积极	4. 学生在学校的个别情况必定有告知或者处置记录评价：慎重研究并处置学生在校的个别情况；告知家长时要有正效益；对这些情况都必须加以记载；对学生的个别和暂时性问题，要与系统性问题进行区别；学校和教师切忌以告状者的身份出现在家长面前；要保持学校正面而积极的教育者形象。		
		5. 帮助家庭建立改善学生学习环境 改善学习环境 文明渗透家庭	5. 帮助家庭建立改善学生的学习环境：帮助家庭设计和改善学习、娱乐、休闲环境；主要把学习文明带进家庭，不要求家庭进行文化的堆砌。		
		6. 关注家庭的生活环境 关注生活环境 建设家庭生态	6. 关注家庭的生活环境：关注家庭的生活状况；特别注意从家庭实际出发，推进家庭生态、建设，促进亲和亲子关系、情感关系、心理健康关系；帮助家庭逐步、实际提高文明水平和习惯；不能超限提出不切实际的要求，不要造成心理隔阂和距离。		
		7. 关注家庭生活条件、营养条件 关注生活条件 优化成长时空	7. 关注家庭生活条件、营养条件：注意学生和家庭的基本卫生和营养知识技能的学习和养成；注意学生在家庭里的身体发育发展空间和时间安排，包括通风、光照、沐浴、洗漱条件等；关注影响学生的牙齿、眼睛、耳鼻喉、坐姿、站姿、睡眠的条件，注意其发育和训练。		
		8. 促成家长带孩子参加正常社会交往和活动 适度社会交往 促成家长自觉	8. 促成家长带孩子参加正常社会交往和活动：促进家长适当带孩子参与健康正常的社会活动和交往；带孩子到大自然、大社会去；积极享用社会公益的教育资源，与孩子共同知晓时代和经济社会的变化；使家庭参与到素质教育中来，进一步正确理解和对待学校教育。		
		9. 增强家庭对学生的成长发展关注度和能力 教育本质引导 落脚成长发展	9. 增强家庭对学生的成长发展关注度和能力：要向家长普及孩子成长发育的知识技能，传播基本的必要技能；对于提升孩子，包含天才的、一般、正常的孩子，能够正确认识和呵护他们的成长，尽力满足他们的实际需要；让家长理解人才教育的意义和做法，不使其走偏。		
		10. 家长有多渠道与学校沟通 搭建平台渠道 畅通家校交流	10. 家长有多渠道与学校沟通：学校要创造家校沟通条件；要经常提醒家长与学校保持应有的基本联系；要他们了解多渠道联系的方式；形成共同教育和关心下一代的良好家庭、社会风气。		

续表

一级观察点及权重	二级观察点	三级观察点（观察点和标高）	观察角度和评价指数	备用	备用
八、文化建设——0.05	心仪形象内生发展	1. 学校理念系统比较成型 理念有根有据 系统关联成型	1. 学校理念系统比较成型：学校有办学主张和教育思想以及基本方圆规矩；要尽力、慎重和有群众基础地形成理念或者理念系统，比如：培养目标、办学理念、文化特色、校训、校风、教风、学风和相应的形象。		
		2. 理念系统的解读、宣传与呈现比较到位 阐释呈现到位 实在持续践行	2. 理念系统的解读、宣传与呈现比较到位：所有学校理念，一定要有诠释、有阐发、有论述，其创建过程要动员师生参与，充分发挥其才能智慧；学校理念系统一旦形成，就要宣传，以艺术形式呈现，使之吸引师生，产生凝心聚力的作用。		
		3. 把理念系统持续贯彻到学校工作中 理念生根落地 纵观寻根有源	3. 把理念系统持续贯彻到学校工作中：学校理念及其系统要围绕社会主义核心价值进行论述；要组织学习讨论，要联系生活；要贯彻到师生的行为中去，不应成为摆设；期待今后，师生员工能够以学校的主要理念，在天涯海角成为自己的标示，成为聚会的话头话题。 （在学校的工作的各个方面都要体现理念，从学校任一微小的事件出发反推，都能寻觅到学校办学理念的影子。就像一棵树，不管长得右多么繁茂，都是基于根的生发。）		
		4. 师生档案文书齐备，能够引起关注 积淀形成文脉 资料规范易检	4. 师生档案文书齐备，能够引起关注：学校要形成文脉；学校的文档资料要齐备、规范，便于检索；文档资料应该有检索开发利用的概率，成为学校的财富。		
		5. 图书及师生课外需求得到足够关注 师生形象有范 言行举止合规	5. 图书及师生课外需求得到足够关注：重视学校图书及报刊实物的陈列（包括电子读物），要保有一定数量和品种，要便于师生知道、借阅和利用，促进流通量的提高。图书储藏室、阅览室和交换渠道，要方便、适合节约时间和人体工程系的要求，要有教育性、审美性。（文化对人的化育） 师生谈吐高雅有内涵；衣着得体有品位；行事循章有节奏；言传身教有风范；办公礼仪有规矩；交流沟通有底线。		
		6. 建筑、房舍、设施设备保养良好、安全 硬件保养良好 融入生命记忆	6. 建筑、房舍、设施设备保养良好、安全：学校硬件要完好、安全、科学、经济、实用、大方、方便，布局合理；保护、保养、维护有制度，有责任；这些硬件，一般不应该成为调侃的热点和笑料；其内涵应有相当的文化含量，可以供给师生留念留影和记忆之所在。		
		7. 学校形象环境的美育效果比较考究 环境凸显品味 彰显化育功能	7. 学校形象环境的美育效果比较考究：可以把学校环境陈设的教育价值和美学价值单独提出来评价，其中要透出学校师生的精神、品位、喜爱、倾向、意识重点和文化科学追求；要讲究其中的艺术效果和教育效果；把学校的物质与精神文明提升上位，使之充分结合在一起。		

续表

一级观察点及权重	二级观察点	三级观察点（观察点和标高）	观察角度和评价指数	备用	备用
八、文化建设——0.05	心仪形象内生发展	8. 师生有社团类组织且活动比较充分 社团活动充分 提升师生修为	8. 师生有社团类组织且活动比较充分：学校的文化、艺体、科创活动要因地制宜，充分发展；要开设一定量和优质的选修课和课外活动；要根据学生和教师的喜好、需求、特长和学校社区的情况建立一定数量的社团；这些社团的活动要组织良好，活动适宜、内容健康积极，能够提升师生的修养修为，调剂学校生活；学校呈现出高尚内涵和外化形象。		
		9. 教师的闲暇生活积极、科学、文明程度向上 闲暇积极阳光 充满人文情趣	9. 教师的闲暇生活积极、科学、文明向上：要发展教师的生活情趣；使他们在学校能够得到人文、科学、适度的休闲、休息、休整，要重视教师活力的保持和增长，做长久的现代人，与时俱进，做学校生活的常青树。		
		10. 领导与师生、家长有贴心的交流互动 互动交流贴心 共铸精神屏障	10. 领导与师生、家长有贴心的交流互动：优化学校关系人的人际氛围，保持和谐的人际氛围；促进学校关系人的贴心交流；使正面、健康、积极的人际关系成为学校思想精神的维护者和原动力，成为学校生活和安全的屏障和后盾。		
九、社区联系——0.05	双向联络资源互补	1. 学校积极关注、适当参与社区活动 积极关注社区 辐射穿越围栏	1. 学校积极关注、适当参与社区活动：适时联系社区；使社区把支持学校德育工作和维护秩序、安全的责任经常性地抓起来；学校的成人群体要参与社区的活动；要支持社区工作；有序开放学校资源为社区群众分享。		
		2. 学校意见、建议能够得到社区重视和采纳 形成互动交流 谏言采纳重视	2. 学校意见、建议能够得到社区重视和采纳：与社区建立良好的互动交流关系；学校的建议和意见要能够为社区采纳。		
		3. 社区对于学校的德育环境给予有力支持和关照 发挥社区功能 优化德育环境	3. 社区对于学校的德育环境给予有力支持和关照：要向社区阐述环境对学校德育的意义；提高社区及其成员对于学校的自觉性、主动性、积极性；要把德育工作向社区解释准确；注意不能把德育工作与学校的其他教育任务相孤立，使学校的整体成为社区心目中的生动形象。		
		4. 社区能够邀请学校适当参与其工作 塑造区域品牌 社区邀请主动	4. 社区能够邀请学校适当参与工作：视社区邀请学校参与工作是正常行为；要争取使学校成为社区建设的有力支持；派谁去社区参与工作应该非常讲究，不可马虎。		
		5. 学校对社区的开放与管理适当 开放管理适当 资源社区共享	5. 学校对社区的开放与管理适当：学校向社区开放，其做法也要讲究；学校不仅要提供上好的资源，同时要使适当的教职工和学生参加校园服务；把这件事视作参加社会实践活动。		

续表

一级观察点及权重	二级观察点	三级观察点（观察点和标高）	观察角度和评价指数	备用	备用
九、社区联系——0.05	双向联络资源互补	6. 师生在社区设施中有适当活动空间 提升学校影响 社区资源共享	6. 师生在社区设施中有适当活动空间：要努力争取社区及其资源为师生开放。		
		7. 师生参与合规合法的社区活动 师生参与活动 合理合法合规	7. 师生参与合规合法的社区活动：要安排师生参与社区的活动，但是，要合法合规，注意安全。		
		8. 社区协助学校排除不良外来干扰 社区协助学校 排除不良干扰	8. 社区协助学校排除不良外来干扰：要使社区成为学校的安全和秩序的屏障；包括校园保卫、师生交通和停放车辆、食物卫生、垃圾清扫运输等；抑阻小商小贩，以及讨乞者干扰学校生活。		
		9. 社区协助学校解决需求与处理事件 争取社区参与 解决学校需求	9. 社区协助学校解决需求与处理事件：解决处理校园事故，要争取社区参与，听取建议；进行相关宣传解释，利于善后。		
		10. 促使社区与媒体增强对学校评价的正面积极 沟通媒体社区 增强正面评价	10. 促使社区与媒体增强对学校评价的正面性：要积极与社区、媒体沟通；使学校正面信息得到经常传播，使不实信息得到及时消除，使个别负面信息得到公关处理。		
十、教研科研——0.05	认识正确高尚有效	1. 科研对工作和发展的引领作用强势 科研强势引领 研究融入日常	1. 科研对工作和发展的引领作用增强：把教研科研工作摆在学校成长、发展和提升的适当位置上；如果有条件，可使之成为强势引导；研究与正常工作不能脱节，变成两张皮；在学校工作中，科研的权重分配要合宜。		
		2. 科研工作的普遍性和群众性突出 全员全面覆盖 计划操作务实	2. 科研工作的普遍性和群众性突出：要合理追求教研科研工作的群众性、覆盖面的普遍性；老中青三代教师都能逐渐在教研科研中找到自己的位置；学校对此需要有相关的计划和操作方法；不搞为科研而科研；在有思想动员的前提下把“因人设事”和“因事设人”结合起来。		
		3. 科研工作的经常性、及时性保持好 科研常态推进 应急启动及时	3. 科研工作的经常性、及时性保持好：学校教研科研要配合工作经常展开；对重要工作和关键工作要及时启动研究；养成对于应急工作进行应急和科学处置的思想行为基础。		
		4. 研究工作与管理的规范性强 研究管理规范 跟进动态调整	4. 研究工作与管理的规范性强：科研工作（包括教研）要进行规制管理，不能任意而为；要善于发现研究中的问题，调整研究方法策略，甚至调整研究方向；在进行调整时，要保护人员的积极性。		

续表

一级观察点及权重	二级观察点	三级观察点（观察点和标高）	观察角度和评价指数	备用	备用
十、教研科研——0.05	认识正确高尚有效	5. 研究工作规模的适当 研究规模适当 交流展示适宜	5. 研究工作规模适当：研究工作的规模（人力、时间、物力、财力、设施设备等）要适当，不要过分追求放大规模；要注意可能性、可行性、难行性的思考；在研究工作中要发挥老带新的培养功能；学校有足够的研究资料和学术联系储备；举办学术交流的机会比较适中有效。		
		6. 研究成果的转化率和效益良好 成果转化有效 推广运用良好	6. 研究成果的转化率和效益良好：对于研究成果要选择和寻找适当的表达方式，一方面要讲究科学客观，一方面要注意简明，有利于传递和应用；研究成果在本校一定要能够推广；要培养研究人员的成果意识，谦虚而不羞涩，不畏首畏尾。		
		7. 研究成果发表率与推广率比较理想 重视成果发表 守护职业操守	7. 研究成果发表率与推广率比较理想：研究成果的发表率比较理想；强调和讲究科研的职业道德；不搞违规的发表。		
		8. 学校和个人科研成果层次逐渐提高，但是，始终面向应用 层次逐渐提高 始终面对运用	8. 学校和个人科研成果层次逐渐提高，但是，始终面对应用：逐渐提高科研水平和层次，使研究工作真正惠及教师发展、学生成长和学校成就；微型科研也要强调逐渐升档。		
		9. 学校和个人成果的正式获奖情况较理想 成果获奖理想 呈现稳定趋势	9. 学校和个人成果的正式获奖情况较理想：获得正式激励的成果呈现稳定或者发展趋势。		
		10. 学校和个人在教育科研界的声誉评价走高 声誉评价走高 业界影响渐广	10. 学校和个人在教育科研界的声誉评价走高：学校和个人在研究界和应用层面有不错的声誉（包括研究水平和德性）。		
十一、依法治校	不违不犯知学用靠	1. 无违法、无违规事件，社会诚信度高 坚持诚信办学 社会声誉良好	1. 无违法、无违规事件，社会诚信度高：在校长任职管理期内，没有出现违法违规事件，没有出现以学校为负责方的责任事件；社区家长信赖和支持学校；学校布置给家庭的要求一般不会出现质疑情况；一旦出现，解释起来容易得到理解和接受。		
		2. 事前请示、事后报告和报备规范 按规请示报告 行事依法有据	2. 事前请示、事后报告和报备规范：学校行事，涉及法律政策，都事前有请示，事后有汇报；万不得已的应急事件一般边处理，边汇报，在特殊情况下，处理完后及时汇报；所有行事，都严格有据；全新情况则应该显示法律政策水平，有大依据和智慧。		

续表

一级观察点及权重	二级观察点	三级观察点（观察点和标高）	观察角度和评价指数	备用	备用
十一、依法治校	不违不犯 知学用靠	3. 法规学习与检查、处置，规范正常 知法学法用法 督促检查规范	3. 法规学习与检查、处置，规范正常：对于法制法治，要安排学习，不当法盲；要知法、学法、用法、靠法；要安排依法办学的检查督促，部署检查要制度化和规范化。		
		4. 签批与归档制度坚持好 签批行文归档 事必有依有据	4. 签批与归档制度坚持好：学校行事要请示、签批、行文、签领、归档；事必有据，官凭文书。		
		5. 职务与岗位责权利要制度化，管理要规范 完善权责条例 管理规范落实	5. 职务与岗位责权利要制度化，管理要规范：要制定、执行和完善职务条例、岗位条例；并且不断增强执行力；规范执行各项条法、政策、制度。		
		6. 学校民主集中制执行好 把握方针政策 实行民主集中	6. 学校民主集中制执行好：学校工作要实行民主集中制；校长在负责任的权限内行事，也要有民意基础；要善于把方针政策、主意办法交给群众，周知群众，取得贯穿力；要执行民主集中制的原则；敢于善于集中，敢于善于民主。		
		7. 群众反映意见和建议的通道宽阔畅通 善于倾听民意 积极创新办学	7. 群众反映意见和建议的通道宽阔畅通：广开言路，使办学规划和思路，立意于群众认识和经验之上；真正实行“知无不言，言无不尽。言者无罪，闻者足戒”；达于“百花齐放，百家争鸣”，形成创新办学的局面。		
		8. 正面事件、问题情况的反映与处理有规制管理 擅处突发事件 规制健全通畅	8. 正面事件、问题情况的反映与处理有规制管理：学校有关于正面事件、问题事件、应急事件和负面事件的处理制度和办法。能够上下贯通，左右通达，内外调适。		
		9. 表扬、处置、通报及公示制度公开透明 上级表扬通报 依规公开透明	9. 表扬、处置、通报及公示制度公开透明：上级的公示、表扬、批评、处理，应该依规办理；做到公正、公平、透明、回应。		
		10. 有关方面对学校依法治校的评价正面积极 重视相关评价 寻求发展动力	10. 有关方面对学校依法治校的评价正面积极：重视有关方面对学校依法依规办学的评价，并且将这类评价化作办学的动力。		

“以评促建”课题组

2015 年 4 月

师德师风建设（纲要）

以评促建，对于师德师风十分重视。师德随时在讲，而且必须讲。学生在校学什么，习染什么？他们走向上一级学校，走向社会安身立命，依靠的是其习得的为人处世的经验。所以，家长要选择师德师风好的学校。家长对学校的各种铭牌，最重视的是“校风示范校”，其中主要包含的是教师的师德、学生的学习风气以及师生之间、生生之间的友爱的人际关系。

师德是学校最重要的美誉度，是学校发展的潜力和永续的动力，是学校重要的教育资源。教师的言传身教传达的教师品德、习惯、理想、信念，是高尚的，是可以灌输、讲解和示范的，教师的德性与德行可以转移到学生身上，成为学生的性格特征。

中国家长观念有几个层次，望子成龙、望子成才、望子成人、不要成坏人，其中望子成人是最普遍的，而成“人”的要求，最紧要的就是品格好。

道德讲人与人之间的社会规范，职业道德讲职业规范。教师的职业道德讲四个维度的关系，即教师与学生之间的关系，教师与家长和社区公众之间的关系，教师同行之间的关系，教师德性与其所从事的事业之间的关系，看其是否符合社会的规范要求。职业道德的高度可以表现为崇高道德、一般或普遍道德、可以允许的道德、低劣的品行。对教师职业道德的要求和评价，须在四个层次上来体现。希望教师具有崇高的职业道德，这是一种理想的追求。多数情形下，应要求教师普遍具有基本的道德。同时在个别问题上，可以适当放宽，如教师因家庭问题影响工作、生活及消费问题在职业范畴内的要求与教师作为普通公民的要求有区别。作为教师，必须坚决反对其具有低劣品行。

教师要成为教育家，必须有崇高的职业道德。北京的霍懋征，南京的斯霞，她们就是具有崇高道德的典范。

教师关注学生的节约、简朴、习惯，是教师的职业道德在细节上的反映。如在一所小学的毕业班会上，教师给学生每人发放 21 支用过的铅笔，而这些铅笔是教师平时收拾起来的。这一举措使家长产生了强烈的震撼，也显示了教师道德操守的力量。

近十年来，西华师范大学的学生在同类毕业生中更受欢迎，就是因为他们的质朴（即不奢侈、懂珍惜）、勤勉（即愿意学习、不眼高手低）、谦恭（即善待别人的评价，不沾沾自喜），赢得了社会的青睐。这说明，师范生良好的道德面貌是社会珍爱的亮点。

学校能否被社会关注，在于师德能否满足家长对学校的寄托；教师的道德操守，以及处理道德问题的经验与智慧是家长所看重的。

当教师对职业道德有了追求时，才有师德建设的内部基础。当教师的职业道德成为品质时，就有教师心灵宁静、宽慰与神圣感的基础。当与学生在一起的时候，有童真、童趣、童爱、童韵在教师言行中投射，教师就有了亲和感。教师职业道德是社会特殊道德的一个部分，是家国最能寄托的，是社会的一片净土。在教学中，学生的情绪体验进入教师的教学关注中，这就是师德的体现。

关于师德建设的措施：

一是让教师熟悉行业中的师德榜样，选择三至五个师德榜样，根据自己的认识概括其师德形象，作为自己学习的对象，而不宜就师德论师德。教师的师德是在其业务工作中展开的，要看见其才能与才能在不同情景中的运用，包括人品、才能、教学技术、手法、艺术，使之成为自己思想深度的建构。离开业务谈师德找不到根据。成都七中一贯“严谨治学”，严谨就是一种德性习惯。

二是善于在社会其他行业中找楷模。如黄伯云团体，其坚持 25 年研制了“飞机刹车片”，成功后每年为国家创收 150 亿美金。

三是发掘、发挥教师个人的职业潜能。师德建设的基础工作在帮助教师发现、发展自己的工作潜能。认识自己的工作价值，职业道德才有基础和动力。否则，师德只是压抑的摆设和负担。应从长远来看职业道德与职业效率、职业成就的一致性。

四是善于利用社区、家长对教师的积极评价。要在社会评价面前形成镜面反映。如家长在家长会上收获教育信息、教育建议，是克服消极面与无作为工作的校正剂。

五是重视教师专业化的发展，以此全面提升学校的道德建设。

六是教师群体要善待同行因考虑不周、方法不当而致的教育失误，把问题作为师德教育的借鉴，把失误作为前进的动力。

师德要以校风、师风为目标。个人师德是个人魅力的一个方面，要把教师个人的魅力集合起来，使学校向一个风气发展，形成集体的魅力，使教师群体达到目标一致、行为一贯。

校风的形成依赖于现代学校制度的形成。现代学校制度的特点体现为：一是公平性，公平创造和谐；二是透明性，在管理、教学成绩、问题上透明，为大家共享，成为学术空气；三是参与性，全校教职工积极参加学校的活动；四是回应性，教师问题得到及时的回答、探索与解决；五是效益性。

安全、卫生、秩序属于办学底线，对此间的问题，教师应该抱“零容忍”态度来对待。

师德建设实效性论略

一、关于师德意义的社会见解

微观教育社会学研究教师，旨在揭示作为社会角色的教师的社会特征。教师作为社会成员与社会存在一种“契约关系”，其责任在于对学生的身心发展施加符合社会要求的影响，而这种社会责任感作为师德的基本意义正是他们履约的精神支柱，师德成为调节教师与社会之间关系的杠杆，而社会对教师评价主要指向师德方面，包括教学效果和全面行为影响。由于社会转型期公众的需求和观念的变异性、复杂性，在舆论上，师德的内涵发生着晃动和改变。坚持学生长远利益的教育行为与某些短视要求产生了冲突和分歧。

最近，德育管理部门进行过一项调查，把学校挂出的荣誉奖牌交由社区人士和家长按重要性进行排序，统计处理结果是“校风示范校”高居榜首。多数受访者持这种观点。很显然，“文明单位”与“校风示范校”的关键内涵是重叠的，但是为什么家长更青睐后者呢？这正说明人们更关心和看重的是学校的品德面貌，在校风上能够示范显然使人放心。校风好，师风和学风都好，所以，家长要选它。

国际教育大会 1935 年第 4 号建议对于教师的培训尤其要“重视道德价值观的培养”，可见师德问题始终是被放在突出位置上的，这反映了社会和教育界的共同愿望。师德是一个永恒的话题，不管是师德普遍高尚的时候还是教师对职业产生极度倦怠的时候都是如此。陶行知认为“道德是做人的根本。根本一坏，纵然你有一些学问和本领，也无甚用处。并且，没有道德的人，学问和本领愈大，就能为非作恶愈大”。由于师德的重要性是大家的共识，“捧着一颗心来，不带半根草去”的名句才被许多学校张挂在最显眼的位置上。

近二十年，我国两次以官方文件形式公布教师职业道德标准。袁贵仁教授指出，“师范生的思想品德，就是未来的师德……对中小学教师，知识的力量，人格的魅力，缺一不可，在一定意义上后者的作用更大”。现在的任务是社会关于师德的评论众说纷纭，而对其建设则缺乏力量和实效。我们认为，关键在于这项工作的目的和措施没有反映出教师的职业特征与专业本质，要求高而泛，措施虚且异化，令成效得不到彰显，所以，需要在师德建设实效性的理论和方法方面进行符合实际目标的考察和研究。

二、师德的层次性和合理定位

师德要求的高而泛是指以典范人物或计划经济时代的规范作要求，距离现在教师的实际太远。一些教育当局禁止教师搞家教就是一例。客观地说，教师对于各种家教需求无法推卸，如果对这种行为硬加处理肯定难以起到维持师德的结果。国际公共教育大会第 8 届会议第 16 号建议是这样写的：“可允许中学教师在正常工作之外，从事某些与职业相关的活动并获取报酬。”第 13 号建议对于小学教师也持相同态度。另外一些师德要求，教师理解起来也很困难。

师德建设措施虚且异化的事例非常普遍。《师德读本》读者寥寥是一例，评优摆好轮流当先进是一例，以小学生投票决定教师的工作态度和质量的优劣是一例，偶尔看到教师精神不佳就进行批评是一例，等等。这些现象和做法的表面化倾向很清楚。用思辨的师德说教不能解决实证的行为问题，用一元性的目标概念不能理清多元的社会规范，学生不可能全面确切地判断教师要求的正当程度。教师过劳，精神疲惫，我们首先应该对其表示关心而不是批评，特别是他们因迎检而昼夜忙碌之后。不当的管理使教师出现很强的倦怠感和无能感，这种现象有时会被解读为师德弱化。

人的道德是有层次的，包括高尚道德、一般道德和可以允许的道德等，教师也不例外。师德是社会特殊道德的一个部分，关系到社会道德秩序，关系到家庭幸福。也正因为如此，教师职业的承担者不得不接受超出一般道德水准的高标准严要求。对师德的崇高要求，是历代教育家所倾心的。陶行知就是这样，他以“爱满天下”的博大胸襟，履行着教师的使命和责任；“爱生如子”，对待天性各异的学生，倍加关爱。他曾说过：“如果你是一位教师，切莫轻于断定小朋友的品格。我们看他是坏蛋，但他未必就是坏蛋。或许教师眼中之坏蛋，倒是一个真的爱迪生。”陶行知在教育生涯中为所有学生的全面发展，竭尽了自己之所有，他躬行崇高的师风师范，矗立在师德的峰巅。以他为榜样是从最高层次上要求教师的应然，属于我们党倡导的崇高范畴。

但是，讲师德必须讲到一般层次上。教师是基层群众，他们清贫、普通，师德建设更应着眼于把一般道德要求作为基础，使师德符合两重身份，把普通与特殊结合起来，既遵从普遍规范，又反映特殊社会职业要求。社会对其成员的一般道德要求，择其最基本的品质，应当有诚信、责任、自律等。“诚信是为人之道，责任是成事之师，自律是立身之本。”在要求教师具备这些品质时，都必须讲一个尺度。比如，教师不必把自己的研究成果公开；学生发生意外伤害，教师没有不当，应该免除民事责任；承担课外额外的工作量可以索取报酬。这些品质作为基本道德要求，在执行时注意条件才具有普遍意义，也合乎社会现实，更贴近教师生活和工作的实际。如果让学校和教师承担无限责任，这样的师德肯定讲不下去，越讲就越迷茫。

教师作为学生社会化的承担者，其对学生施加的影响能否发挥效力，关键在于他必须成为被学生认可的权威。这个权威与其人格魅力相关。教师也需要受到社会的尊重和维护。当教育靠金钱交易维持时，人格的权威只有让位于金钱；同样地，当教师形象被无端地污损时，他们的影响力也会降低。

教师既是社会普通一员，又是多重角色复合体；不同的角色在同一社会里有着不同的社会学特征，有的特征竟然完全相背，所以，教师以多重角色参与社会生活和社会交往时，会出现不同的“常套行为”。这种行为可能与教师身份不协调，但彼时彼地却缓解着教师个人的内心压力和冲突，使教师的负面情绪能够得到释放和减轻，否则会造成更加消极的影响。因而，对于教师的某些失态应该免于责备。

讲师德必须规定一个底线，对于低劣行为和言语，必须保持“零容忍”的态度，只有这样，才足以满足社会对师德的良好期待。超越底线的言行绝对不可以接受，这就是所谓允许的道德内涵。

三、师德的载体

教师的职业道德反映在四个向度上：一是教师与学生之间的关系，二是教师与家长、社区的关系，三是教师同行之间的关系，四是教师与所从事的事业之间的关系。从这四个向度上剖析师德，也能够体现不同方面对于师德的要求。我们认为这四个向度也就是师德的载体，在每一个向度上都包含教师的道德操守以及他们处理道德问题的经验和智慧。

师德最核心的表现就是教师对学生的爱心，而教师的责任心、耐心与信心，便是从不同的角度对“爱心”的注释与具体体现。教师的责任心是衡量爱心的一把尺子，只有同时具有自我负责和对学生全体负责的态度及相应行为的教师才是有责任的教师。教师的耐心最能体现在当教师的爱心付出得不到相应的回报，学生在思想、情感、行为习惯等方面的表现不尽如人意时，教师对学生身上反映出的教育问题所持的容忍态度以及对学生持之以恒的关心、帮助。教师的信心能加重由爱心唤起的学生在教师心目中的砝码，使教师不遗余力地对学生倾心相助，热情扶持，使每个学生，特别是发展滞后和不利的学生感受到教师的真爱，消除教师“偏爱”的成见，体会到教师对他的期望，从而找回失去的自尊与自信，以求更好的发展。

爱是真正教育的依据，是师生民主、健康关系的基础。爱造就教育必须的亲和场域。陶行知说：“真教育是心心相印的活动，唯独从心理发出来的，才能打到心的深处。”教师对学生的理解和尊重，是通过“以学生之乐而乐，以学生之忧而忧；学生之休戚即我之休戚，学生之苦恼即我之苦恼”表现出来的。“一校之中，人与人之间的隔阂完全打通，才算是真正的精神交通，才算是真正的人格教育。”“运用好孩子化坏孩子，运用坏孩子的好处化好孩子的坏处”，以维护全体学生接受平等教育的权利，使学生都能倾心于接受教师的教育影响。

教师在培养人、影响人的过程中，要与社会各界发生交往关系，而与学生家长的关系是教师校外人际关系中比较重要的一种。为了教育好学生，教师有责任与家长积极建立良好的协作关系，以求家校和谐，共同促进孩子的成长。教师与家长联系的有效性相当程度上取决于教师在处理与家长的关系时所表现出的良好的职业道德，即“少一些功利，多一些公益；少一些推脱，多一些合作”。教师在处理与学生家长的相互关系时，必须依靠自己的道德威信来影响家长，使家庭教育给予学校教育有效的配合。

教师劳动有明显的个人特性，要体现集体劳动中的分工协作，教师的影响力是教育的基本追求。“任何教师的影响都无法取代其他教师的影响，且任何教师的影响效果都要受到其他教师影响的制约”，因而在教育实践中，处理好与教师同行的相互关系，在教师集体中互相尊重、团结互助，是教师职业道德又一重要规范。这就要求教师与同行之间，“多一些正面沟通，少一些负面碰撞；多一些取长补短，少一些嫉贤妒能；多一些有益竞争，少一些同行冤家”。心胸开阔，善于向优秀教师同行学习，是教师个人发展不可缺少的职业道德要求，也是教师参与教育过程本身的需要。

教师的职业是一种培养人、影响人的活动，所以，在教学活动中，学生的情绪体验进入教师的教学关注中，正是教师处理自己的事业时的师德态度体现。教师的工作对象是学生，学生是活生生的人，“我们教育儿童，第一步就要承认儿童是活的，要按照儿童的心理进行”。教师的工作场所在学校、在课堂，学校和课堂是人际互动的“心理场”。教师的责任感驱使教师有心且用心地去研究学生，关注学生的情绪反应，关心学生的发展需要，关照学生的个性特长，相信学生的潜在能力，“要顺着他这种天然的特性，加以极相当的辅助和引导，使他一天进步似一天，万不能从中有所阻碍或停滞，不使进步，把它束缚起来”。教师只有在工作中表现出研究和指导学生的真功夫，才足以体现教师对待教育事业的真正态度，而这种态度是师德必须的要求。

四、师德建设的着力点

对于学校而言，师德是最重要的美誉度指标，更是最重要的教育资源，所以，需要在多方面上进行建设。

其一，让教师熟悉行业中的师德榜样。“欲为优良教师，莫疏于与优良教师为友。”师德是在其业务工作中展开的，只有在师德的具体情境中才能够理解其意义和价值，理解其动人处。事实上，展示师德的情景融合着教师的人品、才能、教学手法、教学艺术和教育机智，这些属于心灵深处的东西被调动起来，其他教师才能从中进行模仿、借鉴，才能成为师德的源泉。离开业务谈师德缺乏根据，师德的学习也落不到实处。空谈误事，道理在此。

其二，要善于在社会其他行业中找楷模。教师的任务是培养符合社会各行各业所需要的人，了解社会不同行业的职业道德规范，尤其是各行业优秀人物身上所具备的优良道德，既是教师育人的需要，也是教师自己做人的需要。“三人行，必有我师焉，择其善而从之”（《论语》），陶行知先生提倡“艺友制”，给教师指出了“从师和访友”的学习途径，这都是从其他行业中为教师找榜样、找效标的做法。教师向其他行业的优秀人物学习，不仅丰富了教师自身的道德智慧和经验，而且作为对社会负责、为社会服务的人，教师在其言教和身教中还需要不断地传达社会公众的道德内涵，使教师自身的道德面貌更能打动社会，影响学生。与其他行业中的优秀人物一样，教师对所从事的职业有钻研的热情和执着，是一种可贵的事业心，更是一种令人钦羡的职业道德的体现。

其三，发掘、发挥教师个人的职业潜能。师德建设的基础工作在于帮助教师发现、发挥自己的工作潜能，增长自己的教育智慧。只有当教师认识到自己工作的价值时，师德才有基础和动力。《四川省中小学幼儿园创新知识与技能教育实验研究》中“模块教学法”的运用，教师在课堂情境中随机生成创新教学模块的做法，就是教师用尊重、激励、容忍、呵护的职业态度为教学活动营造开放、活跃的思维空间，使学生在课堂上的异样反应成为教师教育机制所捕捉的细节；在对细节的处理中展示和积累教师的教育智慧，并把这种智慧的运用作为教师提高教育感受性，增进教学自评能力，增强教师的教育效能感的一种积极的方式。只有当教师在工作状态中收获并保持一定的成就感，才可能使教师的师德具备构建和成长的根基。所以，教师职业道德与职业效率、职业成就要有较高的一致性，师德建设才不会被束之高阁，而能脚踏实地。

其四，重视教师的专业发展，把教师道德转化为教师的专业精神，以此全面提升学校的道德建设。

教师的专业发展首先讲专业情意，有此基础才能把专业知识和专业技能学到极致，用到极致。教师的专业情意是教师从事教育活动的原动力，它从动机、情感、态度和价值观上反映并调整着教师对其职业的尊重和能为之付出精力和心血的可能性。其中，显现出师德作用的痕迹。教师的专业情意从高层次上可以逐步形成和提升为教师的专业精神。陶行知先生对教师的专业精神有诸多论述，集中归纳为教师的“服务精神、爱生精神、求进精神和求真精神”。

具体而言，陶行知提出，“教师的服务精神，系教育的命脉”，“教育者应当知道教育是无名无利且没有尊荣的事。教育者所得的机会，纯系服务的机会，贡献的机会，而无丝毫名利尊荣之可言”。他认为“最足以破坏教师职业尊贵、最足以损害教师服务精神发挥的是金钱主义”。

教师的“爱生精神”是师德的基本属性，而从教师专业精神的角度来讲，它是指教师要在教育活动中，把学生当成一种需要发展，需要充实、需要引导的人来对待。研究学生的身心特点及其差异，善待学生的差异，把差异作为一种有效的教育资源来开发和利用。陶行知在对待学生的差异时总是告诫我们，眼中的学生“我们只觉得各个不同，并找不出聪明人和愚笨人有什么鸿沟”，只是“人的禀赋各不相同，生成的智慧至为不齐”而已。所以，真正对学生的爱，就是用活的眼光看待他们，一视同仁，因材施教，看清他们的差异，更看好他们的发展。

教师的“求进精神”是指教师在专业知识和专业技能上对自己不断地提

出专业化发展的要求，既要跟上时代和社会的需要，又要为满足自己教学生命之需和适应学生发展之需而努力，把教育上的每一个进步都当成一个新的起点，学而不厌，克服职业的倦怠感。在教师队伍里，“一些人做了几年教师便有倦意，原因固然很多，但主要的还是因为不好学，天天开留声机，放旧片子，所以难免觉得疲倦起来”。不进则退，道理虽简单，却不是人人都能好好去思考并行动的。教师的上进心和求知欲，是与学生对教师教学的需求分不开的。“好的学生在学问和修养上，每每喜欢和教师赛跑……我们确不能懈怠，不能放松，一定要鞭策自己，努力跑在学生前头引导学生，这是我们应有的责任。……要教学生向前进、向上进，非自己努力向前进、向上进不可。”教师要懂得学生，才能教好学生，所以，教师就必须虚心好学，尤其需要向学生请教，否则，“你便不知道他的环境，不知道他的需要；那么，你就有天大的本事也不能教导他”。

教师的“求真精神”用在教师专业化的要求上，一是表现为教师要勇于传播真理，“让真理赤裸裸地出来和大众见面。不要给他穿上天使的衣服。也不要给他戴上魔鬼的假面具”，因此，教师的任务“是把自己对学生的成见、武断、私心、偶像主义、公式主义、教条主义从头脑里肃清出去，并把客观环境与头脑之间的门户开得好好的，使得真理可以清楚正确地反映出来”。二是要敢于追求真理，“敢探未发明的新理，敢入未开化的边疆”。三是要做真人。“千教万教，教人求真，千学万学，学做真人”是陶行知先生的治学格言，也是对教师应有专业品质的高度概括。

其五，善于利用社区、家长对教师的积极评价，从正面提升教师的师德形象，使教师在社会评价面前形成镜面反映，更好地反省自身的师德水准。任何家庭，从功利性需要出发，它都希望自己的孩子能通过接受教师的影响成为一个有用的人，“望子成龙，望子成才，望子成人，不要成坏人”，表达了家长对学校教育的不同期望值，其中，最起码、最普遍的要求就是要使孩子“成人”，而成“人”的首要条件就是品格好。要培养具有好品格的学生，必须要有具备好品格的教师。具有良好师德的教师，不仅表现在能够平等地、同样地对待不同社会背景和家庭背景的学生。更为可贵的是，这样的教师，往往更注意给弱势家庭的学生最直接、最切实的关怀。当孩子成“人”

的需要在教师那里得到满足和增长，家庭、社会对学校教育和教师的肯定评价才可预见。

其六，教师群体要善待同行因考虑不周、方法不当而致的教育失误，把出现的问题作为师德教育的借鉴，把失误作为前进的动力。费孝通先生关于人与人之间应建立一种“美人之美，美己之美，美美与共，天下大同”境界的主张，其意在倡导社会群体之间的和谐共生。教师群体的师德是由一个个鲜明的教师个人道德形象为代表而形成的，教师个人所具备的道德品质以及他所表现的道德行为，既要尽可能地为整个教师群体所接受，同时也应当被群体所宽容。尤其在教师的个人道德与群体道德出现不协调甚至发生冲突的时候，群体道德的力量应当以帮助代替排斥，这样才可能更加优化教师的道德水准。

师德一直不分时间、地点地被社会议论着、要求着。师德建设不仅体现着社会的普遍要求，而且是教师队伍建设进程中永不懈怠的一项重要工作。从教师队伍的实际出发，搞好有针对性、实效性的师德建设，既关系到社会对教育的期待和要求的满足，也关系到教师自身发展的期待和要求的满足。有了良好的师德作基础，教育的可信可靠程度才有保证。因此，以评促建才把师德师风作为首要和基本的内容。

师爱师道谱写华章

——发生在成都市树德联合学校的故事

一、在历史胜迹中彰显办学心迹

“麦苗儿青来菜花儿黄，毛主席来到咱农庄。”这种盛况，不仅郫都区人记忆犹新，全中国也家喻户晓。成都市树德联合学校就坐落在这片充满诗意的富饶土地上。现在学校所在地已经被划归为成都市高新西区，既往的名胜地洋溢着现代气息，一派朝气勃勃景象。

走近校园，柳树依依，榕树成荫，建校时种下的幼树苗，已经长大成材，所谓“十年树木树成荫，百年育人校兴旺”，这也喻示着人们的期望。如今，树德联合学校已经是体魄强健，思想精粹，技艺纯熟，温暖如春了。

驱车成灌高速或老成灌公路，无论你是“拜水”还是“问道”，都要沿着泰山南街从学校面前穿过。从泰山至青城山，学校方位那样富于联想力，在不长的办学历史中，校情跌宕起伏，四海精英、八方学人，都到过学校，甚至管理过学校，在过往历史中，构成了一种壮观景象。他们留下了许多宝贵的经验教训，树德联合学校在十年间，沐风浴雨，协力团结，演出了一浪高过一浪的向前发展的教育篇章。

树德联合学校，占地 160 亩，建筑面积 7 万平方米。花树青草，道路蜿蜒，环境优美，空气清新，居喧闹城市而独占宁静，近滚滚车流更畅享便捷。学校 3000 名孩子，生活学习在碧树、鲜花当中，享受着勤奋与健康、思想与收获的快乐。学校开阔的空间是孩子们成长发育的好环境，晨操午练，跑步散心，孩子们能够在学校里充分地自由伸展，陶冶气质性格，学校为孩子们发展思维与想象开拓着无边的通道。师生在一呼一吸中，吸吮着鲜活的情致养分，孕育着灵动的思绪和文明的行为。

观察评价树德联合学校有一个特殊的依据，这所学校聚集着一批特别从容坚毅、特别有责任和爱心、特别能够吃苦并且有才能的教师队伍。“长江大河波澜曲折，高山峻岭起伏连绵。”这反映出自然和社会的发展变化规律，也是好事多磨的写照，树德联合的发展轨迹证明了这样一条规律。这所学校的前身叫南洋学校。南洋学校是一个外省报社的记者办的，他办学校，指示校长，无论任何学生均直接收录。在此间，学校发生了许多事情，教师们不解而愤懑，就在这种境况下，教师们自己召开了励志大会，决不离岗另谋高枝，誓将学校维持下去，以待新生。在这种困难的局面里，多数教师自动实行“全时段免费义务补课制”，帮助孩子弥补学习的不足，开创了为每一位学生实施适合教学的先例。

为了解决南洋学校办学出现的困难，博瑞集团与《成都商报》毅然接管了南洋学校，更名为成都市树德联合学校。他们投巨资增强实力，与树德中学结盟，由树德派干部进行管理，组织树德教师补充教力。引进成都市、上海市以及浙江大学的教育专家共同编制学校提升的实施方案，使学校一改停顿不前的态势，活力大大增强。2009 年暑假，邹明忠以及此前加盟的王华倩等四川省、成都市的优秀校长，组成了新的领导管理班子，使学校进入新一轮成熟、稳健的发展期。现在，校风、教风与学风端正，领导思想先进、爱意浓浓、责任心强、反应敏锐、主动积极、办法精良，全校充实和谐，教育教学质量和效益提升到可靠、适合而优质的层次。对此，家长给予高度肯定，学生十分向学。仅 2010 年春季开学，由于家长介绍而转来插班的学生就达 158 名。伟大的教育家们曾经指出：“对于学校，评价无须太繁，能够送亲子弟来上学就是了。”树德联合招生的情况如此，说明学校的发展已经步入坦途。

为了支持新的学校领导班子和教师，在 2009 年下期，博瑞集团对全校每个班和教师使用的设备，无论是台式计算机还是笔记本电脑，都进行了更新升级换代。对于教师的待遇，参照公办学校的绩效工资进行调整。今天走进树德联合，新气象就会迎面扑来，在成都市大地上，一所新的明星学校正在冉冉升起！

树德联合学校是一所完全学校，包括小学、初中、高中与幼儿园。承接历史，小学与幼儿园具有很高的办学品质，初中虽然起步较晚，但是发展很快。我们在这里仅仅记录初中，既要回顾那过往的积淀，又要特别感谢在艰难中奉献与付出的教师。

二、这是一个可靠的教师团队

“教育大计，教师为本。”“学校品质，系于教师。”树德联合学校的教师队伍，来自川内各地，精英集萃。最近一两年来，队伍稳定，要求调动和跳槽的教师几近没有。这支队伍的特征概括地说有两点：高度的责任与入微的爱心。这里选择几个镜头进行描绘。

在双流机场的出站口，在熙熙攘攘的人流中，一位教师席地而坐，正在批改作业。人们走过她身旁，自然放轻了脚步，放低了声音。他们注意到这位女教师批改着学生的作业。有人说：“园丁真辛苦！”

这位教师姓孟，是来接丈夫的，她明天必须把作业发下去。这批作业比较特别，里面有几本是学习困难的学生写得比较好的作文。假如学生们明天看不到批改的作业，取不回教师的批注与肯定，那他们可能感到失望！飞机可能晚点再晚点，而作业就只好带到机场来改！

鲁迅说过：“爱是教育的总根。”教师的爱在哪里？人们有不同的认识与体会。有一位女教师的丈夫向学校领导反映，他爱人最近只要夜半醒来就难以入眠。事情是这样的，这位教师所教的班级，是由政府安排，集体转学来的差班中的一个班。经过两年的反复调理，学生适应了教师的教法，适应了学校宽容的人际关系，适应了学校认真严谨的学习风气，毕业后，许多学生考入本地的重点学校。在新学年开始，这位女教师失眠了。“不知道我的学生在那所学校学得怎样？他会不会出现不适？会不会把课程拉下？那里的老师理不理解我的学生……”想来想去，浑身发热，睡意全消。一周两周三周，先生陪夫人造访了一次她的学生，一个一个地问询，学生都好好的，学习起劲。学生见到老师时的亲热和欢愉，就像是回到了树德联合学校。从此，老师失眠的症状消失了。对于学生的关切和念叨，到了刻骨铭心的程度，这就是师爱。师爱在树德联合的校园里充盈着、流淌着，像一股清泉，辛勤地浇灌着父母与民族的幼苗。这位教师给人的印象太深了，我们也不会忘记，她姓刘。

眼下，在全国的初中，流传着一些教学“神话”，办法之一大约是通过知识“天天清、周周清、月月清”，使学生升重点学校的程度达到满额状态。在那段办学特别艰难的时段里，树德联合学校的教师自觉形成了“全时段免费义务补课制”，就是一种“清”吧。课间休息十分钟，只要个别学生有疑难，教师一定会为他辅导、补讲。清晨早读、午间闲暇、傍晚散步、晚上自习，教师一旦发现学生对于课业没有理解，或者学生向教师请益，学生的疑惑都一定会得到充分的解答。学校为了解决这些问题而随时进行着个人对个人、个人对小组的补充授课。一些地方流行着收费补课制，而在这里补课却是彻头彻尾地义务免费。住在城内蜀汉路一带的教师，每天需往返 20 公里，清晨需要六点半赶到学校，夜里十点半才能回家，教师这样做许多时候都是为了给学生补课。这种补课，一方面是因为学生差异太大，另一方面则属于生源的特点。有了这种补课，学生跟得上趟了，成绩提高了。他们的课业负担、思想负担减了下来。教师又要面对另一批新来的学生了。树德联合学校的教师，顾虑学生的困难，执守着不能让每个学生被耽误的信条，努力！发奋！

有几位教师，主要教学经历是执教善学的学生。他们接手到课堂纪律问题多、学习困难学生不少的班级，按常理，先抓纪律。在整顿课堂时，发生了一系列故事。

最初，老教师专业水平高，为师之道深厚严谨。他们凭着经验，用规矩、管自习、盯典型，不到两周，风气和好的环境就基本形成了。不过，既然是树德，就不能满足于强制性的纪律水平，所以，教师们希望让学生把守纪看作和吃饭、休息一样理所当然，从而更好地掌握时间，提高自主学习效率。班主任询问学生：“晚自习有没有同学违反六字方针：不讲话，不下位？”部分孩子沉不住气，反问道：“班长允许上厕所算不算？”就这样，16

个同学站了出来，他们有这样的行为，教师给他们以辩解机会。学生们很快说明自己做了什么，有辩解的，也有承认错误的。其中有 6 个同学得到了谅解，坐下了。还剩 10 人，由同学们投票议定这些问题，得到一票甚至零票的孩子，深感惭愧！老师问：“违纪咋办?”台下就炸开了锅。老师示意让这 10 位同学自己说，不说既往，只说以后违纪怎么办？说罢，由值日生登记在纪律本上。对于以后违纪怎么办这一问题，孩子的回答五花八门，十分精彩。孩子们笑声不断，教师也不禁佩服起他们的想象力。这些办法虽然在之后都没有采用过，但是，在集体的舆论和风气的影响下，班级的纪律自觉大大增强，烦琐的操行检查与评分行为也省去了，这样一来，学生渐次进入安静学习的状态。在同类学校中，能够轻而易举确立教学秩序的并不常见，但树德联合学校办到了。这些教师的功力，可见一斑。

不满足强制的秩序，要去建立自觉秩序很难，树德联合学校的教师意在学生自觉，这是一种真爱与尽责，只有自觉的学习纪律才能够保证教学质量。树德联合学校如今的教学质量已经比较可靠了。在树德联合学校，这样的教师有很多，他们有丰富的专业经验，学生因他们而能够亲近学习，家长因他们而心情舒畅。

有这样一个插曲。由于非常特殊的原因，2005 年 10 月中旬，某教师准备到另一个单位去工作。教师担心学生知道他要走会闹情绪，就借口说是家里有事请假回家。聪明的学生还是看出了这位老师准备跳槽的意图，在上完最后两节历史课后，一位学生走到办公室，看到老师在收拾东西，很大声地问：“王老师，你能不能不走嘛?”老师挤出一个笑脸：“我就请假回家办点事，办完就回来。”同学早已知道原因，用手拉住老师的衣角，用小得很难听到的声音说了一句使老师至今难以忘怀的话：“爸，你不要走嘛!”这是让教师震撼的一天。当天晚上，那位老师又接到班上一个女生的电话。电话刚接通，就传来一群女生的哭泣：“王老师，你是不是不要我们了？不管我们了？你回来嘛！我们一定会听你的话！走的时候，说都不说一声，不要我们送你啊!?”电话这头的老师，已经不知道怎么说话了，只能安慰孩子们，“我会回来，你们一定要好好学习。”树德联合学校的教师，在学生的心目中就是亲人，就是父母，那份依恋，那份关心，使校园生生不息，永远向着更高的境界前进！

绿树红墙，树德联合学校的校园已经十有余年的建造历史，经过“5·12”汶川特大地震，学校建筑依旧毫发无损。树德联合的教师队伍，始自组建，任凭风雨来袭，像磐石一样团结坚定。这是一支终身献给教育、献给学生的队伍，一支可靠的队伍。

三、一双双明亮的眼睛

有这样一个非常殷实的家庭，父母俩就是没法教好孩子，孩子成为他们的心病。

他们的孩子转学到树德联合后三个月，学校给父母打电话说：“孩子要回家看看！”忐忑不安的家长，开车到学校接孩子。他们万万没有想到，孩子换上了一对晶亮有神的眼睛，那容颜、那身材竟是那般帅气，手上捧着几本书快步迎着家长：“爸！妈！”“天哪！这是我们的乖孩子！”

眼睛是心灵的窗户，你可以从体魄、容颜、肤色来判断孩子，但是，都不如对视他们的眼睛。通过眼睛，你才能深入孩子的心灵。与树德联合学校的教师交谈，教师在更多的时间会谈到学生的眼睛和眼神光亮，这些已成为教师的专业习惯。其实，不少家长也会这样说：“学生刚转到或者刚收进学校来，眼神不定，时而显得疲惫、时而显得心不在焉、时而显得焦虑，有时还隐藏着狂怒……”不过，不久以后，在学校的生活陶冶下，学生的这双眼睛会发生变化，变得像那位孩子一样的晶莹。

发生在初三（2）班的一件事让一位教师终生难忘。在这件事里，他也为自己能够控制住情绪，进行一次十分有效的感恩教育而倍感高兴。

课进入尾声，同学们在做课堂练习时，安静的教室里突然冒出了一句惊人的话。”声音不大，却清楚地传入所有人的耳朵。

教师平静地把同学叫到面前，问他：“你尊敬母亲吗？”他不回答，问了几遍，同学终于小声说：“尊敬。”紧接着，老师向同学们讲述了自己最尊敬的母亲的故事。“我考上大学时，学费数额压得父母喘不过气来，父亲的意思：‘还是不读了吧，家里实在供不起。’母亲却坚决地说：‘砸锅卖铁也要供他读完大学。’以后的岁月，那种艰辛就像山一样压在父母身上，还不到50岁的父母，看起来已经60岁出头。”讲着讲着，教师情不自禁地哭了：“或许，同学们觉得这是小说里的故事，但却真实地发生在我身上。正是有了母亲，才有了今天幸福的我！难道母亲不值得疼爱吗？”同学们要求骂人者“道歉！”那同学已是满眼含泪，冒火的眼睛黯淡下来，恭敬地说了声：“对不起！”然而，同学们还是不解气，大声嚷道：“说大声一点！”那位同学又大声地说道：“对不起，老师！”他回到了座位，老师深情地对同学们说：“天底下最值得我们尊敬的是父母，你们的父母宁愿多花钱也要送你们到这所学校读书，这难道不是父母的良苦用心吗？”

下课时，同学们都沉浸在深深的思考中，明显地，同学们在改变着，同学的眼神也在改变着。生活在树德联合学校，教师关注和发现学生眼睛的变化，一双双思考的眼睛清澈透明，像一潭纯洁的湖水，蕴藏着无限的生机和智慧，映照蓝天白云，孕育着巨大的希望。

在树德联合学校的初中部，无须对上课下课、整队出操、进餐就寝做特别的组织和要求。学生在课堂里，无论是行课还是自习，都能够安静地集中注意。家长讶异着孩子们不断透出的新潜质，赞美着他们一个又一个的改变，欣赏着孩子稚气而明亮的眼睛。他们说：“这才是我们心仪的学校！”

树德联合学校已经发展到新的阶段。刚上任不到一年的邹明忠校长，从教30余年。他把学校的办学理念“树德树人，励志成才”做了进一步深入、具体的诠释；在实际工作中强调落实“爱心”与“责任”的核心价值观；推崇师爱和师道的教育与习染意义，突出学校就是“家”的心理体会，即“寝室即我家，教室即我家，校园即我家”的概念；通过宣传、剖析、讨论为师生勾画出“两心、四优、三让”的办学蓝图，使爱心与责任心，优良校风、优效课堂、优秀队伍、优质服务，让学生成才、让教师幸福、让学校和谐，成为了学校工作的指南与准绳。邹校长从知名度极高的成都铁路中学移任树德联合学校的校长，时间才220天。学校在教育教学管理方面已经形成了一种使人踊跃，使人向往的气象！师爱师道，正为树德联合铺开着崭新的画卷，整个树德联合强劲地显示出高位发展的样态。

校长的科研意识与科研论文的撰写

最近，省教育科学研究所在对科研总结的要求中提出了讲故事、讲好故事这一点。

一、关于科研意识

（一）要不要做科研

教育部文件《教师职业道德》中提出教师要搞科研。这个问题，一是涉及教师专业化，二是教育理论必须要发展。

教师面对不同个性的学生，要适应他们不同的特征和需要，而这些个性的实际差异并没有清楚地写在教科书上，也没有完全反映在人格心理学书上。教育科学理论必须经过教师的思维才能转化为操作，这个思维过程近似于科学家的思维，也就是对教育现象和问题进行科学研究的过程。教师若不认真对教学个体进行思考，教学就可能出问题，教师是需要创造性思维方式的。

教师专业化是一种精细的专业化，要求教师要能适应不同的学生，有“点石成金”的本领。陶行知强调教师的三大本事，即“学术、经验和教法”。其中，经验就是教师自身思考的积累。创造性思考是科学研究的本质。学校做科研，可以不立项，可以不请奖，但不能没有创造性思考。

武侯区学校所做的微型科研就是教师在做的创造性思考。四川省近两年增加资金投入教师继续教育的培训中，也是在科研上对中小学教育的支持。

教育理论发展要为科学界承认，才能使教育事业在社会上有发展权。如今的第八次课改，出现钟启泉与王策三之间的争论，就在于新课程理论叙述的模糊性与操作上没有强硬的意志特征，这使得课改推进难。我们不难看到，社会上出了相当多的心理教育类书，却不能实际地解决现实的心理问题。一提心理咨询，往往以“想开点”一言以蔽之。

（二）谁来做教育科研

教育科研要由第一线的教师来做，这是教育科学的根。社会上所有人都可以议论教育，给教育下命令，但却不能从本质上论教育。武侯高中保中差生的特色经验，与其升重点示范校后生源变了而需要重新积累经验之间的矛盾，就需要用教育科研来解决。

从事教育的人，不能在专业化上精细地对待教育，就守不住教育理论。而从教育教学第一线来获得、占有、分析和整理资料，就能对教育理论有所贡献。

（三）教育科研怎样做

做教育科研的方法有多种，一是把教师的个人经验发展为群体经验，再形成个人理论，最后使个人理论体系化。李镇西的发展走的就是这种路径。经验可以是日记、随笔、散文、诗歌、戏剧、小说等，关键是相关表述明白、完整、确切。以往的教育理论多从哲学、社会学中移植，如“互动”概念，在理解上出现歧义，就是这个原因。互动的本意应当是指相倚相互的作用。教学过程讲哲学上的认识过程，人际关系讲社会学的互动，教学手段引进信息技术，却需要思考与互动的新关系。就是说，教育以外的理论能否完整地操纵教育的时空，这问题该怎样回答？

教育科研的方法还有调查、实验、试验，以及对教育对象的描述与思辨分析。

学校搞科研可以得到名誉上、利益上的东西，但搞科研的关键在于通过科研使教师队伍成长、个人成长、事业成长。如绵阳游仙区石板中心小学的两个半特级教师的成长就说明了科研的作用。

教育科研不是雪中送炭，而是锦上添花。能否雪中送炭，要看学校、周边环境、教师自身能力、学校领导的掌握。科研强校是有条件的。乐山徐家碥小学的“科创”带来的学校发展就属于依靠教育科研为学校发展“雪中送炭”的特例。

教育科研是锻炼教师队伍的最好的方法之一，但学校具有理论品格的教师毕竟是少数。一个学校能有10%的教师真正进入科研，学校就可望。

教育科研的作用可以概括为，通过教育科研，教师可以认识教育领域内思想上的东西，获得思想的积淀，可以获得科学研究的素养，可以获得指挥与操作教育实验的技能，还可以提高表达的水准，形成系统的思维能力与表达能力。

校长应思考如何保护一部分教师真正进入科研，而另一部分人成为学校科研的拥护者、享受者和观察者。

对于“校长用什么样的标准看科研”的问题，我们认为，目前中国的科研环境需要整顿。学校科研要从内部即能力、才能、人格方向上和外部即名利获取方面来看校长的个人品格，既不能不识人间烟火，但又不能不加以控制。校长要真正从内心深处团结喜欢做科研的教师。

目前幼教科研已经从《一千零一夜》的神话走到了大众的《故事会》时期。幼儿园很想知道“上级对学校搞科研的立项要求该怎样应对”？幼儿园想要解决立项的困惑与困难，想知道如何对待立项过程中的烦琐要求，怎样鉴定幼教研究的成果，对于这些问题，我们的态度是，清楚立项的悖论。国务院《教学成果奖励条例》（1994 年 3 月 14 日国务院令第 151 号发布）只明确规定了奖励研究方案，这一方案需要两至三年的实验与实践，具有新颖、独创和实用性，而并不是针对是否立项。成都龙江路小学的“新三好”就因为是一个较完善的研究方案，它长时间地根据学生、家长和专家意见来进行修改、修正，最后实施，虽没有立项，却获得了中央精神文明建设指导委员会办公室的学校德育工作方法创新一等奖。所以，学校搞科研，是否立项，其结果有时殊途同归。不立项，照样可以发表成果。名校应当“自信自为，不胫而走”，不能受困于立项的问题。四川剑阁姚家小学也是一例。

二、关于“教育科研成果”

教育科研成果的实质即教育解释和运用，包括事实和数据。事实需要“叙”，反映生动的现象，表现为个案、经验、规律、规则和技术；数据反映面上的东西，教育解释就是在事实和数据基础上“议”。教育科研成果是最后的研究方案，是在研究报告中提炼出来的。如研究未成年人思想道德建设问题，就是给出一套措施，使原有的措施发生增减变化，反映在教育教学过程、状态、性质和条件方面，由此得到个案、经验、规律、原则和技术。

要守住教育科研的本质。自贡汇东小学张平校长研究教育，取得办学的突出业绩，我们给出的教育解释就是她办学做到了相当程度的集约化。首先，师生关系在一个共生态上，且教师在视野上、理论上有高度，师生之间既没有交流、沟通上的障碍，学生发展上又有引领；教师在教学上基础扎实、功夫深；同时学校有石油工人的支持，使学校的发展稳步而高效。

总结教育科研的发展，大致经历了以下几个阶段。一是描述阶段。以社会学、现场文化学的方式，在抓事实的基础上，做经验总结。二是定量研究。如智力测验与统计分析，但这舍弃了生动的教育事实。三是定性研究。四是定量与定性相结合的研究。教育科学研究上多为无量纲的东西，所以定量还是困难。五是质性研究。子概念为多元综合评价，也有人理解为叙事性研究。

行动研究法是行政学的方法。行政是对突发与偶发事件的处理。行动研究法就是要准备不可控因素对教育过程的干预，即有对问题发现的准备意识。

教育科研的成果形式，可以分为实践成果，即教师教育教学现场、教师发展与学生发展事实、各种奖项等；技术成果即研究手册、常规和校本的东西；理论成果，即概括的规律性的东西。

论教育工作和问题的重心

每一项社会事业都有自己特定的领域，有固定的重心位置，否则就会处于不稳定和飘摇之中。教育的任务是育人，是传承文明，“把道德的火炬传递到下一代人手中”。正因为如此，国家把基础教育当作义务，用公共权力推行教育公平，从基本权利方面缩短人与人之间的差距，使人们在生活和发展的起点上保持一致，这就是教育的属性和价值，也就是教育工作的重心之所在。这里所谓的差距和起点，指人格状态、知识技能、身心活力、社会形象、自我发展能力等。显而易见，人的这些资质或素质的获得依赖于思想的交流、情感的酝酿、学习的积累……几乎都是心智的力量在人际交互中进行并产生影响，物质的力量可大可小，而心智的影响才具有根本的意义。如果管教育和办教育的人轻视、忽视了教育的这种性质，会出现怎样的情况呢？作家赵树理写过：官粉涂不平脸上的皱纹，好像驴粪蛋上下了霜。借用这段话，假如某一时期教育的内在不行了，任你怎样打扮，也无法消除对受教育者的伤害。

有一段时间，收费成为社会议论教育和学校的大热点，这也进入了理论界的视野。或曰：教育的经费投入不足。或曰：教育的产业使然。或曰：教育的公益性被出卖。或曰：教育中存在严重的不良风气，比如教材回扣，等等。其实，乱收费仅仅属于个案，教师群体的工作仍然保持着高水平的职业道德，承担着社会稳定和家庭和谐的责任，撒播着文明的种子。教师群体的辛劳和业绩有目共睹，有口皆碑。那么，教育和学校成为议论甚至批评的中心，其原因究竟在哪里呢？我们认为，教育工作的重心偏斜是造成这一现象的主要根源。

偏斜之一：重物轻人。重主观意志，轻教师实际；重物的配置，轻人的精神；重外宣的辉煌，轻内涵的提升。物重人轻、人贱物尊是需要注意的问题。

举几个事例。其一，自 20 世纪发明机器教学开始到计算机出现，一些人一而再再而三地宣称，教师即将被机器代替。让人欣慰的是，这些“预言家”在后来都放弃了自己的预言，而教师依然活跃在教育事业中，他们的事业如日中天。其二，近 20 年，少数学校在中小学教育上运用计算机，恰恰也出现了重机器不重视人的现象。过分强调学习计算机语言，花去一大把钱，计算机及其专用房有了，师生却不会用，待计算机需要更新换代时，大家还是没有获得适合的软件和技能。热物而冷人的现象比较严重。其三，在打造所谓重点中学、小学时，少数学校过于苛刻硬件，给家长以错觉，以为硬件条件好的学校就是质量好的学校，这样，我们就使择校注重物质条件的状况愈演愈烈，追求物质倾向严重抑制了教学和管理质量的发展；而无法进所谓国重、省重学校的学生则产生了十分强烈的自卑意识，物质的失衡导致心理的失衡，均衡教育多出一个致命伤。

偏斜之二：重硬轻软。所谓重硬指重规模、重校舍、重设备、重牌子，等等。轻指品质、轻积累、轻管理、轻培训等。

偏斜之三：重智轻德。重智轻德事实上已经成为重分轻德。升学压倒一切，德育自然势危；奖励针对教学，教育地位萎缩。

开好家长会的要点

内容要活。家长最关注孩子的具体变化，积极的与消极的。因为变化是活的，孩子就应该是活生生的。只有具体的、富于细节的变化才能做到这个活。而且家长们普遍不喜欢概括的、抽象的描述，他们对此没有感觉。家长特别希望在心态上了解真实的具体的孩子。建议：第一，将两学期的内容进行对比，经过对比才能产生具体感。第二，选择具有代表意义的典型。第三，请有代表性的家长来介绍。第四，有教师总结分析，但必须言简意赅，形象生动。

要点突出。每次会议的重点限制在两三个为好，多了就拉杂，要点也不存在了。而且，能不能抓住重点是一位教师思维逻辑性的表现，没有重点很难唤起力量感。事物之间肯定是彼此联系着的，一定会产生重点，这是规律，关键在我们愿不愿意花力气去掌握重点。就家长关心的学习而论，一年级要重视习惯培养，这是形成效率的基础；二年级要关注学习方法；三年级要学会交流；四年级要提倡拓展性阅读；五年级要学习归纳、概括和反思，六年级要形成贯通能力。在这个学习图谱里，教师要善于理出重点。

综合角色。家长会应该是大家的会议，有会必议才好，由班主任一个人讲完，只能叫“报账”，没有议的成分，久而久之就乏味了。老师担心开会时，相关问题说不完，说不清楚。其实，再怎样“完整”，也只是挂一漏万，而家长不可能把所有的问题都了解到。家长会由大家来讲，会涉及更多的准备工作。如果讲话的人多了，讲话有质量，会议进行得很热烈，到会的人有收获，那么这会就抓住了关键。对于班级的工作，这是求之不得的事。如果准备不当，那么影响工作情绪也是可能的，因此在以后提高也是必要的。

时间要短。家长会上，因为快放假了，家长需要了解孩子的进步，但对孩子的以后，怎么办，恐怕不会太上心：老师对于以后的安排，应该放在开学的准备工作上，老师可以写出来，不要讲得太多。家长会开短点，会后需要进行个别或者小组交流的家长再开小会，自动形成一个会后会，针对性更强，效果会更突出。家长会开上一个半小时就足够了，太长会使人生厌。家长会内容多，则可以安排长一些，至于长到什么时候，不拘一格。如果家长会能够激起家长兴趣，就不在于长短。不想开了，有事的家长可以自己先走。这样的会议能够取得更好的效果，也更有团结力。

思维积极性是创造的基础

培养学生的创造才能有许多途径和方法，有直接的，也有间接的；有明示的，也有暗示的；有的来自问题，有的来自经验的碰撞……而合理的智力构成是一个必要条件，没有它，创造的心理过程断然不会发生，思维积极性就是其中的一种。

思维积极性指发现问题、解决问题的敏锐性、专注性和持续性，包括观察的启动和集中、注意的紧张性、回忆的顺利程度、思考和争论辩驳热忱，有时候还呈现出心理工程的高速度等。表面宁静而内心万马奔腾是个人内心体验得到的一种积极思维。一位小学生，回答问题后再进行补充，如果这种补充前进了一步而显得更加精彩，本人又处于兴奋状态，这孩子一定经过了紧张思维，也就是积极思维。作为心理的品质，思维积极性在人进行活动时能够观察出来，否则就属于潜质。在漫长的创造活动中，人们可能会有松懈或者疲惫的感觉，然而，对于创造过程和成果，只能是最大限度地激发自我以保护工作积极性。

至于“这种积极性从哪儿来”？心理学认为，主要来自后天的养成，与先天气质特征的关系不大。

在教育中，学生需要经历完成任务、学业的限时要求，需要在智力与身体活动中保持适度紧张，需要专注锻炼，需要经历头脑风暴的洗礼，需要能够制订方案或计划，需要适当地竞赛，需要在险情中做紧急的心理动员，需要能迅速换位，需要体验应急状态，需要观察和模仿瞬间变化，等等。教育必须这样：要在给学生提供总的劳逸结合的方案中，强调心理积极性的训练和提示，既有情感的激奋，也有思维的积极……一般来说，要平衡兴奋与抑制，紧张与松弛，成功与挫折。否则，学生不能发展出完善的心理生活，就难以养成或者根本无法养成全面完善的心理素质，这样一来，学生可能会缺乏思维积极性，进而使创造性心理品质丧失基础和前提。

在小学进行创造教育或者创新教育是一个多维度概念。比如，营造氛围，使师生都赞赏、认同，吸纳创新行为与事物，了解和欣赏创造、发明和发现的历程与成果，善待和支持热爱创造的同学和老师，学习创造的人物、知识、方法和经验；同时，在要教育教学中，注意培植有利于激发创造活力的思维积极性。只有多方面地为创新教育作好铺垫，才能够突破常规地把创新人才苗子的培养工作搞得更有成效。

体验与关于体验的研究

经历过严冬才知道春天的温暖，要明白梨子的滋味就需要尝一尝。这些都是关于体验的描写，其要旨在于，只有亲身经历过的事物，人们才可能深刻感知和了解它；这种了解是对事物的直接了解，基本了解。在学习中，“蓦然回首，那人正在灯火阑珊处”是关于体验的经典写照。词典这样来解释体验，就是“亲身经历”或“通过实践来认识周围事物”，在亲身实践中认识事物就能获得体验。从体验的过程中我们能够分析了解其特征，由于体验必定会包含着实际行为以及对这些行为的认识结果，因此，人的五官都要参与其中，从而使体验具有直接性、形象性、动作性。这样三种性质决定了体验对于学习，特别是小学生学习的重大意义。个人通过体验获得的是亲知，而不是“闻知”和“推知”（“推知”又称“说知”）的知识。亲知包括感知、识记、形成表象和情感元素，具有特别可靠的价值，它是其他知识，即间接知识的基础或生长点，是基础主义学习和建构主义学习的第一位前提。小学生在理解新学习的材料时，原有的体验活动和结果能够发挥最有力的支撑作用，用构建主义者皮亚杰的话说叫“顺应”“同化”。

与体验学习相对的有理性学习，属于间接学习。间接学习指从书本中认识，从听故事和看图画中认识（即“听知”“推知”），等等。在这种状态中，学习者也会获得某些事物的形象，但是这种形象是通过转述获得的，因为不直接，也就不可能太具体，一定会缺乏某些细节。书本和故事中的事物尽管也会引起积极的认识反应，但是，学习者所经历的形象和动作比较淡漠，更像是使用概念的理性活动，学习者难以从中获得直接、生动而亲切的形象。基于此，相对于间接学习，直接学习为学习者提供着特别切实、具体而富于细节的经验，发生着体验的过程和结果，那就是体验了，所获得的最有基础性和前置性。常常听到家长抱怨：“随你怎样对孩子讲，如果现在不好好学习，以后肯定没有出息……但是，孩子就是听不进去，充耳不闻，当耳边风。”孩子听不进去，原因固然多，但其中主要的是，他们缺乏有关家长教训的体验，形不成有关下岗的焦虑感和痛楚感，不解其中的意义则是孩子听不进去的关键。小时候看见大学生捧着《少年维特之烦恼》痛哭而不解，但读到后主“垂泪对宫娥”的名句时一晃而过，这是因为没有同样或相近的体验。然而，小朋友却能够理解杨利伟的英勇，会因听到衡阳消防救援人员牺牲而动容，这是因为，在他们自己的经验中存有高空的危险和不易，能够想象和理解救火的壮烈。

说到体验，必须会提到另一种现象和过程，那就是情感体验。这种体验与前面所说的体验，其侧重点不一样。人们在从事实际活动时一般会伴随产生某种情绪和情感，而且可以肯定，伴有适当的情绪情感体验的学习，效果更好。所有学科的学习都是这样。在日常的心理用语中，情感与体验这两个词经常混同在一起使用，比如情感体验和体验情感、情绪体验和体验情绪，一般人不会区别它们的意义。但是，非常遗憾的是，心理学也没有说明什么叫“体验”，只是使用体验给情绪这一类心理状态和过程下定义，如“情绪和情感是两种难以分割而有区别的主观体验”。因此，新课纲和课标提出体验学习，在心理科学上难以找到实证研究的依据。不过，尽管如此，情感体验却是一种存在，而且属于一种普遍而经常的存在，还是一种能够驱动或阻碍人的行为，包括学习行为的一种动力性的存在。在小学教育中，许多老师把情感体验看成为最主要的体验，以为必须激起情感变化才能进入情感教育的境界，这说明了情感体验的被重视程度。虽然，这样理解并不十分准确，但是，也不是完全不能接受的。我们的先人强调“苦学”或“乐学”，近人开发“愉快教育”和“挫折教育”，他们所看重的就是情感的激发作用。情感因素是学习动机和兴趣的主要成分，也是体验的具体心理事件。

苏联心理学界倒是有人研究体验，国内有人将其翻译过来，中国人民大学出版社在 1988 年出版的瓦西留克的《体验心理学》就是其中代表。此书在国内没有引起多大的反响，究其原因，可能与采用的研究方法有关。他以哲学方法推论心理过程，而这种方法的心理研究已经成为“黄花”。此书的译者这样说明作者的意思：“体验是指人度过各种艰难的生活事件，恢复失去的精神平衡，从危机情境中走出来的一种特殊的内部活动。”显然，我们所使用的课标中，关于体验的用法与此大不相同。瓦氏研究给人一种启示价值，即体验的形成必须以一定的心理强度为前提，想要引起学生的体验，就需要使他们集中注意，将认识方向转向和指向要求注意的过程和事物。当这些过程和事物落入其兴趣的中心就容易引起注意，如果落在兴趣边缘就要在教学上做进一步调整，如果落在学生兴趣之外，就需要另外搭出建构学习的脚手架以便促使学生产生体验，这当然属于一个新问题，容以后再谈。至于学生的体验是不是已经启动和展开，在教学中判断起来并不困难，因为许多体验具有外显特征，如反复揣摩、深情吟诵、仔细观察、认真推敲、卷入讨论、发现问题、创新思路、辨明道理、阐述观点、选择行为、理解差别和矛盾等。这些都属于体验行为或包含着体验。有经验的教师还可以在这样的状态中识别学生体验的深度，也可以循此引发更多的学习状态以形成体验性学习。

在小学教学中，我们主张要让学生经历各种各样的实践活动，或社会实践，或综合实践，或综合社会实践，不论其属于学习顺利的一类，还是属于学习困难的一类，体验学习绝非一定要造成精神紧张、挫折、冲突和危机。关键只在于引起注意力的指向和集中。一般认为，只要经历了实践，就必定能够产生体验，并形成经验；只要有感情地诵读课文也会产生体验。在教学实际中，教师必须区分出体验的适当强度，因为学习的对象不同，激活和维持体验的方法也应该不一致。自然学科的学习与艺术学科的学习，理性学科的学习与感性学科的学习之间就存在某种区别。

小学是一个人“长知识”的时候，小学时代所积累的知识如果具有直接性、形象性、动作性，抑或是可感性，那么以这样的知识为基础去学习其他知识，就会借重感性内容，生发出易于解读和构建的学习效果，知识技能的掌握因此会牢固而不会产生惶惑，其他“二维”课程目标的成就也就在掌控之中了。

教育发展的内在动力

师范学校结构由三级师范消亡，过渡到二级师范消亡，全部向一级师范发展。但直接由本科院校培养小学、幼儿园教师，仅提高学历层次，其内涵发展会怎么样？学生上岗适应的速度怎样？受欢迎的程度怎样？在岗位上的持续发展怎样？这一系列问题，关系到教育质量、效益。我们必须认识到创造的教育才能完成教育质的发展。

教师自身的综合素质与专业能力提高依靠岗上进修，把工作与研究性学习、思考、实践结合起来。中国的师范教育已有 109 年的历史，而中师近 25 年来，最基础的发展在于科研。如成都师范 811 班的成长，就能说明问题。国际上培养小学教师是怎样的？老牌中师的课程是怎样的？当年已有的经验与差异该怎样传播与弥补？由此得出中师的四大版块课程应当有必修课、选修课、活动课和实习。

目前，四川省 80 所中师还剩 13 所，但中师的经验不能因为中师的消亡而消亡。高师接收中师后，更需要思考怎样培养适应小学尤其是适应农村小学的教师。用培养中学教师的模式是否能顺利、合格地培养小学、学前教师？用人单位认定中师成功的感觉变成理性的认识有哪些？

目前教育研究分四种类型：一是先有假设，再做工作证明假设；二是先有想法，边工作边总结；三是根据文献，移植别人的研究；四是用理性、文学、艺术的方式总结自己的经验。

中师的经验可以总结为：一是面向农村、小学、基层，价值取向是将学生培养成一个合格的小学教师；二是中师、幼师培养的学生的综合素质好，把以知识为中心的教学变成以能力为中心的教学，在适当的知识面前加以训练；三是教学技能与教育能力过硬，如三字一画一话、班主任沟通能力、情感交往能力等方面；四是生活希望值与广大基层群众一致；五是有接受继续教育的愿望与能力。

中师的经验说明中师合理性是存在的，高师担负培养小学、幼儿园教师的任务，必须借鉴中师、幼师的经验。为此，势必要集中一部分老师综合地解剖中、幼师的教育教学经验。在什么条件下才能保证师范生自愿地到农村教书，学校的教育科研与教师的教育科研为学校、为个人挣分，不必讳言，这些科研在某方面的成果可能放大学校与教师的教育能力，如隆昌幼儿师范校的科创发明。

教育是科学？是艺术？教育靠理想？靠热情？教育需要的技能有哪些？这些都需要立足现实进行理性思考。

如今的第八次课改，教也难，学也难，问题出在缺乏对教育的理性思考。一谬是在教育以学生为主体的背景下，得出“学生天才论”，认为学生可以适应所有的学习模式、方法，如小组学习、合作学习等；二谬是离开教师的原有经验，主张“教师责任论”，认为课改的成功与失败全在教师；三谬是认为外国的东西都好，拿来即用。

既培养人才，又减轻负担，这到底在理论层面上该怎样解决？应动员一线教师总结既有的经验。当年的音乐教学法，使得小学、幼儿园的音乐教学改革顺利。如营山师范附小“无伴奏童声合唱”获全国第一等奖。

我们认为，新教材的设计与使用蕴含的合理性、不合理性与反合理性，必须用教学的经验来判断。所以，教师要用分析、反思、深入研究的眼光来设计教学。具体来说，一是教师能否面对教育实践提出问题，问题意识怎样？问题准否？二是解决问题的方案能否回答现实的需要。三是谁去做出来。四是得到的成果是什么。有三种成果形态，即保留别人可重复研究的现场、经验和论文、可口头描述的研究成果。教育科研是学校与教师的内涵发展。

学校发展与教师发展在于真科研，如成都七中、绵阳石板中心校，给教师的支持就是足够的。

创新师德师风建设

成都市陶行知研究会秘书处

师德师风是教育事业的前提和根本，随着时间推移和社会发展，师德师风也应该日日新、常新。陶行知谓“与时代俱进”“做长久的现代人”，就是这个意思。比如，计算机技术和互联网就给教师们提出了新课题和新任务，因此，创新是非常必要的，其目标是增强建设的活力、有效性，使这项工作与教师生活、生命息息相关，让教师自觉行动。

习近平总书记要求“三严三实”，即工作必须有实效；邓小平同志要求“政治体现在业务中”。师德师风存在和表现于教师言行里，其发展和提升也必须在生活、工作、学习里实现。通过教师的言行就能够如实地认知他们的师德师风的意义、形态和影响，该项建设一点也不能离开他们的实践，即“教学做合一”。事实上，师德师风体现在教育故事中。

成都市陶行知研究会主张，以讲教育教学和管理故事来展示表现、交流提高、传播提倡师德师风。这一主张已经受到业界的关注和认同，得到有关方面的大力支持。师德师风的故事有过程、有情节、有细节，富于形象感，富于感染力，可以唤起亲身体验，可以因之而引发思索。有些故事，矛盾悬念、起伏跌宕、引人入胜，尤其具备沁心入情的效果，是启迪师德师风的重要案例。师德师风建设的宣传强调增强教育自信，主要讲正面故事；同时，欢迎转化好、效果突出的负面故事。

成陶正在组织师德师风建设巡讲。建议报名参加巡讲的学校和老师，即刻进行准备，写作讲稿；至少是比较详细的提纲，以便把巡讲水平切实提高，创造可人的现场效果。这些讲稿，事后要正式出版发表，促进建设效果，正如 20 世纪 90 年代初，四川省委宣传部和省教委出版的《中学班主任工作案例》。武侯区教科院李镇西老师的处女作就有两篇现身于这本书。这本书在印制当中，工人师傅就在传阅，反映出师德师风的故事类读物的影响力。这种情况现在仍然不衰，而且更甚。

巡讲者的讲稿或者提纲写出后，通知成都市陶行知研究会秘书处，秘书处安排专家逐一与作者研究定稿。

巡讲方式这样组织：基本上以半天，即三小时为一个单元，一所学校承担一个单元。建议由二至四位老师出讲，不能由一位老师或者校长包场。所以，讲稿的长度要讲究。是否要做 PPT，则不强求。讲稿或者提纲在 5 月 15 日前交秘书处。会场容纳两百至三百人，听众主要是教育界人士，教师为主。秘书处通过学校安排听课。

执笔　姚文忠

为发展师培而办学报

弹指一挥间，《成都师范学院学报》已经出刊三百期了。这份学报，创刊时名为《教育　进修　研究》，后又改为《四川教育学院学报》。批准《教育　进修　研究》创刊的部门是省委宣传部。创刊的原因是此刊办刊宗旨明确，符合学院任务，具备编辑、印刷条件。宣传部的批复是非常迅速的。创刊这件事，四川省陶行知研究会领导和学院所办全省高校德育干部和教师培训班也起到一定作用。在全国省级教育学院当中，办学报，四川即使不是第一家，也是很靠前的。《教育　进修　研究》出版三百期，可以聊的故事不少，回忆起来感到丝丝甜味。现在，学报自身及其领导管理积累了相当经验，更加有序和成熟。我们作为初期和中前期的过来人，确实有自己的感受和愉悦的回望，报告出来表示祝贺。

学院恢复初期，规模不大，房舍老旧，可是，提升教师、校长、局长培训工作效益和水平的需求强烈，大家都千方百计地想办法。那阵子，全院普遍开设教育学、心理学和管理学以及教学法四门学科。学院这四门学科在四川省很有影响。全国教育学院七百人参与的学校心理学大会就在我院召开。这个学术会议有一个特点，就是近十场报告都很有人气。但是，报告人等对此仍然不满足，认为针对性和可听性差了一些。学院党委肯定这个反思，要求引进更高层次学者、教授到学院开讲。卢副院长自己反复打电话，请到北京师范大学三位赫赫有名的学者到学院，面向全川教育学院培训者和其他学科教师作了三场报告。那个时候这三位学者还都是副教授。黄济讲教育学原理，实际就是他的专著《教育哲学》草稿的浓缩版。张厚粲讲《认知心理学》，当时认知心理学才刚刚传入国内。章志光讲《教育心理学》，内容是自己的研究成果，那时潘菽的《教育心理学》尚未面世。三个讲座都有具体题目，而且事例垫底，层层分析，理论有说服力，听众欣喜。

三位教授讲课，分文报酬不取，学院派人陪他们参观了成都平原的风景名胜，每天一人花一角二分人民币。后来，张志公、张尊杰等到学院开讲座，办法一样。

这个故事引起的高潮是学院领导要教务处把报告录音整理出来印发。整理稿请三位教授过目审阅，三位教授对整理稿都给予了高度肯定，表示十分感谢和愉快。这个工作，带动了学院内部印制《学校心理学》教材，受到全国同仁的热情欢迎。更加直接的固化结果是成立学院的处级单位“资料编辑室”，院内都叫“资编室”。记不清资编室印制了多少资料，比如，为厅师范处编写的《教育学》一册、《心理学》二册、全国第一本《县教育局工作手册》《学校管理学资料》若干。这些资料，成为申办学报的人力、编辑和印制方面强有力的支撑条件。这使学院有关人士认识到，学术成果及其出版是大学自办刊物的生命线和重要基础。没有前者就没有后者，“皮之不存毛将焉附”。

《教育　进修　研究》既经批准为正式刊物，如何办出水平，办出质量，使其能服务于学院的培训工作成为一个难题。学院领导和资编室以及全院教师千方百计，摆出主意，搞了一个模式，即落实四个办法：一是在师生中组织优质稿件，为培训效益服务；二是约请名家写稿，拓展师生视野；三是请领导名家题词鼓励，增强学院的知名度；四是把好编校关。学报　创刊号编发的政史教研室学员的几篇稿件，不仅质量不错，作者后来都成为当地的名家、名师、骨干，考入重点大学，获得博士学位。张景中关于“教育数学”“连续归纳”两篇载入学报的论文的价值，在他入选院士后的一本专著里有说明。他专门为此感谢学报。有人问，人家考成博士，与你们学报有什么关系呢？没关系吗？是因为有一所名牌大学，指名道姓地说：“我们就是看得起你那篇文章。”学报创刊，杨汝岱、聂荣贵、吕叔湘、王利器都有题词，张爱萍题刊名。老师们称赞：“有点风光。”至于编校，有一位老师打赌：你们的错别字和标点符号错误不会低于万分之三的差错率。到头来，他仔细审读四篇文章，文章编校成果却出乎他的意料。他道：“算你们这次狠。”学报没有丢脸。

早期《学报》的印制、邮寄花销费用是学院实报实销的，还对作者略致薄酬。学院不设科研经费，几经争取无果，但这个稿酬的象征和实际意义非同小可。在这种情况下，编辑部有底气。曾经有这么个情况，学报拒绝刊发某老师的论文，引发某老师严重抗议，并且要诉诸党委，有“挟天子以令诸侯”威势。编辑部据理力争，决不松口，得到党委的力挺，保证了学报的办刊宗旨和水平质量。也是因为这样的办刊作风，学院教师十分支持学报，他们所推荐学员（包括已经毕业、肄业和战线的教师）的稿件，采用量不低。名声远播的成都七中“三体教育”、教育定量评估的发轫、学校管理学的实证研究、富于开创性的心理学实验、成都市首批教育专家的经验文章、关于教师进修的规律研究以及学科教学论和教学法的综合评述和述评等刊出后，常常有反馈信息。教育培训方面，学报载文也有一定分量，保证服从学院的宗旨。

这种分量带来了一定社会和出版效益。两套《教学指南》，暑寒假必须七家印刷厂赶印才能满足需要，省委宣传部领导建议学院成立“中国教师出版社”，申请创办公开刊物《心理学杂志》和接管《四川心理学》等工作也进展得十分顺利，创办内部资料《教改探索》和《心理与教育》几乎是手到擒来。这些事情，有些没有实现，有些已经谈妥，但确实是真人真事，很有教益教训。当然，这与当时的形势背景有关，学报不负党委的要求和全院教师的希望，做到了“政治立场坚定，思想方向鲜明，注重学术水准，编印质量过关。”值得一提的还有，学报成员申请编辑、校对职称全系列，有请必中，人人都获得了相应的职称，没有例外。

办学报正面的体验之外，也有许多的遗憾。其中最大的问题是没有能够把专业性坚持到底，以至于有时候看自己审稿的学报，觉得学报成了杂志，也就好在没有变成综合杂志。

专业性降低带来的问题：

一、由于来稿涉及的学科过于宽泛，造成判读取舍稿件困难。特别是一审，判读的精力稍微下降就可能放过问题稿件；二审三审的压力也大，根本无法偷闲，必须严防“发”字错签了。有几次，一二审发现问题稿件，需要判明是属于争鸣范畴，还是别有用心，却因为非编辑学科专业难于判别，只好送出去外审。这不仅要拖延发稿时间，还要增加费用。而遇上外审专家迟迟不回复的情况，麻烦就来了。可是，这种稿件还是无法杜绝，心里一直想坚持专业性，却因为太多的原因而没有遂心。

二、战线稿件的质量不容易控制。学院的校友多了，稿件的来源更加扩大。但是，学报在征得同意的条件下还是需要帮助这些稿件提高质量。把这种任务承担起来是学报的义务，对于毕业学员也十分有益。这种不计工作量的做法，收到作者的感谢会使人宽慰，但也会让人心有余而力不足。当然，按照规定，文责自负，编辑没有这种权利和义务。可是，以煮字为生涯的编辑，看到可以改出好文章的稿件，能不动心吗？

三、编辑人员的学习问题。编辑这门学问与其他专业相比，说老实话，难度要小一些。可是，编辑学虽然相较容易一点，但是，他们却必须保持其他学科的水准，二者之和难度就大大增加。学院学报同仁在省编辑学会的许多场合，比较受同行尊重。我们的体会就是，需要把编辑学和其他专业知识结合得不生疏，有时还需要有前卫新观点、新方法。为了保持原有专业的水准不降低，我们制约了对于编辑学的关注，研究也有所减少。这个问题一直是笔者的心病。笔者十分反感现在对于写作论文标准的规定，这种规定就是为了检索。而随着计算机技术的发展，检索还会困难吗？统一的格式束缚思想，必然会走到头。学报有一次出外约稿，铩羽而归，原因就是这个规定所引起的写稿的麻烦。可是，笔者当时并没有能够说透此问题。尽管，在一次省学报会议上笔者陈述过这样观点，获得了掌声，却还是没法进一步阐释。这也是笔者的遗憾之一！

说了这么多话，是为了庆贺学报三百期。相信《成都师范学院学报》一定能够办得好上加好！

乡愁：农村教师不竭的动力

引　子

老吴，主任教师，大名却记不准，不是教育家，是一位在我心里放了几十年的人，他常常清晰地浮现在我的脑海。

因为参与开办民办学校，我读了 6 年本科，一直到 1963 年才毕业。原说留校，最后我却被下派到最基层的村子里，如梦一般，十分有意思，让人留恋。我与农村教师在一起生活工作 14 年有余，耳闻目睹他们的动人故事，能察觉到他们情感深处的乡愁。

同我一个“办公室”的老吴，2017 年已经 96 岁了，身体也不大行了。那个时候，年轻的教师经常在他家里闲聊，一月不来者寥寥无几。对于“乡愁”，他是一个最清晰的注解，即使这些都已是过往的故事。

一、离开学生是“愁”

我们的村小离县城近 40 公里。在那里的日日夜夜最难熬的是没有书读。我已经过了逼读的年岁，仅仅读自己带的书显然不行。没有书，我就与乡亲和同伴闲谈，这也是读书。

学校的主任教师要去县城开会，来回 80 公里，只靠步行。但是，类似通知还是会引起大家的兴奋，希望主任能够带回新消息和图书，也希望带点新鲜的、好玩好吃的东西。主任去一趟算算至少需要三天吧！“主任，你就四天后回来。课我们上，你要准备用一天时间讲外面的事情，这趟差才值哈！”第三天一早，主任就在学校露面上课了，只是对大家笑着打招呼，并且说：“下午放学后到二年级教室。”下午三点半，五个人齐聚。主任把“上海大白兔”发到每个人手里，一人一把。那蓝白红图案，好看，没有人放进口。主任说话了，要实行“教学六认真”。他翻着笔记本一条一条念，生怕出错。末了，“一句话，就是备课上课认真，不许马虎”。主任说得很有力道。主任把话头转向手扶式拖拉机。他说：“第一次坐它。声音大，力量当然大了。跑得快，拉得多。拉货拉人都行。我就是坐回来的，给了五角钱。少走了三十里。”“晚上做梦，尽梦见学生。会完后，拿上三个馒头就往这边了。书和糖是前天中午买的。”

两个大学生沉默了。假期，我们一定是要回家的，回大城市。但是，那县城对一年到头在农村猫着的主任居然一点吸引力都没有。“去看看六分钱一场的电影也好哇！”“不！主任心里只有学生。哪个衣服纽扣松动了，哪个作业本脏了破了，哪个头发该剪了……主任心里装着，他不能待在县城，不能不回学校。”

学校驻在公社所在的九大队。九小的学生从不迟到缺席，笔记本整齐干净，写画有规矩。以我们的眼光，九小很不错。乡亲们杀猪宰羊，总有学校一份，这种情谊是对敬业者的犒赏。

二、学生的需要是“愁”

1972 年夏，我们回城度假了。村子遇到龙卷风，宿舍遭殃。所有书籍、笔记本、照片毁于一旦。公社把情况通过电报告诉我们，叫回去清理。“毁就毁了，反正毁了，回去也没有意思，不如在城里待够。”第三天，九大队的天没有放晴，主任来电报了。说是“不少学生的脚丫溃烂，需要药。15 个学生需要药”！电报里连用三个“烂了”。拿到电报，我们想起主任的神态，决定：“只有把药买到，明天赶回去！”一会儿，又接到电报：“县里有一辆解放牌货车要从成都回县，车一早在南门车站等你们。就是武侯祠附近那个车站。下午，你们回到县城了，学校找一个手扶式拖拉机来县城接。”

这个消息，使我们心里像打翻五味瓶一样五味杂陈。起初，分配大学生到九大队不知道引起过怎样的轰动。到学校我们知道了，宿舍是前几天腾出的，屋子光线最充足；床上的草垫子是主任亲自打成的。他边学边打，很厚实，很结实。伙食团置备了酱油，以前就用食盐。学校几人的肉票集中使用，只为了给我们接风。主任动员大家：“大学生来了，我们要好好向他们请教。今后，九小的书一定能够教得更好。九大队的孩子有福啊！”

拿着药见了主任，他没有向我们道辛苦，提上就往学生家里跑。我们知道他为我们找车，不知道托了多少人情，为我们省却十多个小时乘车转车的麻烦！他心里装着学生和老师，没有解决他们的问题，心里就是一个“愁”。

三、分享条件是“愁”

主任每一个学期要到县里开一次会，有时，县上会安排分配一些物品给村小。遇上这种好事，主任每一次都要再去争取一点，多多益善，原因是穷乡僻壤，教育不错，学生不错。有关他个人的事从来没有向谁提起过，比如调到城里，他原本就是县城里的人。

分配脚踏风琴，十个村小，只分一台，咋办？整个公社有两个村小，各有一位老师能够弹琴。主任左磨右磨，磨了两天，总算有两台了，他才自己把风琴挑回公社。挑担的一头是风琴，另一头不知道是些啥。担子很重。第二天，主任就把风琴送到五大队学校。以后，每个星期天安排一所村小老师到学校学习。他争取的另一台，下学期去领。音乐老师要先学习，准备以后大家都有风琴用。主任有一个信念，学校有风琴，大家唱歌，多好！他想为所有村小配上风琴，“愁”一个完全齐备。

1974 年，公社获得一个向清华大学分校推荐学生的指标。学生要读大学，主任和乡亲都高兴。但是，那么多想读书的学生，一个名额太少。他动员贫协代表与他去分校，准备了若干感人的理由，居然获增一个名额。他回到公社，经常叹惜，名额还是太少。

在 1981 年，公社学校已经改名，叫新晖，试行九年制，办学条件极大改观，主任已经有些显老，但他更“愁”。主任去了一次北京，回乡后经常睡不着觉，“不知哪年哪月，学校才能够像北京一样?”乡书记开导他：“北京学校也是逐步变成现在这模样的，你也太着急了。”主任说：“想想也是。”几天后，他告诉老师们，其他条件不去争，图书总要多一点嘛！书记表扬主任：“这个想法实际，明天让财务挤两百元给学校，你们去买书!”

两百元啊，买什么书？主任有些“愁”。他征询我们的意见，当时，我们已经办完调离手续，到高校教书。主任一阵语重心长：“你们要走，应该。这里大材小用了。这是真心话。但是，请你们一定为孩子们和老师选些好书。乡上给了两百元!”我们连说：“主任放心，我们回去，一定首先去书店。选出来就写一张单子，你们批准了再买。”一个星期，主任就回信了，“就买这些，谢谢你们!”新晖学校审核书单子非常慎重，全体老师都同意了，乡里的干部也点头了。书价是打了折的，我们忘记讲。三天后收到一笔款，是补差的。我们将这笔补差款汇回给主任，作了一番解释，后悔死了，后悔给他增添心事。

四、提升教师的水平是“愁”

我请主任和一位老师到城里访学，主任另外加了两位老师。主任时尚，带了一个海鸥牌照相机，一台砖头录音机。安排的主要活动是听课。20 世纪 80 年代中期，城市中小学正在开展“开发智力，培养能力”的科研，课堂上课时会加入一些新环节。听课下来，主任他们显得有些慌乱，“这样上课是什么意思？学生能够有收获吗?”相似的问题还有这样的课堂该怎样实施，等等。

吃罢盖浇面晚饭，大家在招待所开研讨会。主任以同一篇教材再上一次课，现在称为“同课异构”。“大家讨论讨论!”那阵子的研究课，花拳绣腿少，很实在。两种课的区别只在提问多寡，学校的课学生回答较多，师生有些讨论。一一对比下来，学生发言次数和内容成为讨论焦点，研究课的意义渐渐明白。一位老教师说：“我读私塾时，老师抽我背书。背好了，老师摸我的脑壳，心里得意。以后放学路上，边走边看书，还摔过一跤。看来，是应该让学生发言回答……”

主任一直不吭声。他想，这办法是好，回去在全乡怎样汇报？怎样推广呢？“愁”上眉头。城里教研室主任看出他的心思，问道：“主任，我们请两位老师，与你们一同回去，让他们上课，请大家议论议论，怎样？”主任几乎从床沿弹起来：“胡老师，明天起早，你到车站去买票，一定要两张前排的，想想办法！”

那次乡里的研究课，我们不在现场。主任在电话里告诉我们，星期天上午，全乡老师都来了。课在乡党委会议室进行，上课老师对学生的提问没有在城里时难，我们的学生都能够回答。回答错了，老师不批评，让大家补充，学生们兴奋得很。什么叫“开发智力”？这下有些清楚了。学生们愿意举手发言，一个个的脸通红通红。

主任请城里的老师带话：“今后每学期我们乡安排十位老师来学习，行不行？”这件事被常规地固化了，“5·12”地震那年也没有中断。2008 年 6 月，主任拄着拐杖到新晖学校，看看老师是不是到城里教研了。他的心惦记着老师的进修，惦记着教学的质量。教研活动是新晖的传统，一直坚持到现在 2017 年，以后还会坚持。

无论哪个乡村，总有这类主任教师，他们视学校生活为自己的生命，学校的事与他们的心脏一同跳动。与学校有关，无论大事还是小事，无论丰事还是歉事，无论关涉学生还是老师，不解决绝不罢休。他们心系师生，心里装着师生的一切。学生升学了“愁”，学生的父母有恙“愁”，学生的父母出外打工“愁”，老师病了“愁”，老师要结婚了“愁”，老师出去培训“愁”。在“愁”之间，也有轻松的时候。在轻松时分，他们萌思着另一桩预感和有蛛丝马迹的现象，心里又激荡起念想。

像主任那样的人，是农村学校和师生的福分，正是这种怀揣事业的热肠，使这块纯洁的土地和三分讲台充满活力和希望。啊！美丽的“愁”容，乡愁是热爱的人们心中的神圣和依恋。农村教育不一定就差，乡愁是其可靠的支柱，延续到现在，去追求现代或者未来的教育。

后　记

2012年底，四川省陶行知研究会（以下简称“川陶”）决定开展办学评价研究，并组织了一批专家参与工作，有姚文忠、周小山、刘海燕、刘裕权、严先元、杨东、戴晓政、刘一、曹正善。对研究的要求是工作和成果能够被学校采用，对于促进办学有价值；在研究理路和方法上有创新，要尽力吸收一线教育工作者和教师参加研究。这就是要求坚持实学的态度和立场，即“一切从实际出发”“实事求是”“实践是检验真理的标准”。“事”无所谓大小，依活动的目的和问题而定。“是”指本质和规律，来自实践认识过程中的去粗取精，去伪存真，由此及彼，由表及里。

金牛区教育局对这项工作十分重视，他们把所承担的中国教育学会的评价研究交给川陶，使二者合一进行，并派副局长刘启平、教培中心主任高汉宁、省特级教师李其玉女士全程参与工作，视条件放手让课题组选择中小学实施研究；教育局还为研究工作拨付了专款。

这项研究实验工作的设计从2013年开始，当年完成。接着用了三个月时间在金牛区三所学校试用。根据试用情况，对方案进行了修改，后投放在该区十一所中小学正式使用。所谓正式，指试用学校的评价结果视同全区的行政评价，不再另外开展一次办学及质量评价。2014年全部现场实验顺利结束。2015年课题组写出实验研究报告，并在大会上向全区学校和教研进修部门负责人进行口头报告。中国教育学会分管评价工作的副会长和副秘书长出席报告会，会后对研究工作和报告给予了肯定。

会众注意到“以评促建”的研究，具有两个重要特点。一是实学原则，对办学及其主体的实际思路和需要特别重视，而且一以贯之；二是使用关键词法，把实际过程与经验比较全面和准确地提炼了出来。这样两个特点，构成了关于教育认识和研究的创造行为，使成果有一种范式性质科学研究的意味。

《中国教育报》《教育导报》《时代教育》的三位记者胥茜、李益众、李清全程跟踪了实验研究过程。记者李益众先生采写的新闻述评性报道，在《中国教育报》和《教育导报》头版头条发表。

实验研究过程基本结束，课题组就准备写作，现在终于完成。最初的专家队伍一直关心这项工作，但因为事有专攻，他们不便集中在这一个项目上，我们对此表示衷心感谢。金牛区教育局文局长、刘副局长、高主任和李老师始终督促工作的发展，对于课题组的研究四川省陶行知研究会杨东秘书长、成都市陶行知研究会李清秘书长也大力支持。没有他们的支持和帮助，这项工作就无法结束。

大邑县对于“以评促建”十分肯定，并且引入县内全面实施。他们按大邑县的具体情况，遵循两个基本方法，对方案做了重大修改。大邑县的推广，对于研究者而言，是十分有力的鼓舞。大邑县的推广不仅肯定了“以评促建”项目和做法，更使这一方案得到了进一步的加工完善。

金牛区教育局教科院相关领导和四川省陶行知研究会秘书长杨东先生对本书的出版给予了关键支撑，作者深表感谢；感谢成都市陶行知研究会在出版方面提供的帮助，感谢四川大学出版社玉成该项目，让本书与读者见面，得以收获更多的评论和指教。

作　者